河出文庫

14歳からの哲学入門
「今」を生きるためのテキスト

飲茶

河出書房新社

はじめに

『14歳からの哲学』（池田晶子著）、『14歳からの社会学』（宮台真司著）、『14歳の君へ』（池田晶子著）、『14歳』（楳図かずお著）。十四歳をターゲットにした哲学本が世の中に溢れている。なぜ十四歳なのだろうか？

十四歳と言えば、ちょうど中学二年生。幼児のころから刷り込まれた「子供向けの常識（大人は正しい、先生は偉い、世の中には善と悪がある、戦争は善い国と悪い国が戦っている）」がさすがにもう崩壊する時期である。それゆえに自分でものを考えて「自分なりの価値観」を構築していくべき時期でもあるわけだが、実は、こうした時期において一番学ばなくてはならないものが「哲学」である。なぜなら哲学とは、

「古い常識を疑って今までにないものの見方を発見し、新しい価値観、世界観を創造する学問」

であるからだ。

実際、哲学者たちがそうであった。偉大な哲学者たちはみな、十四歳の少年少女たちと同様、古い常識を疑って「自分なりの価値観」を作り出してきた。そして、その価値観が

あまりに画期的であったため、当時の人々に大きな衝撃を与え、ついには歴史に名を残すまでにいたったのである。

ただ勘違いしないでほしい。それほどの哲学を生み出せたのは、彼らが特別賢かったからではない。実際はその逆。彼らの多くは「十四歳レベルの発想」の持ち主であり、むしろそうであったからこそ当時の常識を乗り越えることができたのだ。

では、「十四歳レベルの発想」とはいったいどういったものか。それは、たとえばこんな感じだ。

「先生の言うことをきかないとダメだろ!」
「へー、じゃあおまえは先生が死ねと言ったら死ぬんだ?」

子供の頃、先生への不従順さの指摘に対し、こんなふうに答えるやつがクラスに一人くらいはいたかと思うが、だいたいはこんな程度の話。大人からしてみれば、愚にもつかない「極端で幼稚な発想」である。

だが、これで十分。事実、こんな程度の発想から、世界の常識をひっくり返すような哲学がいくつも生み出されてきた。

ここでちょっと「十四歳ぐらいの頃に誰もが味わうような『常識の崩壊(当たり前のこ

とが実は正しくなかった)』が生じたとき、人はどのように対処するのか」、それについて分析してみよう。こういうとき、基本的にできることは次の三つ、「妥協する」「反抗する」そして「哲学する」だ。

たとえば、幼児もしくは小学校低学年くらいの子供に、「先生の言うことをきくべきだ」と言ったとする。その年ごろの子供なら、きっと何の疑問も持たず、素直に「はーい」とうなずくだろう。それは彼にとって当たり前であり、周りの友だちもみんな従っている当然の常識だからだ。

しかし、年齢とともに気がついていく。先生とは、あくまでも一人の人間にすぎず、必ずしもよい先生ばかりではないということに。すなわち、今までの常識、価値観の崩壊だ。さぁ、彼は、この崩壊にどう対峙《たいじ》していくべきだろうか。彼は、三種類の選択をしなくてはならない。

まず、ひとつめは「妥協」。

その常識に不備があることは重々承知だが、逆らったってなんの得もないのだから、妥協して受け入れるのが一番。つまり、大人になるという選択だ。

「……そうですね、先生に逆らってはいけないと思います」

ふたつめは「反抗」。

その常識に不備があるのは明らかなのだから、そんなものに従う必要なんかない。つまり、不良、アウトローになるという選択だ。

「ふざけんな、俺は先生の言うことなんか絶対きかねーよ！」

ここで、ひとつめとふたつめの選択は、方向性こそ正反対ではあるものの同じ地平での選択であると言える。すなわち、受け入れるか拒絶するか、肯定するか否定するか、右か左か、そういう違いにすぎない。

いわゆる「普通の人々」はこのどちらかを選び、常識の崩壊に対して精神的安定をはかろうとするわけであるが、世の中にはそれでは落ち着けない者たちがいる。

そういう人たちは仕方がない。三つめの選択肢、「哲学」を選ぶしかないだろう。

この最後の選択肢を選ぶ者は、いわゆる「変わり者」であり、もっとはっきり言えば、世間からズレた感性を持つ者たちである。

ただし、ズレていると言っても決してデタラメという意味ではない。彼らは、ただ「極端」なのだ。まともな大人なら妥協して考えるところを、極端な発想で突き進んでしまう。

たとえば、「先生の言うことをきくべきだ」という呼びかけにも、彼らならこう反応する。

「その問題に答える前に、まず『史上最凶の先生』という最悪ケースを想定してみよう。

もし、そんな先生が、死ねと言ってきたらどうするべきか？　いやいや、それどころか、何の罪もない人々を無差別に虐殺してこいと言ってきたら、どうするべきか？」

そんな先生、絶対いねーよとツッコミたいところではあるが、彼らはよくこういう極論を持ち出す。そして、たいていそこからトンでもない方向に話を展開させていく。

「……無差別な虐殺。それは、もちろん人間として絶対にやってはいけないことだ。だったらやはり、必ずしも先生の言うことをきくべきではないのだ」

「だが……、そうすると、先生と生徒の関係よりも『人間として正しくあること』のほうが優先されるということになる。実はこれこそが『生徒が先生の言うことをきくための前提条件』なのではないだろうか」

「いや、だが、しかし……。僕はそれを先生から教えてもらったことがない……。『人間として正しい』とはどういうことか、まず先生がそれを明らかにして生徒と共有すること……。それが先生と生徒の関係性における基盤であり、出発点とするならば、そこを議論せず、先生と生徒の上下関係を当然のものとして押しつけてくる現代教育は間違っている！」

さて、今、この話を聞いて、誇大妄想じみた幼稚な考えだと思った人もいるかもしれない。実際、これを「中学生の男の子が言った」とするなら、きっと鼻で笑って相手にもしないところだろう。

だが、同じようなことを著名な学者や大学の教授が、高尚な文体で、しかも三割も理解できないほどの難解な文章で書いていたとしたら……。案外、「（よくわからないけど）素晴らしかったです」「目からウロコが落ちました」「何度も読み返す本になりそうです」などと手を叩いてありがたがっていたのではないだろうか。

本書が語りたいことはまさにここにある。本書は、いわゆる十四歳本のひとつであるが「十四歳のあなたたちがこれから生きていくために有用な哲学を教えますよ」という本ではない。また、「十四歳向けという名目で難解な哲学を子供でもわかるレベルまで噛み砕いて書きました、どうぞ十四歳以上の方も安心して読んでください、ていうか何歳だろうと買え」という本でもない。本書が伝えたいことは、すべての哲学は、十四歳レベルの発想、誤解を恐れずに言えば、「極端で幼稚な発想」からできているということ。どんな哲学書も難解そうに見えて、その「難解な部分（あらゆるツッコミを想定して専門家向けに厳密に書かれた部分）」を取っ払ってしまえば、根幹にあるのはこの程度のものにすぎないということだ。

本書は、歴史に名だたる偉大な哲学者たちを十四歳の子供と同レベルだと断ずる本である。それは、哲学のハードルを下げて「哲学って本当は簡単なんですよ」などと言うためではない。哲学とは、もともと、幼稚な発想や誇大妄想のコジツケを「臆面もなく主張する」ことによって成り立っているものであり、十四歳頃に誰もが味わう「常識の崩壊」を乗り越えるためのものであるということを強く訴えたいからである。

本書を読んで、「そう言えば、こういうこと自分も考えたことがあったな」と思い出し、「あの頃の痛々しい幼稚な考えを貫き通していれば自分も歴史に名を残す偉大な哲学者になっていたのか」と感じていただければ幸いである。

CONTENTS

14歳からの哲学入門

「今」を生きるためのテキスト

第一章

十四歳からの哲学

ニーチェ

Friedrich Wilhelm Nietzsche

歴史に名を残すような偉大な哲学は、十四歳ぐらいの子供が考えそうな「極端な発想」から生まれる。このことを示す実例としてニーチェの哲学（永劫回帰）を紹介したい。

ニーチェと言えば「神は死んだ」の言葉で有名で、なんかもうこの言葉自体がすでに「ちょっと斜にかまえた中学二年生」が言いそうなセリフではあるのだが、そもそも彼が何について哲学をした人だったのかと言うと、それは「ニヒリズム」についてであった。

ニヒリズム（虚無主義）とは何か？　それはごく簡単に言えば、次のような考え方のことである。

「神？　正義？　そんなもんどっかの頭のいいやつが作り出した嘘っぱちでしょ」
「だいたい宇宙なんて何の意味もなくただ存在してるだけで、人間が生きていることに何の意味もないよ」

「それなのに、神さま信じて殺し合いしたり、正義感ふりかざして人を追い詰めたりしてさ、まったくもってバカバカしいね」

もしかしたら、「あれ？　ニヒリズムの言っていることに共感するぞ」と思った人も多いかもしれない。だとすれば、それはニーチェの予言どおり。ニーチェは、こうした考え方を持つ人々、すなわち「神や正義について冷めた態度をとる者たち」が、未来において増えていくだろうと予見したのである。

ニヒリズムの誕生

たとえば古い時代。多くの人々が「神さま」という存在を信じてきた。世の中には「善いこと」と「悪いこと」があり、「善いこと」をすれば「神さま」から恩恵をさずかり、「悪いこと」をすれば天罰がくだされる、そう本気で信じてきた。

そんな昔の人々にとって問題だったのは、「何が善いことで、何が悪いことなのか」ということ。だって、「善いこと」「悪いこと」は、人間の計《はか》りを超えた存在、神さまが決めていることなのだから、自分で「これが善いことだ！」と思ったとしても、もしかしたら間違っているかもしれない（たとえば、「罪のない人を殺すのは悪いことだ」ぐらいなら誰でも簡単に断言できるが、「牛や豚など、痛みを感じて泣き叫ぶような知能の高い動物を殺しても善いのか」と微妙な線を問われたら、「これが正解だ」とはなかなか自信を持って言えないだろう)。

じゃあ、どうすればよいのかと言うと、答えは簡単。神さまに教えてもらえばいい。

もちろん、僕たち凡人が神さまに「善悪の基準」を直接教えてもらうなんてことはできない。が、さすが世界は広いもので、世の中には神さまの声をきける特別な人たちがいる。しかも、おあつらえ向きに、そういう人たち(宗教家、預言者)からの情報をとりまとめた団体(宗教組織)まであるじゃないか。じゃあもうそこに所属して「正解」を教えてもらえばいいだろう。

「これが善いことですよー、これが悪いことですよー。悪いことをすると死後にこんな罰をうけますよー」

さぁ、これで安心。「神さま」がそう言っているんだから間違いない。

しかしである。その宗教組織の人たちだってしょせんは人間。ときには間違いを犯す。たとえば、権力の座をめぐって身内同士で派閥争いをしたあげく殺し合いをはじめちゃったりとか……、明らかに科学的事実と異なる迷信を唱えたあげく反論者を処刑してしまったりとか……。いやいや、それはおかしい。彼らは、「完璧に正しい善悪」を教えてくれる、神さまの代弁者ではなかったのか。

ここで問題は、そうした間違いが時とともに確実に積み重なっていくことである。結局、遅かれ早かれどんな宗教組織であろうと、過去をざっと見渡してみれば、

「うわー、あいつら、あんな綺麗事言っておいてこんな酷いことしてたのか！」

という状態になっていく。

すると、どうだろう。まるで夢から覚めるかのように、宗教に冷める人たちがどんどん出てきてしまう。

「なーんだ、『宗教の戒律（神さまが教えてくれる善悪の規範）』って、宗教関係者自身がぜんぜん守ってないじゃん。あーあ、真面目に守ってきて損した」

「こんな連中の宗教だもん、神さまの声をきいたって話もホントかどうかわかったものじゃないよな」

こうなったらもうダメ。もはや宗教は、古い時代のような「僕たちに生きる道筋や規範を与えてくれる心の拠り所」としての役割を果たさなくなる。こうして次第に人々の間で「宗教離れ」が起こり、ついには「『神』や『正義（たとえ自分に不利益があろうと守らな

ければならない正しいこと）』などありはしない、あると信じるなんてバカバカしい」という価値観、ニヒリズムが生まれるのである。

ニヒリズムの弊害

でもまぁ……、それはそれで別にいいじゃないかって思う人もいるだろう。実際、宗教に入れ込んで、神だ正義だなんだと言ってる人たちって、なんだかやっかいそうな印象だ。それよりちょっと冷めてニヒルに物事を眺めてるぐらいの人のほうがよほど健全で、むしろそういった人が増えたほうが争い事も減って善い世界になりそうな気もする。

が、しかし、それは違うのだ。ニーチェに言わせれば、そういうニヒリズム的な態度は一見まともそうに見えて、実は、心が病んでいる状態。ニヒリズムとは、気づかぬうちに人間の心を腐らせていき、最後には「生の高揚《こうよう》（生きる喜び）」を奪っていく恐るべき病気なのである。

ちょっとここで一匹のアリを思い浮かべてほしい。

そのアリは、神や正義のような「目には見えない何か」を信じており、また、群れのために働くことは素晴らしいという「価値観」を持っていた。そして、そのことを胸に毎日を充実してすごしていた。

でも、人間の視点からすれば、そんなアリの信仰はバカバカしい。だって彼はただのアリにすぎないのだから。

人間にとってアリなんてものは、そこら中で湧《わ》いては次々と死んでいく、掃《は》いて捨てるほどの存在。気まぐれで踏み潰せば死ぬ程度のちっぽけな存在だ。だからもしアリが、「オレは隣のアリより大きいエサを運んだぞ」と言ったところで「たいした違いなんかねえよ」としか思えないし、「神さまがいつも見ててくれてるんだ」と言ったところで自意識過剰のタワゴトにしか聞こえないだろう（なんで神さまがたかが虫けら一匹をずっと見てないといけないのか）。

そんなある日のこと、どういうわけなのか、突然、そのアリは気づいてしまった。自分がちっぽけな虫だということに。

「なんだ……オレって、エサを運んで死んで消えるだけの、ただの虫けらにすぎなかったんだ」

すなわち、彼は「まるで人間がアリを見るかのような冷めた視点（価値観）」で自分という「存在」を見てしまったわけであるが、さぁ、その後、彼の生き方はどう変わるだろうか。今までのように、喜び勇んで、大きなエサを運ぶことにいそしむだろうか。

いや、そうはなるまい。だって、そんなことに何の意味もないのだから……。

「大きいエサをがんばって運んだら、死んだあとに神さまが天国でほめてくれる？　そんなバカみたいな話、あるわけないじゃないか。だいたい大きいエサを運んだからって何だっていうんだよ」

〇・一グラムのエサを運ぼうと、〇・二グラムのエサを運ぼうとたいした違いはない。ましてや、〇・二グラムを運んだアリのほうが「偉い」「素晴らしい」なんて考え方には何の根拠もない。

ふと隣を見ると、真実を知らないアリたちが先を争うようにエサを運んでいた。みな必死で働き、そして仕事が終わると、「今日はいっぱい働いたぞ」と互いに自慢話をはじめる。

当然、彼はその輪に加わりはしない。小さな虫の死体を数メートル動かす行為にどれだけの価値があると言うのか。そんなことを誇るなんてあまりにもくだらなすぎる。

もちろん、そうは言っても彼だってエサを運ぶ。飢えて死にたくないから、というのもあるが、本当の理由は「仕事ができないやつだ」と軽んじられるとアリ社会の中では何かと不都合があるからだ。だから彼は、アリ社会からつまはじきにあわないよう、怒られない程度にそれなりの仕事をする。当然、楽しいはずがない。

「どうした！　元気がないぞ！　働け、働け！」

「俺たちってなんだっけ？　働きアリでしょ！（笑）」

そんなうっとうしい常套句を苦笑いでやりすごしながら、彼はロボットのように淡々と作業をこなし、仕事が終わる時間を待ち望む。

といっても、別に仕事が終われば楽しい時間がはじまるということでもない。彼は、しょせんアリ。食べて糞をして、働いて死ぬだけの動物。動くモノ。「目指すべきもの」も「やるべき価値のあるもの」もない。だから、余暇の時間は、毒にも薬にもならない適当なことをして時間を潰す。

そうこうしているうちに時はすぎて老いも進み、いよいよ寿命の時がやってきた。激しい痛みの中、彼は今までに潰してきた膨大な「無意味な時間」を振り返りながら、つぶやく。

「オレの一生はなんだったんだ……。こんなことなら、あのとき気がつかなければよかった……」

彼は、後悔と痛みと惨めさの中で息をひきとった。

史上最悪のニヒリズムとは？

結局のところ、冷めた（ニヒルな）価値観で世界を眺めてしまうなら、遅かれ早かれ、このアリのような終わりを迎えるだろう。

この世界に「目に見えるもの以上の価値」――「神」「正義」「理想」「愛」、そういうものがないのだとしたら……、そういうものの存在を信じられないのだとしたら……、はたして僕たちは何に価値を見いだして生きていけばよいのか。一生という有限の時間を何に費やして生きていけばよいのか。

もしもこの世界に「これがしたい！」「こういうふうになりたい！」という目指すべき価値が見いだせなかったとしたら、僕たちが行き着く先の人生は、せいぜい、

「生存のための作業を仕方なくやりつづけながら、ひたすら暇を潰して生きる」

ぐらいのものであろう。

ニーチェは、そういうたぐいの人間を「末人《まつじん》」と呼んだ。

末人とは、宗教が崩壊してニヒリズムの時代が訪れたときに現れるであろう人種、すなわち「目的もなく、ただ穏便に寿命がつきるのを待つだけの人間」「半ば眠ったような薄ぼんやりとした意識の中で淡々と日常を生きる人間」のことであるが、ニーチェは、彼が

生きていた二〇世紀から二〇〇〇年ほどにわたり、こういった末人がどんどん増え続けていくと考えたのである。

さぁ、ニーチェが偉かったのはここからだ。彼はただ単に「ニヒリズムに陥る人たちが増えますよー、人類の未来は真っ暗ですよー」ということを唱えたかったわけではない。彼が、本当に考えたかったのは、「じゃあ、そのニヒリズムを乗り越えるにはどうすればよいか」である。つまり、彼は、悲観的な未来の到来を予見したうえで、その未来を変えるための哲学を考えようとしたのだ。

では、その「ニヒリズムを乗り越える哲学」とはいったいどんなものか。

と、その前に、ニーチェがどのような方法でそれを考えついたのか、そこを見ていこう。まず最初にパッと思いつくのは、「あらゆる種類のニヒリズムについて分析し、それぞれについて解決策を導き出していく」という方法であろうか。なるほど、分析的でとても真っ当なやり方だ。

しかし、歴史に名を残す哲学者は、そんなふうにまともに考えたりはしない。ニーチェのような人間は、もっと大胆に、極端に、そしてちょっと幼稚なことを考える。彼は、こんなことを問いかけた。

「史上最悪のニヒリズムとは何だろうか？」

あれ？　ニヒリズムを打ち砕く「強い哲学」をこれから考えようとしているのに、なぜわざわざ「史上最悪のニヒリズム」なんてものを持ち出してきたのだろう。

それはつまりこういうことだ。「ニヒリズムAを乗り越える哲学を考える、ニヒリズムBを乗り越える哲学を考える、ニヒリズムCを……」と、さまざまな種類のニヒリズムについて、それぞれ個別に解決していくやり方は確かにまともで有効ではあるが、はっきりいってラチがあかない。それよりも「AよりもBよりもCよりも、どんなニヒリズムよりも強力な、史上最悪のニヒリズム」を想定し、それを乗り越える哲学をひとつ考えるのだ。ようは、「雑魚を一匹一匹相手にしてもキリがない。それより一番強いやつを呼び出して、そいつをぶっ倒す最強哲学を一個考えよう。そのほうが手っ取り早いじゃん」という話である。

そういう理由から「史上最悪のニヒリズム」を問いかけたニーチェであるが、ではいったいどんなニヒリズムを想定すれば「史上最悪」の名にふさわしいものになるだろう。

ちょっと考えてみてほしい。とりあえず、誰もが最初に考えるのは「死ぬこと」ではないだろうか。どんなに努力しようと、どんな財産を残そうと、死んだら終わり……。これが究極の史上最悪のニヒリズムだと言われたら、まぁそうだねと納得しそうなところではある。

いやいや、全然ダメ！　この程度では、まだまだ最悪とは言えない。だいたい「死」なんてものは、有史以前から人間に与えられてきたテーマである。ゆえに、人間たちは

「死」から「生きる意味」を導き出す考え方、物語をいくらでも創造してきた。

「人間は誰でもいつかは死ぬ……。でもだから一生懸命生きるのよ」

死があるからこそ人生は一度きりであり、一度きりであるからこそ「かけがえのなさ」という価値が生まれる。たとえばそういった思考で「死」に意義を見いだすことが可能であるし、もしくは、そんなに難しく考えずとも都合のよい物語――死んでも死後の世界に行くだけで、まだまだ人生は続くよ――を信じ込むだけでもよいだろう。

では、「しょせん人間なんて動物だよ。有機物のロボットだよ」というのはどうだろうか。

いやいや、それもまだダメ。史上最悪と言うからには、人間を……、いや、社会を……、いやいやもっとスケールを広げて、宇宙全体を……、森羅万象すべてを台無しにしてしまうような、そういうニヒリズムでなくてはならない。

ならばいったい、どういう視点、どういう価値観で世界を眺めれば、宇宙のすべてが「くだらないもの」に成り下がるのだろうか。

そんなことをぶつぶつと考えながら、あるとき湖畔を歩いていたニーチェは、突如、天啓をうける。

「永劫回帰」

それは何の前触れもなく、ニーチェの脳内に浮かんだキーワード。

宇宙のすべてを台無しにする「史上最悪」の思いつきであった。

永劫回帰

それはその字のとおり、「永遠に、同じことが元に戻って繰り返される」という意味である。ニーチェは、この「永遠の繰り返し」こそが死よりも強力な「最悪のニヒリズム」であると散歩中に気づいたわけであるが、でも「永遠の繰り返し」のどこがそんなにも最悪なのだろうか。

ロシアの文豪ドストエフスキーは、小説『死の家の記録』の中でこんなことを書いている。

「重犯罪人に自分の罪を思い知らせるなら、穴を掘り土を移動させ、それをまた埋めて元に戻す、という作業を延々と繰り返させればよい。それは究極の拷問であり、最後には精神に異常をきたすであろう」

そもそも僕たちは、どんな苦痛だろうと、どんな不幸だろうと、それらに価値を見いだすことができる。なぜかと言うと、それらが「一回かぎりの唯一のもの」だと考えられるからだ。すなわち、「たった一度しかない、かけがえのない人生の中で起こった不幸」という捉え方をすることによって、そこに「価値」を見いだせるというわけである。

では、もしそれが一回かぎりではなく、「無限に繰り返されること」だったらどうだろう。

永劫回帰における「無限の繰り返し」をニーチェはこう説明する。

「おまえは、これまで生きてきたこの人生をもう一度、さらに無限に繰り返し生きねばならない。そこには何ひとつ新しいものはなく、あらゆる苦痛と快楽、あらゆる思念とため息、おまえの人生のありとあらゆるものが寸分たがわず、しかもそのままの順序で戻ってくる。宇宙は砂時計のようなものであり、おまえはその中のひとつの砂粒にすぎない。そして、その砂時計は、おまえを含め、永遠にひっくり返され続けるのだ」

もし宇宙が、ニーチェの言うように、まるで無機質な機械のごとく寸分たがわず同じことを繰り返し続けるだけのものであるとしたら、もはやそこに「かけがえのなさ（唯一性）」は存在しない。それはすなわち、どんな不幸にも（いやそれどころか、幸福を含む、あらゆる出来事について)、その「価値」を見いだせないことを意味する。

だって考えてもみてほしい。たとえば、あなたが「重たい石を転がしながら山頂まで運び、山頂についたらその石をゴロゴロ転がして下に落とし、また運ぶ」という作業をやっているとしよう。

そんな作業も一回きりならいい。どんな重労働でも、いやむしろ重労働であればあるほど、「やったこれで終わりだ!」と達成感を得ることができる。

だが、五億回やっても、五兆回やっても終わらず、その作業が「無限」に続くとしたらどうか。しかも、何度繰り返そうと何の変化も現れず、まったく寸分たがわず同じように運ぶとしたら……。

どう考えたって、そんな作業にどんな意味(価値)も見いだせない。どんな目標(目指すべきもの)も見いだせない。

掘って埋めて、掘って埋めて――。何の変化もなく、同じことを繰り返すだけの作業。掘ったからといって何の意味もない。このあと、また埋めてまた同じように掘るのだから……。埋めたからといって何の意味もない。このあと、また掘ってまた同じように埋めるのだから……。

そんな行為は、無価値であり、無意味であり、徒労であり、拷問である。

ゆえに、ニーチェは、こう語るのだ。

「永劫回帰」こそ死をも超えた最悪のニヒリズムなのだと。

永劫回帰の理論的証明

しかし、「永劫回帰」という世界観は本当に正しいのだろうか。

そもそもそんなものはニーチェが勝手に考えたことにすぎないのだから、現実の宇宙がそうなっているという保証はどこにもなく、いわばタワゴト。真面目に考えるだけ無駄なことのように思える。

いやいや、それが違うのだ。なんと驚くべきことに、ニーチェは「宇宙が永劫回帰している」ということをきちんと理論的に証明しているのである。

わかりやすさを優先するため、細部の表現はニーチェのものと多少異なるが、以下にその証明をざっと示そう。

まず、宇宙には果てがなく、「無限の広がり」を持っていると仮定しよう。すると、エントロピー増大の法則により、物質は時間とともに「密の状態（ひしめきあっている）」から「疎の状態（離ればなれ）」になっていくわけであるが、ここである程度時間が進み、物質同士が一定距離以上離れてしまえば、もはや物質同士が相互に作用することはなくなり、何の物理現象も起きなくなってしまう。物理現象が何も起きないということは、もちろん生物も存在しえない。すなわち、「無限の広がりを持つ宇宙」というのは、一定時刻を越えると「死の世界」となり、以降、その状態が無限に続くことになるのである（図A参照）。

このことをちょっと時間軸の数直線で表してみよう。図Bを見てほしい。「生物の存在が可能な時間（密の状態）」が終わったあとに「生物の存在が不可能な時間（疎の状態）」が無限に続いている図なわけだが、そうすると「生物の存在が可能な時間」というのは、全体の時間においては稀中の稀、限りなくゼロに近い一瞬の出来事であったということになる。

そうするとちょっとおかしい。だって、いま現在、宇宙に生物が存在しているわけだが、それほどの奇跡的な瞬間が「今」だというのは、何だか不思議な感じがする。たとえるなら、サハラ砂漠でたまたま拾い上げた砂粒が、その砂漠にたった一粒しかない青い砂だった、というくらい奇妙な話である。

だとすると、次ページの図Cのようなモデル、「宇宙は無限に生成消滅を繰り返しており、いま僕たちが生きているこの瞬間は、たまたまそのうちのどれかであった」と考えるほうが妥当のように思える。

ともかく結論としては、「宇宙に果てがなく、無限の広がりを持つ」という前提で考え

図A

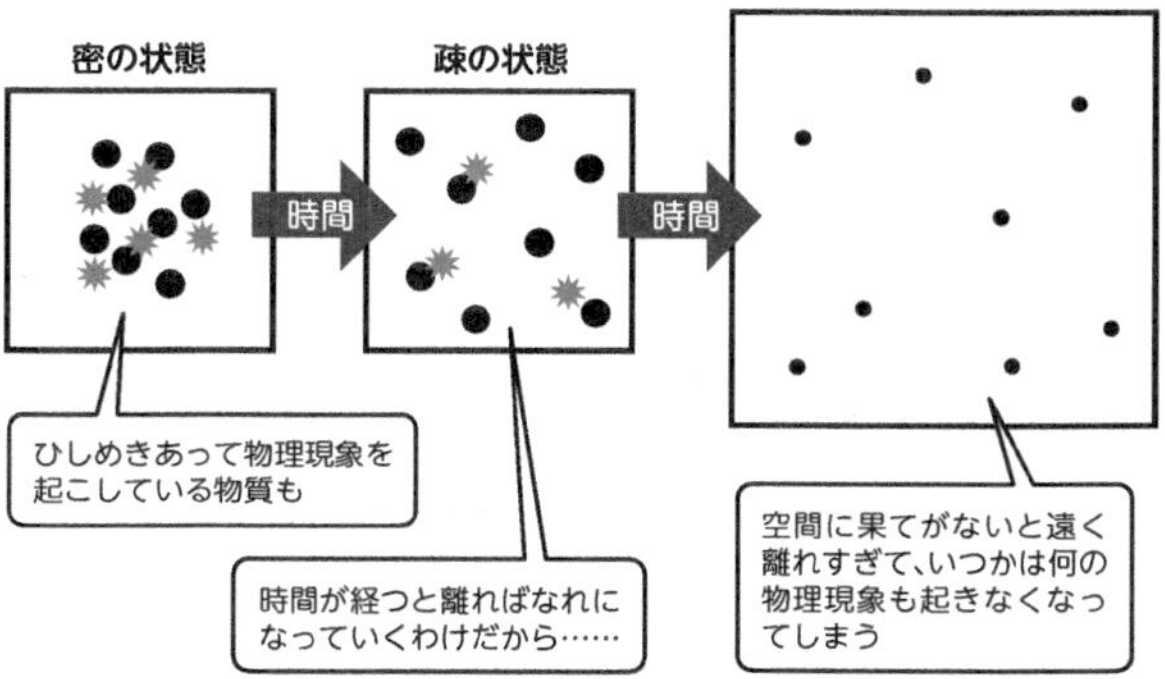
密の状態
疎の状態
時間
時間
ひしめきあって物理現象を起こしている物質も
時間が経つと離ればなれになっていくわけだから……
空間に果てがないと遠く離れすぎて、いつかは何の物理現象も起きなくなってしまう

図B

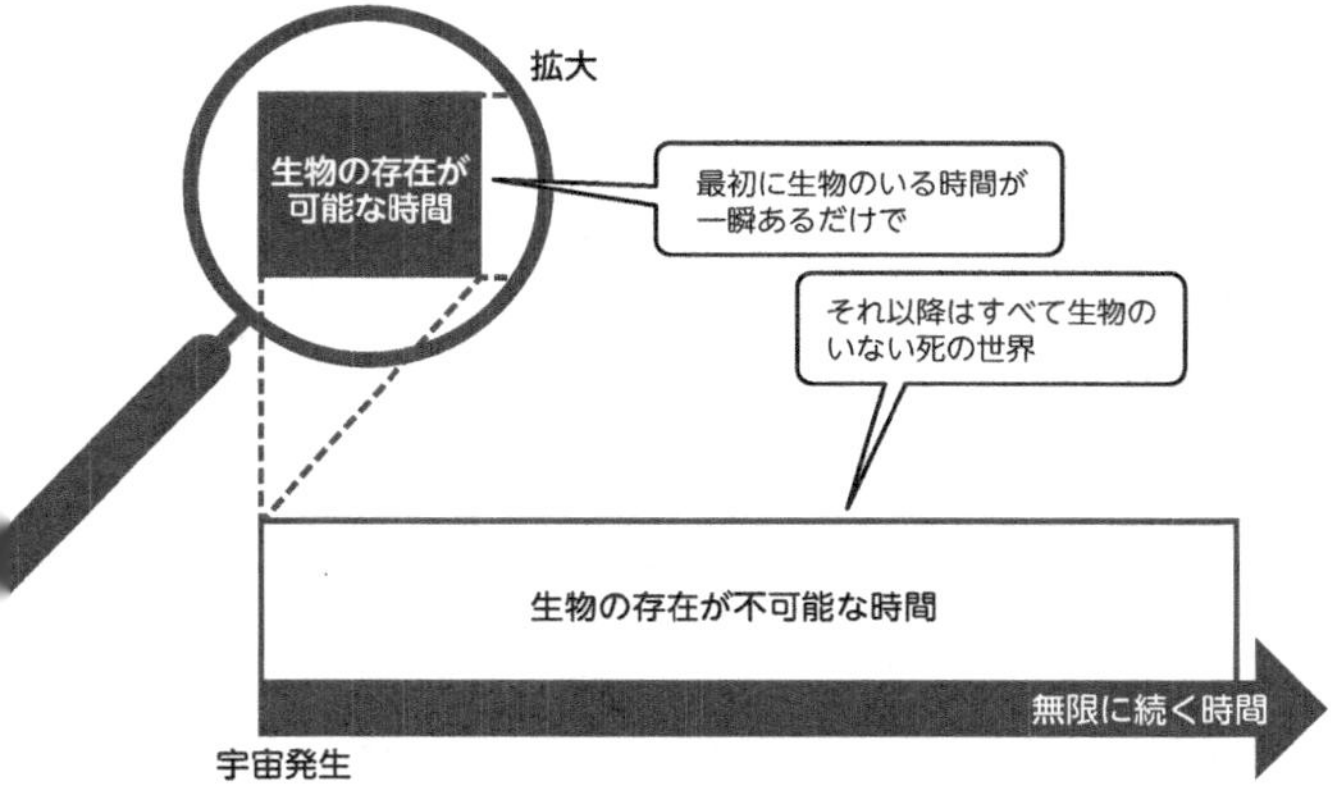
拡大
生物の存在が可能な時間
最初に生物のいる時間が一瞬あるだけで
それ以降はすべて生物のいない死の世界
生物の存在が不可能な時間
無限に続く時間
宇宙発生

図C

無限に生成と消滅を繰り返す宇宙……

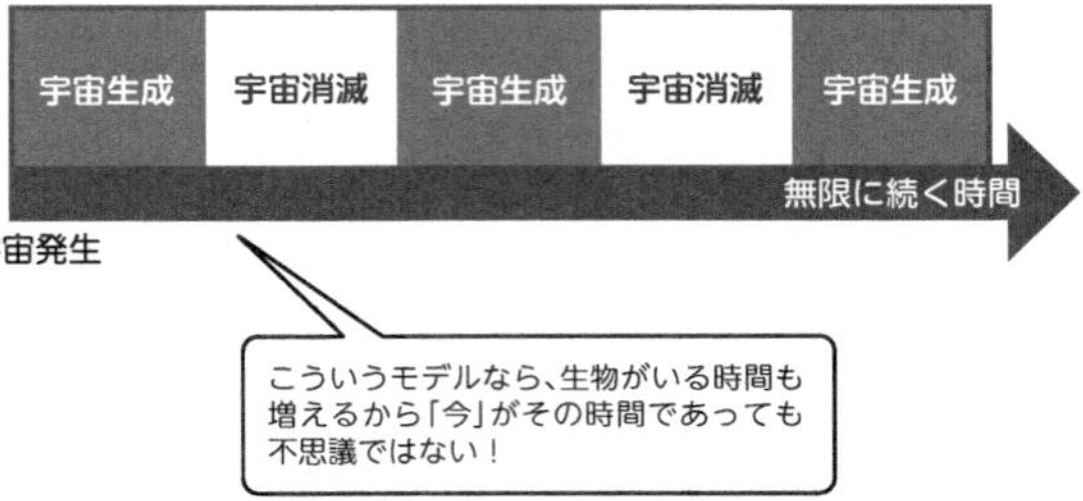

ると、このように「無限に続く死の世界」が発生してしまい、「生物が存在している今」が奇跡的すぎてしっくりこないというわけだ。

ならば、最初の前提を棄却して、「宇宙には果てがあり、無限の広がりを持たない」という逆の前提で宇宙を考えてみよう。「宇宙の果てがどうなっているか」という具体的な仕組みは、この際、置いておくとして、壁があるのか、空間がループしているのか、わからないが、とにかく宇宙が「有限の広がり」しか持たないという想定だ。

この想定の宇宙については、巨大なビリヤード台を思い浮かべるとイメージしやすいかもしれない。「物質（原子）」をビリヤードのボール、「有限の空間」をビリヤードの台と見立てて、ボールが空気抵抗や摩擦のない台の上を延々と転がっているという状況を想像してみてほしい。

このとき、ボールは物理法則にしたがって運動

図D

有限の空間に有限個のボールが転がっているとしたら……

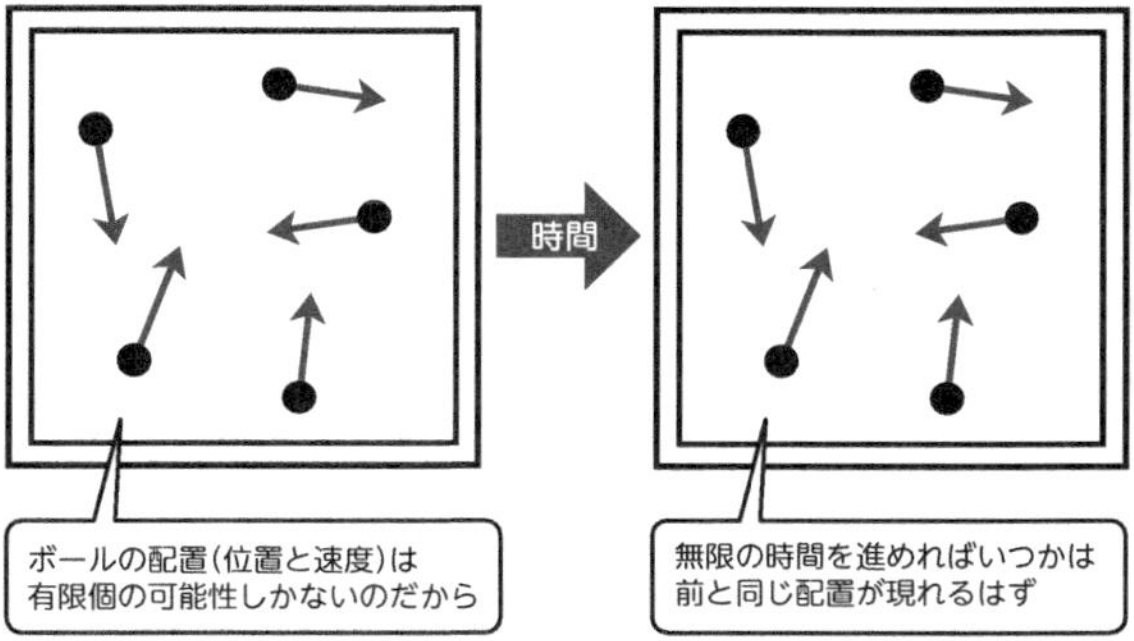
時間
ボールの配置(位置と速度)は
有限個の可能性しかないのだから
無限の時間を進めればいつかは
前と同じ配置が現れるはず

し、壁や他のボールにぶつかりながら延々と位置を変え続けるわけだが、

「ビリヤード台の上が有限の空間であり、ボールの数が有限個である」

のだから、無限に時間を進めていけば、いつかは「ボールの『位置と速度の関係』が前に見たのと同じ状態になる」はずである（図D参照）。

前と同じ状態になったということは、当然、その次の瞬間に起こることも前回と同じ。つまり、まるで時間がまき戻ったかのように「前に見たのと同じ運動」が再びはじまり、以後、そのループ（回帰）が永遠に繰り返されることになる。

ここまでの説明で、ニーチェが言いたかったことは理解できたと思う。

要点をまとめよう。

（1）宇宙が「無限の広がり」を持っているなら、物質は拡散しつづけて、いつしか生物の存在しない「死の世界」となり、それが無限に続くことになるだろう。

（2）ならば、全体の時間の中で「生物が存在している時間」というのはほぼゼロに近い一瞬となるが、「今」がそれだというのは、あまりにもできすぎているし、確率的に考えてもありえない。

（3）だったら宇宙の広がりは「有限」だと考えよう。

（4）「有限」の空間に「有限個」の物質が運動しているのだから、空間上に生じうる物質の位置と速度のパターンは「有限の組み合わせ」しかない。

（5）であるならば、無限に時間を進めていくうちに、いつかは必ず「同じ組み合わせ」があらわれ、再び同じ運動がはじまる。

右記のとおり。永劫回帰は、仮説でも理論でもなく「証明可能な事実」なのである。

永劫回帰の克服

さて、「宇宙が永遠に回帰している」ということが証明されたわけだが、ではそんな永劫回帰の無意味な世界を乗り越えるにはどうすればよいのだろうか。ニーチェはこう主張する。

「永劫回帰する運命を積極的に受け入れ、もう一度味わいたいと願えるような『今』を見いだしなさい」

ようは、それまでどんな不幸が訪れていようと、これからどんな不幸が待っていようと、それらすべての不幸をめぐってでも「もう一度だ！」と思えるような、そんな「素晴らしい今」を見つけましょう、そうすれば万事解決だよ、という話である。

まぁ、それはそのとおりだろう。だって、「うわああ、すごいよかったあ！　次に生まれ変わっても、またあの瞬間を味わいたい！　もう何度でも何度でも味わいたいわあ！」と思える「今」があるんだったら、そりゃあ、永劫回帰なんて全然オッケーだ。むしろ「ぜひ回帰してください」ぐらいのものだろう。

でも、そんな「今」なんて本当にあるのだろうか。仮にあったとしても、そういうのは大観衆を前にスポットライトを浴びるような有名人、何でも思いどおりにできる権力者、大富豪、イケメン……、よほど何かに恵まれた幸福な人たちの話であって、たいていの人には絶対起こりえない「今」のように思える。

いいや、違う。それは人生を「受け身」で生きているからそうなのだ。ニーチェに言わせれば、そんなものは自分の意志と気合いで「そうだ！」と思い込めばよいだけの話である。

だから、素材となる「今」はなんだっていい。

たとえば、くだらない冗談で好きな人が笑ってくれたその瞬間……。
たとえば、席を譲ったらありがとうと言われたその瞬間……。
たとえば、たまたま見上げたらあまりの空の青さにハッとなったその瞬間……。

そうした誰の日常にも起こりうる、当たり前の些細《ささい》な瞬間。そんな程度でかまわない。その瞬間（今）を逃さず、全身全霊で味わい、自分から「よし！」「ビバ！」と肯定するのだ。もしもその肯定が、「何億年、何兆年、気の遠くなるような時間をかけても、もう一度ここに戻ってきたい！」と願えるほどの肯定……、「真の肯定」であったとしたら……、それはもはや「その瞬間」だけの肯定にとどまらない！　太陽系も銀河系も含めた生滅する宇宙、すなわち永劫回帰そのものの肯定となるだろう！　なぜなら、永劫回帰があるからこそ、再び「あの今」に、「あの出来事」に、「あの人」に出会えるからだ。

ゆえに、「今という瞬間」を欲し愛せるものは、「永劫回帰の宇宙（最悪のニヒリズム）」をも欲し愛せるのである。

「強い意志を持って今を肯定し、永劫回帰を受け入れて生きる人間」

それこそが、二〇世紀から二〇〇〇年は続くであろうニヒリズムの時代を打ち砕く「新しい人類」なのだとニーチェは強く訴えかけたのである。

永劫回帰の批判

以上がニーチェの永劫回帰の哲学であるが、どうだろうか。なかなかロマンのある哲学であろう。

が……、ちょっとロマンがありすぎという気もする。

だって、結局言っていることは、「今を肯定して生きましょう♪」というだけにすぎないわけで、そんな言葉を言うがために、わざわざ「宇宙が永遠に回帰している」という説まで持ち出してくるのは、さすがに大げさな感がある。

それに永劫回帰の結論にいたるまでの過程も、ツッコミどころが満載だ。

たとえば、「有限の空間に有限個の物質があるとき、空間上に生じうる物質のパターンは『有限の組み合わせ』しかない」という考え方がそもそも間違っている。実は、「一〇メートル四方のビリヤード台の上に一〇個のボールが転がっている」という狭い空間の場合でも、ボールの状態の組み合わせは「無限」になるのだ。

なぜかと言うと、ボールの位置が「無限の細かさを持つ」からである。たとえば、あるボールが左の壁から五メートルピッタリのところに位置する場合もあれば、五・〇〇〇一メートルのところに位置する場合もあるし、五・〇〇〇〇〇〇〇一メートルのところに位置する場合もあるわけで、こんなふうに、細かい違いをきちんと考えるなら、ボールの位置の可能性は無限に存在すると言える。すなわち、ボールの位置のパターンは「有限」にはならないのだ。

ちなみに、「五・〇〇〇一メートルも、五・〇〇〇〇〇〇〇〇一メートルも、たいした違いはないのだから、同じとみなしてもよいんじゃないの？」という意見もあるかもしれないが、現代科学のカオス理論においては、「ほんのわずかな違いでも、時間とともにその違いの影響が大きくなり、最終的にはまったく異なる未来を引き起こすこと」がわかっている。たとえば、ジャングルで一匹の蝶が羽ばたいたかどうかのわずかな違いだけでも、数週間後には地球の裏側の東京で雨が降るかどうかが変わってしまうことがありうるのだ。

とにかく、ボールの状態のパターンが「無限」にあるということは、ボールの未来も「無限」にあるわけで、「永遠の繰り返しが必然的に起こるであろう」という理屈は完全に破綻しているのである。

ちなみに、ほかにもこんなツッコミをしたい人もいるかもしれない。

・いまや現代科学の世界観は、「量子」だったり「紐」だったりで、ビリヤードの「ボール」のような単純なものじゃない。そんな時代遅れのモデルでどんな結論を出そうと何の意味もないよ。

・「永遠に同じことを繰り返す」のが本当なら「今を肯定するかどうか」も繰り返しに含まれているわけでしょ。だったら、「今を肯定しよう」というアドバイス自体が無意味じゃん。

と、まぁ、こんなふうに綻びはいくらでもあるわけで、実際のところニーチェが書き残したものを現代の目で見てしまうと、稚拙で間違った部分がたくさん見つかってしまうのである。

が、それでも、あえて言おう。

それらの間違いは「まったく問題ではない」と。はっきり言ってそんな「細かいこと」はどうでもいい。なぜなら、もともとニーチェ自身が、永劫回帰を「フィクション」として捉えており、「聖なる嘘（方便）」とさえ称しているからだ。

つまるところ、ニーチェがやりたかったことは「想像しうるかぎり最悪のニヒリズム（既存の価値観がすべて崩壊してしまうような状況）を想定し、それでも前向きに生きていける方法を考え出すこと」であり、ようは「最悪ケースでも使える『新しい哲学』の提示」なのだから、その最悪ケースがフィクションであってもいっこうにかまわない。もっと悪く言えばデタラメであったとしてもよいのだ。

であるのだから、永劫回帰（フィクション、方便）に細かいツジツマを求めるのはどちらかというと野暮である。それよりも永劫回帰から導き出された「新しい哲学」、その効力のほうに目を向けるべきであろう。

で、哲学ってなんなの？

と、ここで突然流れをぶった切って申し訳ないが、ちょっと核心的なことを問わせてほしい。

「哲学とは何か？」

もちろん、様々な答えがあるだろう。でもまぁ、たぶんおそらくは、

「誰もが納得せざるをえないような強い説明（原理）を探すことだ」

「考えること、そのすべてが哲学だ」

といったあたりが無難で妥当な回答ではないだろうか。

だが、本書では、次のように定義したい。

「哲学とは、『価値』について考えることである。今までにない新しい『価値』を生み出したり、既存の『価値』の正体を解き明かしたりすることである」

もっと短く言えば「哲学とは新しい価値を見つけ出す行為」、もっと恰好よく言えば「混沌の闇から光を取り出す行為」ということになろうか（もし「価値」という言葉でピンとこなければ、「意味」「概念」「ものの見方」「分別」「公理」など、似たような言葉に置き換えてもらってもかまわない）。

ようするに次のようなイメージだ。

たとえば、ある価値観Xを「常識」として共有する集団がいたとする。なぜ彼らが、価値観Xを「常識」として採用しているのか？　答えは簡単。その価値観Xが、集団のメンバーが生まれる前から存在していたからだ。彼らにとって物心がついたときからすでにあった考え方なのだから、それを「常識」と思うのはむしろ当然のことであろう。

しかし、逆に言えば、その価値観はあくまでも一世代以上前のものということになる。つまりは、彼らの時代に必ずしも通用するものではないということ。だから、今の時代にあった新しい価値観を誰かが発明しなくてはならないのだが、それは大半の人にとってほとんど不可能、というより、しようということさえ思いいたらないだろう。なぜなら、Xは「当たり前（常識）」だからだ。

でも、大丈夫。ごく一部の人々が代わりにその「当たり前」に反逆してくれる。その人々とは「天の邪鬼なやつ」「神経質なやつ」「社会的に落伍したやつ」。そういった、はみだしもののどうしようもないやつら……。彼らが、誰に頼まれるでもなく勝手にXについて疑いを投げかけてくれる。

「みんなはXだって言うけどよ。俺は、そうは思わないね」

「Xってよぉー、なんでXなんだよッ!?　ぜんぜん納得できないだろッ！　どういうことだッ！　どういうことだよッ！　なめやがって！　クソッ！　超イラつくぜェ〜〜ッ!!」

「も、もしかして、僕が不幸なのはXのせいなんじゃ……」

集団の大多数が「そういうものだよね」と言っているのだから、素直に「そうですね」とうなずいておけばよいものを、それができない者たち。彼らは当たり前が当たり前であることに居心地の悪さを感じてしまう。

それゆえ彼らは考える。考えてしまう。それはもう全人生を費やすほどに……。

だが、そうであるからこそ、彼らは到達する。

「別にYでもいいんじゃね？」

新概念。彼らは集団の中に存在しなかった「新しい価値観Y」を創造する。

もちろん、それは大半の人には受け入れがたい価値観であろう。常識を否定した常識外れの考えだからだ。

でもその常識（古い価値観X）も時間とともに「時代とのずれ」がどんどん大きくなっていくわけで、いつかはその「ずれ」が致命的な問題として明らかになる日がやってくる。そのときになって、やっと人々は気がつく。

「そうか！　Yという考え方、ものの見方もあったんだ！」
「Xの問題が明らかになる前から、Yを考えてた○○ってすげえ！」

こうして、はみだしものは英雄となり、彼が唱えた常識外れの新価値観は次の時代の常識となる。

もっとも、そのYもいつかは「Zのほうがいいだろ」と言われて、消えていく運命にあるわけだが……、ともかく、そうした一連の行為——旧世代の価値観を疑い、新しい価値観を生み出すこと——それこそが「哲学する」ということだと本書（著者）は強く訴えたい。

さて、この定義に従うなら、ニーチェの永劫回帰の哲学、すなわち「今を肯定して生きよう」という主張は間違いなく偉大な哲学だと言えよう。というのは、ニーチェの時代からすれば、「今」に特別な価値（意味）を見いだすことは常識外れ、当時の世界には存在していない価値観だったからだ。

いや、それどころか現代ですらまだ常識外れかもしれない。

もちろん現代において「今を大事にしよう」などの言葉はそれほど珍しくもなく、これらの言葉を聞いたことがあるという人も大勢いるだろう。だが、実際に「今」を自覚し、「今」を肯定的に味わいながら生きているものは絶望的に少ない。たいていの人々は、「この今」「この瞬間」を見逃しながら生きている。それはなぜかと言えば、僕たちが採用している常識（生まれたときからあった考え方）が基本的に「未来」に価値を見いだすタイプのものであるからだ。

目標、理想、幸福……。それら「価値のあるもの」「目指すべきもの」はすべて未来にある。こういった考え方——論理的で合理的な、いわゆる西洋的な思考法——を、僕たちは近代教育の名の下に幼い頃から徹底的に叩き込まれてきた。

もちろん、だからこそ僕たちは未来に向けて努力したり頑張ったり、「為すための方法」を考えようとするわけで、それ自体はとても有用なことである。が、もしその未来がなかったらどうだろう。

たとえば、ここにものすごい不幸な男がいたとする。何をやってもうまく行かず、なぜか他人からは憎まれ、愛する者も去り、ついには身体まで動かなくなってきた……という四苦八苦な状態。それほどの状態において、もし彼がいわゆる西洋的な思考を働かせるとしたら、彼は「未来」に向けて解決策を求めなくてはならない。

「諦めるな、なんとかする方法を考えるんだ」

そうやって思い込み、努力しようとするわけだが、世の中にはどうにもならないことだってある。失った健康も信用もそう簡単に戻るものでもないし、個人の力がとうてい及ばない物事は多々存在する。努力したからって必ず問題が解決するわけではないのだ。しかし、それでも彼は「未来」に問題が解決することを願うだろう。なぜならそれしか知らないからだ。

ゆえに彼は解決を願い、それを成し遂げられない自分自身を「失敗者」として規定することになる。それはまるで、巨木を素手で叩いて倒せないからと言って自分を無価値だと思うような馬鹿げた行為。だが、それが彼の、いや「彼の時代の」価値観なのだから仕方がない。彼は、自分を惨めで無能な敗残者――「不幸」だと思い込む。

それを気に病んだのか彼の体調はますます悪化。ついには医者から寿命まで宣告されてしまう。とうとう未来すらも奪われてしまったこの絶望的状況。彼は、いったいどうすればよいのか。

もし彼が今までどおりの価値観で精神の安定をはかるとしたら、無理やりにでも未来を創り出す必要がある。たとえば、都合のよいことが起きて自分が助かる……、もしくは助からずに死んでしまっても死後の世界があり、そこで幸福な日々がはじまるという妄想。だが、人間はそんなにバカではない。社会全体でそれを信じていた古い時代ならともかく、現代人はそんな夢みたいな妄想で自分自身を騙すことはできない。せいぜいできて騙されたふりくらいのものだろう。

もはやこの状況において、未来に価値を見いだす思考は役に立たない。いや、むしろ有害とさえ言っていい。結局、既存の価値観（常識）しか持たない彼は、自分にも世界にも何ひとつ価値（未来）を見いだせないまま、残りの人生を惨めに生きていくしかなかった。

そんなある日のこと、その不幸な男は激しい痛みのなか、ふいに自身の絶望的な状況を省みて「まったく、しょうがねえなー」と笑った。

裏目が出すぎて逆に笑いがこみあげてくる。それはよくある日常的な光景。今までだって何度となくあったし、誰にでも起こりうる平凡な瞬間だ。

だが、この日たまたま彼は驚いた。

「こんなに不幸で惨めで、あと少しで死ぬかもしれないっていうどうしようもない状態なのに……、オレ、今、にやりと笑えたぞ。これって……すごくないか？」

さぁ、この一瞬を逃してはならない！　そう感じられた「今」をとらえて「よし！」と肯定するのだ！

そして、問いかけてみる。「もう一度『同じ今』を味わいたいか？」と。

もし、その肯定が真実のものであるならば……、彼は回帰を願うであろう。

「もう一度同じ人生がはじまり、もう一度同じ不幸を味わうことになったとしても……かまわない。これほどの苦難に見舞われ、何の希望もない状況に追い込まれても『ふっ』と笑える……そんな『かっこいい自分』に出会えるなら」

同じ不幸にあってでも、また「この自分」に会いたい。

それくらい「今」の自分、「今」の出来事を誇りに思えたとしたら……、彼は自分の人生そのものをすべて肯定できたことになる！　だって「繰り返してもよい」と思えるような人生だったということだからだ！

ゆえに彼は自分自身をこう規定することができる。

「私は繰り返してもよいと思えるほどの人生を送った『幸福』な人間だ」

旧来の価値観では不幸であった彼が、新しい価値観のもとでは幸福となる。常識的な思考――時間について直線的な概念で捉える西洋的な価値観――では解決不能であった不幸でも、新しい考え方、新しい哲学を持ち出せば幸福になりうるのだ。

「未来に向けて努力して、神（正しいこと、幸福、理想）を目指して進もう」という旧来の西洋的価値観。それは困難の前において僕たちを励ましてくれる。

「希望はある。だからそれを目指せ、頑張れ、諦めるな、未来を信じろ」

だが、解決の見込みのない問題を抱えている人だっているし、ご都合主義の未来を信じられない人だっている。

「ありもしない夢や理想をぶら下げられて走れ走れと追い立てられるのはもううんざりだよ……」

そういう人たちにとって、西洋的価値観はちょっと息苦しい。

でも、そんな人たちのためにニーチェが旧来の価値観（常識）を疑ってくれた。彼は新しい価値観をこう語る。

「未来に自分がどうなるかは問題ではない。それよりも、今、この瞬間をどうあるかだ」

「どうなるか（どう進歩するか）」から「どうあるか（どう存在するか）」への転換。それは、地球より大きな隕石が落ちてきて手の施《ほどこ》しようもない状況に追い込まれても、取り乱さず、まっすぐに人生を生きていける新しい考え方。「どうなるか（どう進歩するか）」を主題とする古い価値観が使えなくなったときに採用される次の時代の価値観。

僕たちは驚愕とともに賞賛しなくてはならない。一〇〇年前の人間が、「西洋的価値観」という強者にたった独りで立ち向かっていたという事実に。

つまるところ、ニーチェがやろうとしたことは、何千年もの間、脈々と受け継がれてきた「常識（価値観）」への反逆であり、転覆であり、革命である。彼は、「理想（目に見えない何か）を信じ、それを目指して進むことが素晴らしいとする価値観」の破綻を見越し、それに代わる新しい価値観――理想の虚偽が暴かれ、それを目指せないニヒリズムの世界に放り出されたとしても雄々《おお》しく生きていける考え方――を創造しようとしたのである。が、その試みははっきりいって分不相応と言える。だって、彼はただのニート（無職）にすぎなかったからだ。

もともとニーチェは、若くして文献学の教授となるほどの優秀な男であった。だが、そこで文献学の専門家らしく地道にやっていればよかったものを、彼は古代の文献から現代人が忘れた精神を読み取り、それを取り戻そうという熱いことを論文で訴えかけてしまう。

しかも、そのうえで、自分の好きなアーティスト（ワーグナー）の音楽がその精神を体現しているとまで言ってしまった。そのため、同僚たちから総スカン。最後には追われるように大学をやめて無職へと転落する。ようするに、「やっちゃった」わけだ。

ちょっと調子に乗ってやってしまった行為で社会から追放され、無職になった男。

そんな彼が、ニヒリズム（既存の価値観が崩壊したあとの世界）について考えることはおかしい。考えている当人は何の生産性もなく、何の社会的な貢献もしていない人間なのだから……。それは、今日で言えば、無職のニートが社会を憂いて、社会や政治を批判するブログを延々と更新しているようなものである。それはとても「痛々しい」。

だが、間違えないでほしい。ニーチェは、いわゆるそこらのニートとはスケールのでかさが違う。彼は、二〇〇年先の人類が抱えるであろう精神的な病をなんとかしようとし、西洋世界の価値観をひっくり返そうとしたのだ。宗教（神、究極の理想）が人類の精神安定剤として使えなくなる日を見越し、それに変わる新しい人生観、新しい聖書を作ろうとしたのだ。

そのハートに僕たちは敬意を払わなくてはならない。いや、敬うだけではない。乗り越えよう。一〇〇年前の彼が、二〇〇年先を考えて哲学をしたのであれば、一〇〇年後の僕たちは、さらに二〇〇年先の人類のことを考えようではないか。

だから、学ぼう。先人の「哲学」を学ぼう。

歴史上偉大と呼ばれる哲学者たちは、どのような思考で、どのような想いで、考えてきたのか。次の章からは、いったん過去にさかのぼり、歴史順に哲学者たちの思索を見ていきたいと思う。

タカシ「オレ、すごいこと考えた。宇宙には無限の時間が流れてるんだから、オレが死んで消えても、いつかは宇宙のどこかで、今のこの地球とまったく同じ原子配列ができるわけだろ？　てことは、またオレがそこにいるってことなんだよな。オレって実は永遠の存在だったんだ！」

カーチャン「じゃあ、カーチャンも、永遠にタカシにご飯を作り続けられるんだね。カーチャンしあわせだよ」

タカシ「……」

第二章
合理主義の哲学

デカルト

René Descartes

ものすごく簡単に言ってしまうと、近代以降の哲学の流れは、次の四つの順番でざっくりと説明することができる。

合理主義⇩実存主義⇩構造主義⇩ポスト構造主義

この流れをひとつひとつ追いかけていこう。まずは、合理主義からだ。

「合理」ってなに？

そもそも「合理」とは何か。「合理」とは、その字のとおり「理屈に合う」という意味である。したがって、合理主義とは、「理屈に合うこと」を大切（主義）にしましょうということであるが、なぜ「合理」というものが哲学の中心に据《す》えられたのだろうか。それは、少し前の時代が「信仰の時代」であったことに由来する。

信仰の時代、それは西暦五〇〇年から一五〇〇年あたり、およそ千年にわたって続いた「中世」と呼ばれる時代のことである。その当時、西洋世界はキリスト教の強い影響下にあり、あらゆることは神さま（聖書、神学）を根拠に説明がなされていた。しかし、その後、教会の権威が失墜。「神さまがこう言っているから」が信じられなくなった西洋人たちは、「合理的な考え方をもとに自分の力で何が正しいか判断したほうがよい」というごく当たり前のことに気がつく。

こうして、「じゃあもう宗教家の言っていることを鵜《う》呑《の》みにしないで、古代ギリシャ時代のような、理屈で考える学問を復活させよう」という運動（ルネサンス）が広がっていくわけだが、ようは、「前時代があまりにも理屈で考えなさすぎたのでその反動として理屈万歳の時代がやってきた」という話である。

さぁ、ここで当時の哲学者たちは偉かった。

普通、迷信がまかりとおる時代から、合理的に考えようという時代に移り変わったのだから、そこはやっぱりみんな「うおお！　考えるぞおお！」とテンションがあがりまくるわけで、そして実際、合理的な思索を積み重ねて「科学」という学問をすごい勢いで発展させていったわけであるが、そんな時代に哲学者たちは、わざわざこんな水を差すようなことを言い出したのだ。

「人間は何をどこまで認識できるのか？　人間が認識したことは本当に正しいのか？　考える前にまずそこをきちんと明らかにしよう」

ようするにである。最新式のカメラを手に入れた人々が、「よし、これでいろいろな景色を撮りまくるぞ！」と盛り上がっているところで、「いやいや、待ってくれ。まずそもそものカメラには何が写るのか、本当に世界を正確に写しているのか、そこを検証してみよう、話はそれからだ」とやったわけである。これがたとえばサークルの仲間同士、友だち同士なら、「うわー、面倒くさいこと言うなよー、ごちゃごちゃ細かいこと言わずに、はやくカメラで遊ぼうぜー」となるところだろう。

だが、哲学者は、基本的に世間の空気をいっさい読まない。大衆がどんなに浮き足立とうと、それに流されず、根本の根拠を問い直す。それが哲学者の哲学者たる由縁でもあるわけだが、よくよく考えてみれば哲学者たちの問いかけももっともだろう。だって、万が一にもカメラ（人間の認識能力）が壊れていたら、そのカメラで写したものについてどんな議論をしようと何の意味もないからだ。だから、「まずこのカメラ（人間の認識能力）が壊れていないか調べよう」と哲学者が言うとき、それはものを考える手順として正しく、まさに合理的だと言える。

ところで、こういった問いかけ、すなわち、

（1）人間の認識は正しいのか？
（2）正しいという根拠はどこから得られるのか？
（3）認識に限界はあるのか？

などといった哲学議論は、ジャンルとして「認識論」と呼ばれる。「哲学と言えば認識論」というぐらい、長く議論されているメインテーマであるのだが、この「認識論」という流れを生み出したのが、近代哲学の父と呼ばれる哲学者、デカルトである。

神の存在証明

信仰が崩壊し、学問が急速に発展していくという活気に満ちた時代に生まれたデカルトは、当時、次々と生み出されていったたくさんの学問体系に大きな疑念を持っていた。

「それらの学問の正しさはいったいどのように保証されるのだろうか？」

はっきり言って、大きなお世話。せっかく、教会という邪魔者がいなくなって、自由に学問ができる時代が来たんだから、そこはそれ、みんなで「イェーイ」と盛り上がって学問やっていけばよいではないか。

しかし、それはデカルトという人間の気質が許さなかった。もともと彼が、数学者であったということも大きな要因になっているだろう。彼は、学問というものは、「まず、Aが正しい。ゆえに、Bが正しい」といった感じで、「確実に正しいもの」を足場にして、ひとつひとつ論理的（合理的）に正しいものを積み上げて作っていくべきだと考えた。

確かに、それはデカルトの言うとおり。そういう地道な手続きをいい加減にしていたら、学問（特に数学）なんて絶対成り立たない。「たぶん正しい」程度のグラグラした足場（証明）の上に学問（数学）を作っていたら、ある日突然「ごめーん、最初のところが間違ってましたー」となって、それまでせっかく培《つちか》ったものがすべて台無しになってしまう。

だから、デカルトは、学問の正当性、正しさを保証できるような「確実に正しいもの（足場）」をまず求めましょうと訴えかけたわけであるが、しかし、人間なんてよく判断を誤ったり、見間違えたりするような不完全な生き物である。仮に「確実に正しい（真理）」と呼べるものがあったとしても、その程度の認識能力しか持たない人間がそれを得ることなんかできるのだろうか。それに、人間の認識能力が歪んでいて、世界の真の姿を全然捉えていない可能性だってある。カメラのたとえ話のところで述べたように、人間の認識がデタラメだったら、まったく話にならないのだ。

そこで、デカルトは、

「人間の認識をあえて徹底的に疑ってみることで『人間の認識の正しさ』を証明する」

という大胆な手法（方法的懐疑）を考案する。つまりは、

「人間が認識したものを疑って、疑って、疑いまくり、それでもなお疑えないものが出てくるかどうかを試してみる」

というやり方を考えついたわけだ。もし、このやり方によって疑えないものが出てきたとしたら、それは「人間が『確実に正しいもの』を認識できる」ということの確かな証明になると言えるだろう（だって、「まったく疑いようのないものを認識できた」のだから）。

しかし、そうは言っても、それはそんなに簡単な話ではない。だいたい、疑いに疑いを重ねたあげく「人間の認識が全部疑えちゃいましたー。人間の認識はやっぱり当てになりませーん」というオチがつく可能性だって十分にあるし、実際、その気になれば人間の認識なんかいくらでも疑えてしまいそうである。

たとえば、「目の前にリンゴがある」という認識があったとしても、僕たちはそれを疑うことができる。だって、そのリンゴは幻で、全然そこに存在していないかもしれないからだ。

では、数学的な認識はどうだろう。「一＋一＝二（右のリンゴ一個と左のリンゴ一個を

合わせたら、二個のリンゴになったよ）」という人間の認識は、絶対的に正しくて疑えなさそうな気がする。いやいや、僕たちは夢の中で、数学的に破綻した出来事が起きてもそれをおかしいと思えないことがあるではないか。たとえば、一個のリンゴと、一個のリンゴを持ち寄ったら、三個のリンゴになった……という夢を見ても、夢の中ではその間違いに気づくことができない。だから、今のこの世界が夢ではないという保証がない以上、数学的な認識でさえも僕たちは「えー？　本当に正しいのー？」と疑えてしまうのである。

と、こんなふうにちょっと考えただけでも、人間の認識なんてどれもこれも簡単に疑えてしまうことが明らかであり、実際、デカルトも今の話と同様の思索を行い、人間の認識を次々と疑っていったわけであるが、まぁ普通ならここで諦めてしまうところだろう。「頑張ってみましたが、人間の認識の中に確実なものはひとつもありませんでした。人間は真理（決して疑えないもの）を認識できません」と。だが、デカルトはそこで諦めるどころか、なんとここからさらに懐疑を加速させていく！

「もしかしたら、悪霊がいて、人間に幻覚を見せているかもしれない。間違った知識を正しいと思い込ませているかもしれない」

悪霊という超常的存在がいるかもしれないという可能性の考慮。いやいや、それははっきり言ってやりすぎだろう。あまりにも常識外れだし、だいたいそこまで懐疑されたら何を言おうと「でも悪霊に騙されてるかもねー」の一言ですべてが否定できてしまうではないか。

でもデカルトは容赦しなかった。そして諦めなかった。なぜなら、それほど徹底した懐疑を行っても、なお正しいと言えるもの、それこそが確実に正しいものであるからだ。そうして根気強く考え続けたデカルトは、ついに「究極の懐疑」を撃ち破る「究極の正しさ」に到達する！

「我思う、ゆえに我あり」

一見すると「私は考えてる、だから私が存在する」というなんてことのない言葉のように思えるが、その意味はこうだ。

（1）人間の認識はあらゆるものが疑わしい。勘違いかもしれない。夢かもしれない。悪霊に騙されているかもしれない。いくらでも疑えてしまう。
（2）しかし、その「私は疑っている」という事実そのものは決して疑うことはできない。
（3）なぜなら、「疑うことを疑った」としても、やっぱり「疑っている」という事実にゆるぎはないからだ。

上記のとおり。どんなにすべてを疑ったとしても、「疑っている（そう思っている）私が存在していること」を疑うことはできない。これは論理的な構造上の問題であり、誰もが受け入れざるをえない結論だと言えるだろう（ちなみに、悪霊が本当にいてこの結論自体をまるごと騙している可能性も考えられるが、「騙す主体（私）」が存在しなければ悪霊だって騙すことができないのだから、やはり「私が存在する」ことは疑いようがないのである）。

さて、このような思索により、ついにデカルトは「疑う私（考える私）が存在する」という絶対的な正しさに到達できたわけであるが、でも、冷静になってみると、正直微妙な気もしてこないだろうか。確かに、「我思う、ゆえに我あり」は、導出までの過程は見事だし、思索だけで確実に正しいもの（真理）を見いだすことに成功したデカルトの手腕は驚きに値する。しかしだからと言って、これをもって「人間の認識は正しいです」と主張するのはさすがに無理があるし、また、いくら「確実に正しいもの」を見つけたと言っても、学問の足場にできるような内容でもなさそうである。

あれ？　じゃあ、「我思う、ゆえに我あり」って単に「『私が存在していること』を私は確実なものとして認識できます」というだけの話で、それだけのことなの？　じゃあ、何の役にも立たないじゃん。と、言いたいかもしれないが、そこは大丈夫。デカルトはこれだけで論を終わらせてはいない。そもそもの彼の目的は、「人間の認識の正当性を証明することと」そして「学問の正当性を証明すること」である。これらの目的を果たすため、デカルトは「我思う、ゆえに我あり」という絶対的な真理を足場にしてさらに論を展開させていく。さぁ、ここからがデカルトの真骨頂だ。

(4)というわけで、「考える私」は確実に存在する。
(5)さて、その私は「神」という存在を知っている。
(6)ここで、神は「完全で無限の存在」であるわけだが、一方、私は「不完全で有限の存在」である。ならば、その私が「神」を知っているのは明らかにおかしい。
(7)したがって、「神」という概念は、私が考え出したものではなく、「私の外部」から与えられたものである。
(8)ゆえに、神は存在する。

これが有名な「デカルトの神の存在証明」である。ようは、

「『小（人間）』が『大（神）』を知りえるわけないだろ！　だって、自分より『でかい』んだから！　それなのに『小』が『大』を知っているのはなぜかって？　それは、『大』がどこかに存在していて、自分の存在を『小』に教えてくれているからに決まっているだろ。そうでも考えないかぎり『小が大を知っている』ことの説明がつかないんだよ！」

という話だ。

そして、デカルトはこう続ける。

(9) というわけで、「神」は確実に存在する。

(10) 「神」が存在するのだから、世界はデタラメに創られてはおらず、きちんと合理的にできているはずである。また「神」が人間を騙したり、悪意を持ってデタラメな認識を与えたりもしないだろう（なぜなら神は完璧に正しい存在なのだから）。

(11) ゆえに、人間が「明晰な状態（オレはいまパッチリ目が覚めているぞと強く自覚している状態）」で認識したものは確実に正しい。

以上がデカルトの行った証明のすべてであるが、ようするに「神さまがちゃんと人間を作ったのだから、人間の認識は間違っていないよー」という話だ。このデカルトの証明に従うなら、「『人間の認識（主観）』は正しいよ、きちんと『世界の姿（客観）』を捉えてますよ」ということになり、「人間が認識を積み重ねて構築した学問の正しさ」も保証されることになる。

こうしてデカルトは、当時、一番の課題であった「人間の認識と学問の正当性」について、見事、その正しさを明らかにしてみせたのだった。

——と言いたいところだが、このデカルトの論理の展開を聞いてみんなはどう感じただろうか。薄々気づいたとは思うが、デカルトのこれらの証明は、すこぶる評判が悪い（笑）。「我思う、ゆえに我あり」のところまではよかった。完璧なぐらい論理的で説得力があり、初めて聞いた人の中にはその論理の精妙さに感動すら覚えた人もいるだろう。

が、その先がびっくりするほどまずい。急に「私は神の存在を知っているが、不完全な私が、完全な神を知っているのはおかしい」などと「えー？　本当にそうかー？」と首をかしげるようなことを平気で証明の前提に追加したりしている。これは明らかな論理の飛躍であり、社会全体で神さまを素朴に信じていた古い時代ならともかく、僕たち現代人にはあまり説得力が感じられるものではないだろう。

しかもである。この証明のあと、なんとデカルトは「霊魂の存在」についてまで言及をしはじめてしまう。

「人間の精神は、無限の存在である神を知ることができるほど不可思議な存在なのだから、有限の存在である物質（肉体）を超えたもの、非物質的なものでなくてはならない」

これがデカルトの言う、霊魂が存在することの根拠であるが、もうここまでくると、オカルトすぎてなかなかに受け入れるのが難しくなる。少なくとも、「万人の誰もが納得せざるをえない説得力のある論理的証明」だとはとうてい言えないだろう。

というわけで、デカルトのこのあたりの主張は、すこぶる評判が悪い。

実際、ほとんどの哲学入門書がこの件については批判的に書いている。たとえば、「認識の正しさの証明に神さまを持ち出してくるのはさすがにアレですよね」「まぁ、昔の人ですから、ここは目をつぶりましょう（笑）」「でも、このデカルトの怪しげな主張に反論する形で哲学史は発展していったんですよー」的な感じ。ウニャウニャとしたことを失笑まじりで言ってお茶をにごす、もしくは、完全スルーで「我思う、ゆえに我あり」だけ説明して「デカルトすごいね！」で終わらせるのが関の山である。

だが、あえて本書は、この悪名高き「デカルトの神の存在証明」を真正面から取り上げ、その真価、そして、そこに含まれる優れた洞察に光を当ててみたいと思う。

「デカルトの神の存在証明」の真価

まず、「神の存在証明」の評判の悪さは、「神」という「人それぞれで定義が異なる言葉」を使っているところに原因の大半があると思われる。実際、「あなたは神の存在を知っているわけですが」と突然言われても「えっ、なんのこと？　だいたいどの神さまの話？」となってしまうわけで、そういう定義の曖昧なものを証明に持ち込まれるとどうしても胡散臭さを感じてしまう。

だから、「神」という言葉を使わず、それを定義の明らかな「無限」という言葉に置き換えてみよう。すると、デカルトの主張はおよそこんな形になる。

「人間は、『無限』という概念を知っている。ここで、人間の思考は、有限の物質から構築された『脳という機械』の計算結果にすぎないというのが常識であるわけだが、そもそも、有限の物質からできた機械（脳）の内側に『無限』という概念を生じさせることは可能なのだろうか？」

さぁ、どうだろう。神を「無限」という言葉に置き換えて、ちょっと現代風にアレンジしてみたが、言っていることはデカルトが提示したことと同等である。このような問い方にすれば、決してデカルトが「お話にならないヨタ話」を言っていたわけではないことに気がつくはずだ。実際、あなたはこの問いに対して明快な解答を与えることができるだろうか。

おそらく、それは少し難しいだろう。というのは、現代における天才的な物理学者、数学者、論理学者たちが今まさに挑んでいる問題であり、しかもまだ答えを出せていない難問であるからだ。

ここでひとりの物理学者を紹介したい。その名は、ロジャー・ペンローズ。「車椅子の物理学者」として有名なあのホーキング博士と共に「ブラックホール」や「特異点」について研究し、ウルフ賞を受賞した天才物理学者である（ちなみにウルフ賞は、ノーベル賞の前哨戦と呼ばれ、ノーベル賞と同等かそれに次ぐ権威を持つ賞である。ノーベル賞は、実験で実証できない理論については受賞が困難なので、ホーキング博士たちがやっているような研究分野においてはウルフ賞が最高位に相当すると思ってもらえばいい）。

そんな彼はある日、『皇帝の新しい心』という本を著し、世界に向けてこんなことを訴えかけた。

「人間の精神（思考）は、脳細胞の機械的動作だけでは説明できません！　今の科学の常識を超えた未知の何かを持ち込む必要があります！」

まったくもって常識外れな主張。人間の思考なんて、脳という機械が複雑な情報処理をして生み出しているだけに決まっているじゃないか。いったい何を血迷ったことを言っているのだろう。これがそこらのオッサンが言っていることなら、一笑に付して、くだらない妄想だと決めつけて無視したいところである。

だが、これを言い出したのは、ポール・ディラック賞、ハイネマン賞と名だたる賞を総なめしたあの天才物理学者ペンローズなのだ。当然、学問界は上を下への大騒ぎとなり、各分野の著名な学者を巻き込んで、さまざまな議論を巻きおこした。

そのペンローズの主張は、簡単に言うと次のようなものだ。

（1）情報を処理する機械（計算機）は、どのようなものであろうと、すべて「チューリングマシン」と呼ばれる「数学上の計算機（数学的に定義された計算機）」として表現することができる（なお、チューリングマシンがよくわからない人は、単純に「ものすごく巨大なメモリとハードディスクを持った、メチャクチャ計算が速いスーパーコンピュータ」だと思ってほしい）。

（2）ここで「チューリングマシン」とは、理論上、これより性能のよいコンピュータは存在しないという理想化された「究極のコンピュータ」であるため、「チューリングマシン」に計算できない問題は、現実のどんな計算機でもできない。

（3）チューリングマシンに解けない問題が多数存在することが数学的に証明されている。それは「無限」に関する問題である。

ここまでの（1）～（3）はペンローズが考え出したことではなく、学問界では昔からよく知られている、すでに証明済みの結論である。ようは「現実の計算機の限界を調べるために、まず『究極のマシン』を想定し、その限界を調べてみました。すると、無限に関するいくつかの問題が解けないということが数学的に証明できました」という話だ。

このことを前提にして、ペンローズは以下のように論理を展開させていく。

（4）チューリングマシンが解けない問題の種類からわかるように、「計算機と無限」はとても相性が悪い。だが、一方、人間は「無限に関する問題」を容易に解けてしまう。ということは、人間の思考は、計算機（機械）的な仕組みで成り立っていないということになる。

（5）ゆえに、人間の思考は、脳という物理機械の動作だけでは説明できず、何らかの「未知の要素」を持ち込まなくてはならない！

かなり粗い説明で申し訳ないが、要点だけを取り上げるとだいたいこのような話になる。

そもそも、計算機（コンピュータ）とは、「あらかじめ決められた手順にしたがって数値演算を愚直に行い、一定の条件を満たしたときにその計算結果を答えとして外部に出力する」というだけのものである。これは、その計算機が「歯車」でできていようが、「電気回路」でできていようが、「脳細胞」でできていようが、原理的には同じである。

計算機（物質を組み合わせて作られた情報処理機械）が原理的にこういう仕組みである以上、無限に関する問題を与えられると、計算機はどこで計算をやめてよいかわからず、永久に計算を続けてしまう。

だが、一方、人間は「無限」に関わる問題を、ぽんっと提示されても、瞬時に「あ、これあかんやつや、無限に計算しても答え出ないやつじゃん」とわかってしまう。

その具体例は、ペンローズの書いた本にたくさん書いてあるのでそちらを参照してほしい。ひとつだけ例をあげるなら、「ふたつの偶数の和からなる奇数を求めよ」という問題だ。人間なら、「あれ？　偶数と偶数を足しても偶数にしかならないじゃん、だったらすべての数についてそんなもの探しても無駄でしょ」とすぐにわかるが、コンピュータはすべての数についてそれが成り立つかどうかを計算によって確かめようとしてしまう……と言うかそれしかできない。人間のように判断するにはコンピュータが自然数という概念を知る必要があるが、有限の計算を繰り返すだけの機械にどうやって自然数（無限に続く数）を教えてやればよいのか。ペンローズはそんなことはできないと強く訴える。

歯車や電気回路や脳細胞をどんなに複雑につなげようが、絶対に解けないはずの問題を人間は「なぜか理解できてしまう」のだから、人間の「思考、知性、心、精神」は、単純な機械を超えた「何か」からできていなければならない。ではその何か――仮にそれを「哲学的な何か」と呼ぶとして――その正体はいったい何なのか。

ペンローズは科学者であるから、もちろん「神」だ「霊魂」だなんてことは言わない。かわりに彼は、「量子力学（量子論）」という現代科学でもまだよくわかっていない不可思議な物理現象にその答えを求めた。つまり、脳は、歯車や電気回路のように機械的動作を繰り返して動いているのではなく、量子力学的な現象（無限の可能性の中から瞬時にひとつの状態が選ばれるという古典的な物理学では説明不可能な現象）が脳内で起きており、その作用によって人間の思考が成り立っているという仮説を打ち立てたのである。

このペンローズの大胆な仮説は合っているかもしれないし、間違っているかもしれない。その真偽はここではおいておくとして、とりあえず言えることは、その仮説の出発点はデカルトの疑問ととてもよく似ているということだ。

すなわち、「有限の存在にすぎず、有限個の物質が組み合わさってできただけにすぎない人間が、なぜ無限で完全なる神という概念を知り、思い浮かべたりできるのか」という疑問。

そこに不思議さを感じるならば、「肉体（脳）にはまだ我々の知らない秘密が隠されているのではないか」と考えるのはそれほど奇異な話ではないだろう。

それにそもそも思い起こしてみれば、僕たち人間の理解には「無限」という概念が深く関わっているように思える。たとえば、「丸」という言葉を僕たちは理解しているが、それはいわゆる「真円」「完全に丸い図形」であり、「無限に理想に近い丸」を意味しているはずだ。しかし、現実には「無限に理想に近い丸」というものは存在しない。見たこともないそんなものを、どうして人間は「わかってしまう」のだろう。

もしかしたら、脳の外部にそれを教えてくれる不可思議な「何か（神、イデア、理想の丸）」が存在しているのかもしれないし、量子力学の不可思議な挙動が情報処理に影響を与えているのかもしれない。それともそれらは全部見当違いで、無限を取り扱える機械を作る方法が実はあるのかもしれない。

答えはいずれにしろ、そういう問いに到達できたこと自体が優れていると言える。なぜなら誰かがそれを問えたからこそ「なるほど、不思議だ。どういうことなんだろう、知りたい！」という情熱が人々の間に生まれ、その情熱があればこそ学問は発展していくからだ。

もし僕たちがデカルトと同時代に生きていたとして、彼と同じ疑問に到達できただろうか。当たり前のように物事を考え、当たり前のように神や図形を思い浮かべ、考えることを当然のこととして何の疑問もなく生涯をすごしたのではないだろうか。

だとするなら、僕たちはデカルトの神の存在証明を、彼の哲学的洞察を笑うことは決してできない。

このように、誰もが気づかないことに気づき、ひとたび気づいてしまえば誰もが「そう言えばどういうことなんだ?」と首をかしげてしまうようなことに気づく。それが哲学者の仕事であり、偉大さであるとするならば、デカルトは間違いなく「偉大な哲学者」なのである。

ヒューム

David Hume

我思う、ゆえに我あり。デカルトが到達したという絶対的な真理。それは西洋の人々にとてつもない衝撃を与えた。

というのは、それまでの価値観では、人間なんてものは神さまの助けなしにどんな真実にもたどり着けない、そういうものだと思われていたからだ。それが人間の理性だけで「絶対に確実な真理（誰だろうと覆《くつがえ》しようのない正しいこと）」を導き出せてしまった。それはすなわち、神学に頼らずとも、人間は自分の力で「正しいこと」にたどり着けるということを意味する。しかもだ。なんとその人間の精神は、世界（客観）を正しく知るための確かな認識能力（主観）を備えており、そのうえ、肉体を超えた存在、非物質的存在だと言うではないか！

そんな素晴らしい精神（考える私）を持っているのだから、もはや人間は、宗教家の顔色をいちいち窺《うかが》う必要なんかない。その精神で自ら合理的に考え、「科学」という新しい学問を発展させて世界の真実をどんどん知っていけばよいのである。

とまぁ、そんな感じで当時の人々に希望を与えたデカルトの哲学であるが、それはまさに、信仰の時代が終わりを告げ、合理的な精神が主役となる「近代」という名の時代の幕開けにふさわしい哲学であったと言えよう。

とは言いつつもだ……。一方で「それはちょっと人間の精神を特別視しすぎなんじゃないの？」という気もしてこないだろうか。そういった感じの反論をしたい人もいるだろう。

歴史もそうである。こういうノリノリの哲学が展開されたあとには必ず水をさすような反論者が現れる。

たとえば、先に紹介したペンローズ。彼は人間の精神についてロマンあふれる主張を展開したわけだが、さっそく反論、それも、かつていっしょに研究し共にウルフ賞を受賞した盟友ホーキング博士から痛烈な批判の書簡を受け取っている。

「最初にはっきり言っておきますが、私は、恥知らずな還元主義者です」

という言葉からはじまるその書簡の内容は次のようなものであった。

（1）ペンローズは、量子力学の例の不可思議な現象が、脳内のどういう物理条件で発生するのか、新しい理論（数式）をまったく提示していない。

（2）もし従来どおりの理論であると言うならば、その量子力学の現象は外界からの影響ですぐに壊れてしまう。したがって、その現象を維持して作用させるためには、脳が「外界から十分に隔離されたシステム」を持っていなくてはならないが、そんな精密な機構を脳が持っているという事実は確認されていないし、現実的にありえるとも思えない。

（3）結局、ペンローズの主張は、「人間の精神は神秘であり、量子力学ももうひとつの神秘であるのだから両者は何か関係があるに違いない」という程度のことにすぎない。

ご覧のとおりの完全否定。書簡の序文からもわかるように、ホーキング博士は、ペンローズとはまったく正反対の人間である。それはその後に続く文章からもはっきりしている。

「私は生物学の理論は化学の理論に還元でき、化学の理論は物理学の理論に還元できると信じています。しかし、一方で私は、物理学の理論は人間が構築した数学モデルにすぎず、実在に対応しているかを尋ねるのは無意味であり、それらは単に観測結果を予言するためのものだと考えています。（中略）私は、物理学者が意識の問題について語ることに不安を感じています。そもそも意識は外側から測定できる性質のものではありません。たとえば、明日突然、宇宙人が玄関先に現れたとしても、彼に人間と同じような意識があるのか、あるいは単なるロボットなのか、それを見分けることはできません。私たちは、外側から測定可能なものについて語るべきなのです」（ロジャー・ペンローズ『心は量子で語れるか』中村和幸訳、講談社）

と、このように厳格な科学者としての態度を表明しつつ、ペンローズのことを「あなたは観念的（非物質的）世界の実在を信じるプラトン主義者です」とはっきり断じたホーキング博士であるわけだが、でもまぁ、正論と言えば正論だろう。

結局のところ、ペンローズは「人間の精神には機械（単純な物理作用の集合）に還元できない不可思議な要素がある」と言っているだけであり、具体的な理論や証拠を提示できているわけではないのだ。だとしたら、そんなものはただのヨタ話、少なくとも科学者の意見として認められるものではない。そこを現役の科学者から現実的に問い詰められてしまったら、ぐうの音もでないだろう。

だいたいの場合、ロマン主義者と現実主義者の対立は前者のほうがどうしても分が悪い。ロマン主義者は、「証拠はないけど、これが本当だったらすごいよね」ということを言っているのだから当然である。

デカルトに対しても、まさにそういう現実主義者の反論者が現れる。それがイギリス経験論の完成者と呼ばれる哲学者ヒュームだ。

まず、ヒュームのことを語る前に、近代の哲学がふたつの派閥に分けられることについて理解しておかなくてはならない。ひとつはデカルトを創始者とする「大陸合理論」、そしてもうひとつはヒュームを完成者とする「イギリス経験論」である。

ようは、「大陸生まれの合理を重視する一派」と「島国生まれの経験を重視する一派」というわけだが、その違いは、むしろそれぞれの名を「『演繹法』を重視する一派」と「『帰納法』を重視する一派」に置き換えたほうがわかりやすいかもしれない。それぞれの特長を順に紹介していこう。

演繹法

演繹法とは何か。それは、「なんらかの前提を出発点として論理的な思索を行い、別の新しい結論を導く」という思考法のことである。

ものすごく単純なところでは、三段論法が一番なじみのあるものであろうか。「A=B」「B=C」というふたつの前提を出発点とし、ここから論理的に考えれば「A=C」という新しい結論が導き出される。まさに演繹法の定義どおり、代表例といったところだ。

他には、「三角形の内角の和が一八〇度（三角形の三つの角度を全部足すと必ず一八〇度になる）」という定理もそうである。これも、まず最初に「これこれの条件で引いた二本の線は絶対に交わりませんよ～」などの「前提（公理）」を複数置いておき、そこから論理的な手続きでガチャガチャやってるうちに導き出されたものである。

こういった論理的証明、数学的証明、ようするに「理屈に基づいて結論を導くやり方」が演繹法というわけであるが、この方法が優れているのは、次の二点だ。

（1）論理や数学などの一定のルールに従って答えを導き出すというやり方であるため、誰がやっても同じ結果が得られる。

（2）出発点である前提が絶対的に正しいものであるならば、そこから導かれた答えも絶対的に正しい。

このうち、（2）は特に優れていると言える。というのは、（2）が述べるとおりだとしたら、それは単に「絶対的に正しい答えが得られる」というだけではなく、「その正しい答えを新たな出発点として、さらなる正しい答えを得ること」だってできるからだ。すなわち、正しい答えの無限連鎖。これを繰り返して次々と「絶対的に正しい答え」を見つけていけば、いつかは世界のすべてを知ることができるかもしれない。

もっとも、そうは言っても、その「正しい答えが得られる」という話自体は本当なのだろうか？

たとえば、先に紹介した「三角形の内角の和」の定理。これは、「どのような三角形であろうと内角の和は必ず一八〇度になる」という定理であり、演繹法から導き出された「正しい答え」であるわけだが、その正しさはどのようにして保証されるのだろう。

実のところ、その保証は不可能である。なぜなら、すべての三角形について、それが成り立っているかをひとつひとつ調べることはできないからだ。だから、ある日、何の気なしに三角形を描いてみたら、内角の和が二一〇度のものが描けてしまう可能性だってありうる。もちろん、「いやいや、これこれの前提から出発して論理的に考えたんだから、間違いなくこうなるに決まってるだろ！」と言いたい人もいるかもしれない。が、人間という種自体が狂ってる可能性だってあるのだから、そんなことは断言できない（あなただって狂人から「これこれは論理的に考えて正しい」と言われても絶対信じないはずだ）。

でも、大丈夫。その正しさは、前述のとおりデカルトの哲学が保証してくれる。端的に言えば、「私の論理の正しさは信用できないが少なくとも『考える私』は確実に存在する。その私が神さまを知っているのだから神さまも確実に存在する。神さまは意地悪なんかしないから、ちゃんと人間を作ったに決まってる。だから、みんな、心配しなくていいよー」である。この保証ゆえに、人間が合理的に考えたことは矛盾なく成り立つし、現実世界ともきちんと一致すると言うことができる。演繹法で導き出した答えについて、事実かどうか確認できなかったとしても、それが絶対的に正しいと僕たちは信じてよいのである。

しかし、イギリス経験論はそんな演繹法重視の大陸合理論の言い分に反対する。合理論の哲学者たちがどんなに演繹法の素晴らしさをうたおうと、やっぱりしょせんは人間、どこで間違えるかわかったものじゃない。そして、その人間の正しさの証明に「神さま」を持ち出してくるのは、まったくの論外だ。

それにだいたい演繹法は「大本の前提が間違っているかもしれない」という危うさを常にはらんでいる。演繹法が正しいと言えるのは、前提が正しい場合においてだけ。ではその前提の「正しさ」はどのように保証されるのかというと、それはどうやってもできない。なぜなら、その前提の正しさを保証するために演繹法（なんらかの理屈）を持ち出したとしても、じゃあその演繹法（理屈）を成り立たせるのに使った前提の正しさはどうやって保証するのか、という別の問題が持ち上がってしまうからだ。すなわち、正しい前提の無限後退。結局、「前提は正しいのか？」「前提の前提は正しいのか？」「前提の前提の前提は正しいのか？」となるだけで、前提の正しさを保証する結論には決してたどり着けないのである。

そして、前提の保証ができないとなると、演繹法は致命的に危険なものとなる。というのは、演繹法を使って正しいとされる答えを次々と見つけていき、正しい理屈の塊（学問体系）を作ったとしても、ある日、突然、前提が間違っていたことが発覚したら、それまで積み重ねてきた「正しさ」がいっぺんに台無しになってしまうからだ。

それは言わば、シャツの最初のボタンを掛け間違えてしまったときのようなもの。最初が間違っていれば、それ以降もすべてが間違ってしまう。今までの苦労がすべて水の泡。それでいて、「最初のボタンを掛け間違えたかどうか確認する方法がない」としたら……、怖くてそんなシャツ、着られるものではない。

結局、演繹法がそういった「不確かな正しさ」しか持つことができないのだから、そこから導き出されたことについて「絶対的に正しい」などと言いきってしまうことなんかできない。経験論の哲学者たちはこの演繹法の問題点を指摘し、そのうえで「帰納法」こそを重視すべきだと主張する。

帰納法

では、帰納法とは何か。それは、「たくさんの観察事実から共通点を見つけ出し、暫定的な結論を導く」という思考法のことである。

たとえば、ケプラーの法則。「惑星の軌道の形は、円ではなく、楕円である」「惑星の公転周期の二乗は、軌道の長半径の三乗に比例する」など、惑星の軌道に関する数々の法則であるが、これらは演繹法のようになんらかの前提から導き出されたものではない。これらは何年にもわたり蓄積された観測データをケプラーがじっくりみて、「あ、惑星の軌道ってみんなこんな感じで同じように動いているんだー」とその共通点に気づいて発見した法則である。

したがって、発見できるかどうかは人それぞれのセンス次第だし（はたしてあなたは、大量の数字の集まりを見て、「あ、これ、二乗が三乗に比例してるね」と気づけるだろうか）、なにより見つけ出した共通点がまったくの勘違いという可能性だってある。

だが、それで全然構わない。なぜなら、帰納法にとって「正しさ」とはあくまでも暫定的なものだからだ。だから、たとえばケプラーが見つけ出した共通点が、たまたま彼のデータがそうだったというだけの話で、ある日、ケプラーの法則とまったく違う惑星が見つかったとしても、帰納法的には痛くもかゆくもない。素直に「間違ってました」と認めて、「じゃあ、その軌道の違いを生み出している要素は何だろう、どこが共通していないからそうなったんだろう」と誤りを正す改善案を考えるだけである。

つまりは、「観測事実と異なっていたら、それに合わせて少しずつ直していけばいいよね」という謙虚な態度。帰納法は、理論や法則よりも観測事実のほうを優先する。

もちろん、このやり方では「絶対的に正しい理論や法則」には到達できない。どんなに頑張って理論や法則を導き出そうと、それらをひっくり返すような観測事実が次の瞬間に得られてしまうかもしれないという可能性を否定できないからだ。

だが、それでいいではないか。人間なんてそんな大それた存在ではない。「絶対的な正しさ」などという手の届かないものを求めるよりも、たくさんの観測データを集めて随時修正していき、「より確からしい答え」を長い時間をかけて作っていく……、そっちのほうが現実的で身の丈にも合っている。少なくとも、ホントかどうかもわからないのに「絶対的に正しい」と言いきってしまう演繹法重視の連中よりよほどマシであろう。

さて、以上までが「演繹法」と「帰納法」の説明であるが、せっかくだから、その違いを表にまとめておこう（次ページ参照）。

〔表　演繹法と帰納法の比較〕

演繹法	帰納法
理性重視	経験重視
大陸合理論 （大陸的）	イギリス経験論 （島国的）
複数の前提（公理）から論理的に答えを導き出す	複数の観測事実からそれらを満たす答えを導き出す
「理性で考えた理論と世界の出来事は必ず一致する」	「理性を信じすぎるのは危険。観測事実に基づいて理論を修正していくべき」
ロマン主義	現実主義

これらの違いからわかるとおり、「演繹法を重視する大陸合理論」は、人間が理性によって導き出した合理的な答えと世界の姿がきちんと一致するという信念を持った一種の「ロマン主義」であり、一方、「帰納法を重視するイギリス経験論」はそういった信念を許さない「現実主義」であると言うことができる。

もっとも、そうは言っても経験論の哲学者たちも、神さまだけはやっぱり特別扱いしていた。もともと経験論は、「人間の知識はすべて経験（観測事実）から得たものであり、経験に由来しない知識など存在しない。だから、何事も経験（観測事実）に基づいて帰納的に知識体系（学問）を作っていこう」ということを主張していたわけだが、そこで「じゃあ、神さまについての知識はどうなの？　神学は経験に基づいてないと思うけど？」と問われると、突然、

「神さまに関する知識だけは経験に由来しません！　神さまだけは特別です！」と、そんなことを言い出しはじめる。

まぁ、それはそうだろう。いくら宗教の影響力が衰えたからと言って、当時の西洋世界で神さまについてとやかく言うのはまだまだ危険。そこは空気を読んで、「神さまに関することだけは別です」と言っておくのが大人というものだ。

だが、そこへ、世間の空気をいっさい読まず、経験論の哲学を貫き通す男、ヒュームが現れる。

ヒュームは、経験論者としていっさいの妥協を許さなかった。彼は神ですら経験から生み出された概念にすぎないと断言してしまう。

では、どうやって経験から神という概念が生み出されるのだろう？　ヒュームはそれを「複合概念」という考え方で説明する。

たとえば、ペガサスという動物。これは現実には存在しない架空の動物であり、「ペガサスを見る」という経験を誰もしたことがないわけであるが、僕たちはペガサスの姿を容易に思い浮かべることができる。未経験のことなのに、なぜ僕たちは姿を想像できるのだろうか。

その答えは簡単。僕たちは、「馬を見た」「翼を見た」という経験を持っており、それらの経験の複合としてペガサスという概念が作られているからだ。ようは、

「馬についての経験＋翼についての経験＝ペガサスについての知識」

という話。

こういった感じでヒュームは、まったく経験不可能な知識についても、実は既存の経験の組み合わせからでき上がっているのだと考え、神という概念も同様に、「複数の経験の組み合わせから生み出された概念（複合概念）」だと考えた。たとえば、「幼児期において、あれをしなさい、これはしたらダメだ、と言ってくる父親」「絶対的な権力を持つ王」などなど。そういった既存の概念（経験）が複合して神という概念が生じたのだとヒュームは考えたのである。

「神なんてものは、親や王など絶対的な支配者についての経験が複合してできただけの人間の想像物にすぎない」

今でこそ、こんな主張を聞いても「まぁ、そうかもね」とあっさり受け入れ、何とも思わない人も多いと思うが、当時はこのような無神論は、決して許されるものではなかった。実際、ヒュームは、無神論者という評判ゆえに、大学の教授職を逃してしまっている。

ところで、そこまで社会的に不利になりながらも経験論を貫き通すヒュームは、いったいどんな人物だったのだろう。今までの話から「主義主張を譲らない頑固な人」という印象を持った人もいるかもしれないが、実はとても性格がよかったらしく、その手の証言が数多く残っている。

ちなみに、人民主権という理想をうたい、現代では聖人君子のようにたたえられているルソーは、当時の人々の証言によれば、性格が悪く、かなりの嫌われ者であったらしい。にもかかわらず、ヒュームはそんなルソーにも友人として優しく接している。ヒュームの周囲の人々は「ルソーは嫌なやつだから関わるな」と再三忠告していたが、ヒュームはルソーの亡命に助力。ルソーの希望どおりの場所に住むところを用意したうえに、ルソーがその後の生活に困らぬよう、亡命先の王さまにルソーに年金を出すよう嘆願までしにいっている(だが、後日、ルソーは被害妄想に陥り、「ヒュームが自分の悪口を言っている」と世間に向かって騒ぎ出し、ヒュームに大迷惑をかける)。

それはそれとして、ヒュームが考案した「複合概念」によって神の概念が説明可能となってしまうと、デカルトの哲学は窮地に立たされる。人間が神を知っていることについて別の説明が成り立つなら、

「本来、人間が神を知ることは不可能である。ゆえに神が存在しなくてはならない」

というデカルトの前提が失われてしまうからだ。神の存在が証明できないとしたら、神の力によって「人間の認識の正当性」を保証するというデカルトの論理は破綻。まったく

の無効となってしまう。

さらにヒュームは、「我思う、ゆえに我あり」から導き出される「考える私（人間の精神）」の特別性についても否定を行った。ヒュームは、「私」というものの正体について次のように主張する。

「私とは、知覚の束にすぎない」

ここで言う知覚とは、「熱さ」「冷たさ」「苦痛」「快楽」「座っている椅子の硬さ」など、「今まさに味わっている感覚（経験）」のことであるが、たいていの人は、この知覚について「まず私が存在し、その私がさまざまな知覚を味わっている」という素朴な実感を持っていると思う。つまり、「私という存在（精神）がまず最初にいて、外部からさまざ

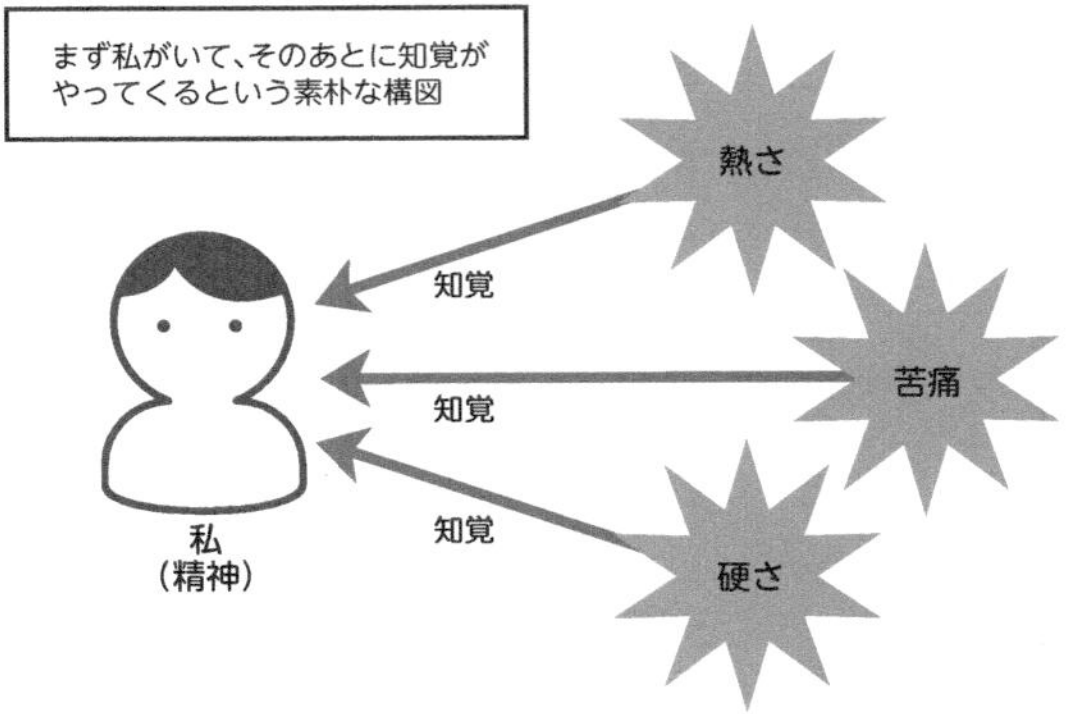

まな知覚を受けとっている」という構図だ（下図参照）。

だが、ヒュームはそれに疑問を投げかける。その構図は、実は「逆」なのではないかと。

「いやいや、知覚（経験）のほうが先でしょ。まず最初に知覚があって、それが次から次へと束になって連続してやってくるもんだから、『それらを感じ続けている固定的な存在がいる』という実感が生まれ、そこから『私』という概念が生じた……というのが本当なんじゃないの？」

すなわち、「まず知覚が存在し、『私（がいるという概念）』が生じる」という構図（下図参照）。

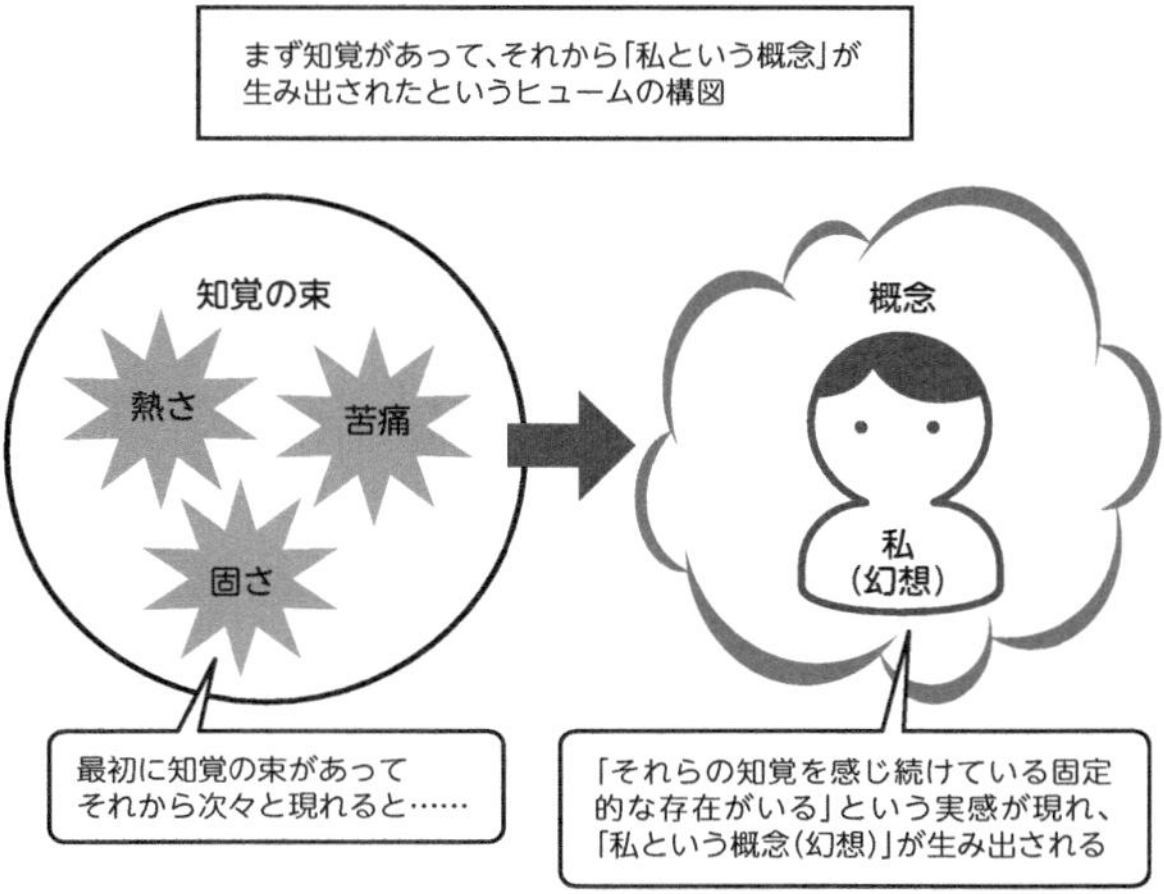

最初に知覚の束があって
それから次々と現れると……

まず知覚があって、それから「私という概念」が
生み出されたというヒュームの構図

つまり、ヒュームは、神のみならず、「私（精神、心）」すらも「経験から生み出された概念（想像上の存在）」にすぎないと主張したのである。

こうなるともう「私」には、デカルトの言うような特別性などない。なぜなら、「私」とは、脳や神経などの肉体的な感覚器官（経験発生装置）から生じただけのものにすぎず、肉体が壊れれば消えるだけの儚《はかな》い存在にすぎないからだ。

もちろん、こう聞くとあまりにもミモフタモナイ結論だと思う人もいるかもしれない。が、デカルトのように「私とは、肉体を超えた非物質的存在である」などと言い出すよりは、よほどマトモで現実的な論だと言えるだろう。

さぁ、ヒュームによって「神の存在」も「私の存在」も否定されてしまった。デカルトの哲学はこれで完全に破壊されてしまったように思える。

いいや、まだだ。ヒュームは、徹底的で極端な人間だ。相手のＨＰがゼロになろうとも決して攻撃を止めたりなんかしない。なんとヒュームは、デカルトがあんなに追い求めた「絶対的な正しさ（真理）」の存在についてまでも否定をはじめる。

そもそも「正しさ」とは何か？　僕たちはどういうときに「正しい」という言葉を使うのだろうか？

実は、この問いに答えを出すのは難しい。なぜなら、「正しいとはどういうことか」という問題にどんな「正しい答え」を出そうと、

「その『正しい答え』の『正しい』って何？　その答えを『正しい』と思ったあなたの根拠は何なの？」

という新たな問題が生じてしまうからだ。つまりは、「正しいって何？」「Aです」「じゃあ、なぜそれを正しいと思ったの？」「Bです」「じゃあ、なぜそれを正しいと思ったの？」「Cです」「じゃあ、なぜそれを……」という堂々巡りがはじまり、どこまでいっても「正しさについての大本の説明にはたどり着けない」ということである。

でも、だったら僕たちがふだん、「あれは正しい」「これは正しくない」などと言うときの判断基準はいったいどこからきたのだろう。

ヒュームはそれについて、あっさりとこう述べる。

「人間が何かに対して『正しい』と言うとき、その判断基準および根拠は、単に『正しそうだ』という『個人の気分』にすぎない」

ようは、「そんなものそいつが勝手に『これこれが正しそう』っていう『気分』になっただけの話でしょ」ということ。

だから、たとえば僕たちは、「一＋一＝二」という数式を見て「正しい」と思うわけだが、実のところ、それは「その数式が合理的に正しいからそう思う」のではなく、「一個のリンゴと一個のリンゴを持ち寄ったら二個のリンゴになった」という経験を繰り返しているうちに「一＋一＝二は正しそうだ」という気分を持ち、そう思うようになっただけのことにすぎない（だから、もし僕たちが「一個のリンゴと一個のリンゴを持ち寄ったら三個のリンゴになる」という世界に生まれ、その経験をずっと味わっていたとしたら、きっと「一＋一＝二」を見て「え、なにこれ間違っているでしょ」と言い、「一＋一＝三」を見て「これが正しいに決まってるよ」と言ったに違いないのである）。

結局、これらのことから言えることは、「正しい」というのも経験から生み出されたひとつの概念であるということ。すなわち、人間という「経験する機械」が勝手に自分の中に作り出しただけの想像物。しかも、その根拠は、「今までの経験から言ってそんな気がしましたー」という程度のものであり、「宇宙の絶対的な法則として『○○が正しい』と決まっているから、人間も『○○が正しい』と思った」のではないのである。

このようにして極端なまでに経験論を貫き通したヒューム。彼は、合理論という哲学界の一大派閥に対し真っ向から勝負を挑み、当時の識者たちがぼんやりと持っていた「合理的に考えていけば、経験不可能なことも含めて、すべての正しい知識にいつか到達できる！」という楽観的な幻想を完膚《かんぷ》なきまでに打ち砕いたのであった。

タカシ　「人間が理性でどんなに合理的に考えようと、脳内に立ち現われてくるものはすべて経験に由来するものにすぎない。結局は、経験がすべてなのさ」

カーチャン「じゃあ、タカシはパソコンでいっぱいいろいろな経験してるから、今にきっとすごい偉い人になれるわね」

タカシ　「……」

カント

Immanuel Kant

神は、「神という概念」にすぎず、人間が経験から勝手に生み出したものにすぎない。
私も、「私という概念」にすぎず、人間が経験から勝手に生み出したものにすぎない。
正しさも、「正しさという概念」にすぎず、人間が経験から勝手に生み出したものにすぎない。

ヒュームは、あらゆるものを「経験から生み出された概念」に還元し、合理論を徹底的に否定してしまった。

かくして、合理論（デカルト）と経験論（ヒューム）の対立は、経験論に軍配が上がるわけであるが、でも、ちょっと違和感を覚えないだろうか。

確かに、人間の頭に思い浮かぶものは、すべて何らかの経験に端を発しているという理屈はわかる。でも、もし本当にすべてが経験から生じているのだとしたら、生まれてから何をどう経験するかなんて「人それぞれで全然違う」のだから、あらゆるものが「人それぞれ」ということになってしまいそうだ。そうすると数学の定理や公式（たとえば、三角形の面積の公式）ですら、「人それぞれの正しさ」しか持たないということになってしまうわけだが、それはそれで何だかおかしい。

つまり、経験論の主張に一定の説得力は感じるものの、

「すべては経験からくる個人の思い込み（気分）にすぎません！　そして、経験とは『個人的なもの』で『人それぞれのもの』であるのだから、そこから生み出される概念も人それぞれであり、『人類全体で共有できるような概念』はいっさい存在しません！」

とまで言われてしまうと、さすがに言いすぎのように聞こえてしまうという話だ。

実際、僕たちは幾何学や論理学など、人類全体で共有可能な概念があることを知っている。もちろん、経験論に従うなら、それらは「たまたま同じような経験をした人たちが集まってそういう概念を生み出し、共有しているだけのものにすぎず、『全人類にとって絶対的に正しいもの』ではない」わけだが、でももし本当にそうだと言うなら「人それぞれの経験の違い」によって、この世界にはもっと多様な「人それぞれの幾何学」や「人それぞれの論理学」があってもよさそうなものである。

でも現実には、そんなものはない。経験（たとえば、育ったときの家庭環境など）の違

いによって幾何学や論理学の種類が分かれるなんて聞いたこともないだろう。

ということはだ。それぞれで多様な経験をしているはずの人間が、同じことを同じように考え、正しいと判断しているのだから、やっぱりこの世のどこかに、

「人それぞれの経験の違いによらず、人間ならば誰もが必ず『正しい』と言わざるをえない唯一の考え方（概念）」

が存在しているのではないだろうか。もしも、そういうものがあるのだとしたら……、合理論は一発逆転！「人それぞれによらない正しさ（演繹法）」を主張する合理論の大復活である！

でも、はたしてそのような「人それぞれの経験によらない概念」なんてものが本当にあるのか？

答えは「ある」だ！

この「ある」という答えを導き出したのが、ドイツの哲学者カントである。

「経験する」とは何か？

カントは、「人それぞれの経験によらない概念」というものを見つけだすため、まず

「経験するとはどういうことか、経験が成立するための前提条件とは何か」について考えてみた。その結果、カントは、

「『経験する』ということが成立するためには『時間と空間という概念』が前提として必要であり、これらの概念が人間の中に最初から存在していなければ、そもそも経験すること自体が不可能である」

という哲学史上に残る偉大な洞察に到達する。

たとえば、僕たちは、「どの時間上にも、どの空間上にも位置しないリンゴ」というものを経験することはできない。実際、「どの時間にもどの空間にも位置しないリンゴを見たり、食べたりしている状況」なんて想像することもできないだろう。

つまり、僕たちは、何かを経験するとき、必ずそれを「なんらかの時間上、なんらかの空間上での現象」として経験（見たり、感じたり）しているのであって、それ以外の形での経験というのはありえないのである。

これらのことから、カントはこう主張する。

「『まず何事かを経験し、その後から時間と空間の概念が生み出された』という関係性は成り立たない。経験が成立するためには、『時間と空間』という捉え方の枠組みが先

に必要であるからだ。ゆえに、『時間と空間』は、経験に先立つ概念、経験を成り立たせるために誰もが備えている『生まれつきの概念（アプリオリな概念）』であり、人それぞれの経験の違いに左右されない人類共通の概念なのである」

これに従えば、「三角形の面積などの幾何学」の公式は、ようするに「空間」の公式であるのだから、経験から生じたものではなく、人それぞれを超える正しさを持った「人類全体で共有可能な概念」ということになる。ここから言えることは、もちろん、「人それぞれの経験によらない概念が存在する」ということ。すなわち、「すべての概念は経験から生じる」と断言する経験論への明らかな反証である。

しかし、このカントの主張に、こんな反論をしたい人もいるかもしれない。

「いやいや、時間と空間は生まれつきの概念って言うけどさ、生まれたばかりの赤ちゃんが時間や空間の概念なんか知ってるわけないでしょ。それらってやっぱり、何も知らない状態からいろんなモノや景色を見ているうちに、だんだんと形作られた概念なんじゃないの？」

なるほど、もっともな疑問だ。

この疑問に答えるには、「時間と空間」という抽象的なものよりも、「遠近法」という具

〔図　遠近法に従ったリンゴの絵〕

体的なものを使って説明したほうがわかりやすいかもしれない。
「遠近法」とは承知のとおり、近くのモノは大きく見え、遠くのモノは小さく見えるという空間についての法則である。もちろん、この遠近法という「言葉」も、なぜそうなるかという「理屈」も、赤ちゃんのときから知っていたわけではない。だから、「遠近法は生まれつきの概念だ」と言われると、「え？」と思ってしまうわけであるが……、でも、よく考えてみてほしい。
たとえば、僕たちが記憶喪失か何かで、今までに習得した概念をすべて忘れてしまったとしよう。そして、その状態でリンゴを見たとする。この場合、目の前に映っている丸いモノがいったい何なのか、まったくわからないし、遠近法という言葉も知らないわけであるが、しかし、何らかの大きさの丸いモノが「見えている」以上、その視覚映像には必ず「遠近法のルールに従った大きさの丸」が映っていると言えるはずである（前ページの図参照）。

このことは、つまり、遠近法という言葉を知ろうが知るまいが、その理屈を知ろうが知るまいが、「モノを見る」という経験には「遠近法という形式（ルール）」が最初から含まれており、この形式なしに「見るという経験（視覚的な映像）」が成立しようがないことを意味している。したがって、僕たちが「見るという経験」をする生き物である以上、今までどんな経験をしたかとか、何を知っているかとかに関わりなく、遠近法（空間に関するいくつかの法則）は、経験を成立させるために必ず持っていなくてはならない概念であり、人間（見るという経験をする生物）における「生まれつきの概念」だと言えるのである（と、ここまで説明を聞いても、まだピンとこない人はおそらく「概念」という「概念」というイメージしにくい言葉に引っかかっているのだと思う。そんな人は、思いきって「概念」という言葉を「（経験を成立させるための）仕組み」もしくは「枠組み」という別の言葉に置き換えて再度読んでみてほしい）。

合理論と経験論

いま述べたカントの哲学を、合理論や経験論の対比も含めて図を使ってもう一度説明させてほしい。図で対比させることで、カントがいかに偉大な仕事を成し遂げたか、そのイメージがより具体的につかめるだろう。

図Aは、合理論の世界観を図示したものである。見てのとおり、合理的な法則性を持った世界がまず存在し、それを人間が見ているという構図だ。この図の基本的な考えは、「数学や幾何学などの法則性（絶対的に正しい決まりごと）は、世界に最初から埋め込まれており、人間は理性という『合理的に物事を考える能力』を使ってそれを知ることができる」というものであるが、まぁ、ぶっちゃけ、普通に考えたら一番最初に思いつく素朴な世界観だと思う（ちなみに、デカルトは、この構図の正しさを主張したいがために神さまの存在を証明しようと頑張ったのだ）。

次ページの図Bは、経験論の世界観を図示

〔図A　合理論の世界観〕

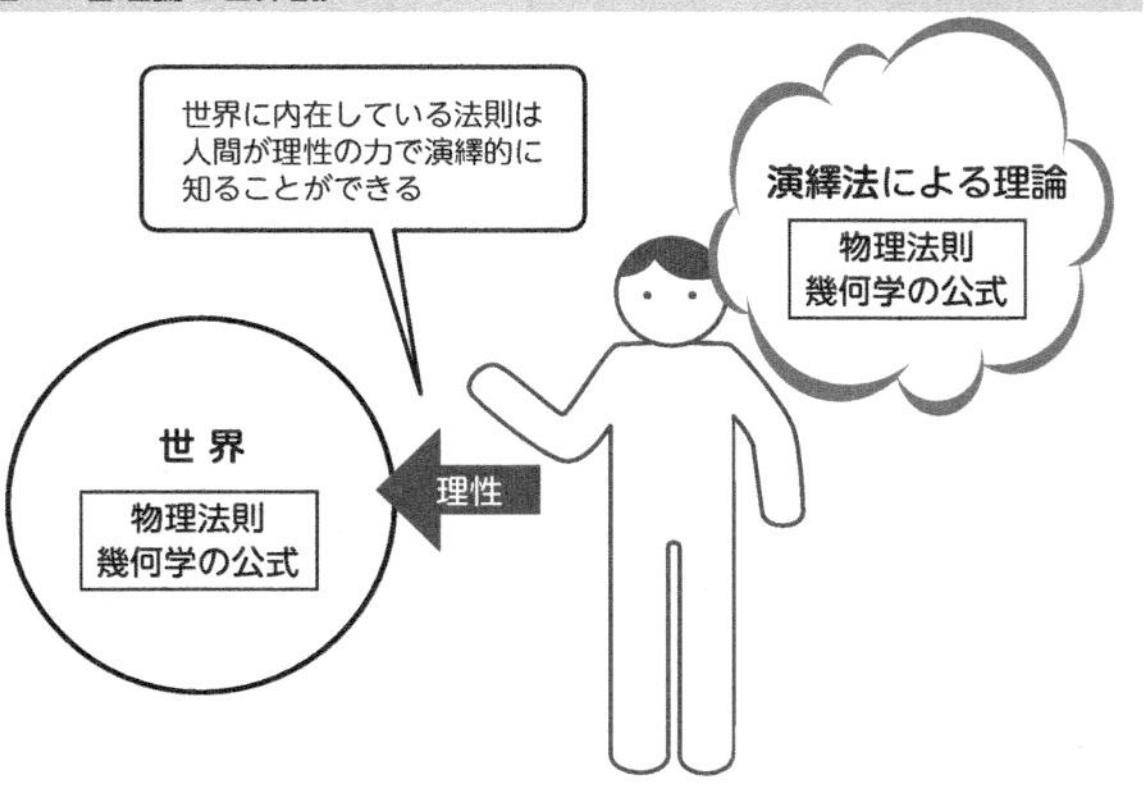

したものである。合理論と違い、徹底した現実主義である経験論は、「合理的な法則性を持った世界が存在する」などという仮説を図に持ち込まなかった。経験論にとって「確実に存在している」と言えるのは、「世界」ではなく、いま現に見ている視覚映像や指先に感じる触感などの「経験」であるのだから、彼らの図はいきなり「経験」からはじまる。すなわち、唯一確実なのは経験だけであり、すべてはそこから生じているという世界観だ。したがって、数学も幾何学も、経験から生み出されたものになるわけだが、「じゃあ、その経験ってどこから来たの？」という当然の疑問については、経験論はいっさい答えを与えてはくれない。

最後の図Cは、カントの哲学を図示したものである。カントは「経験（認識）が成立す

〔図B　経験論の世界観〕

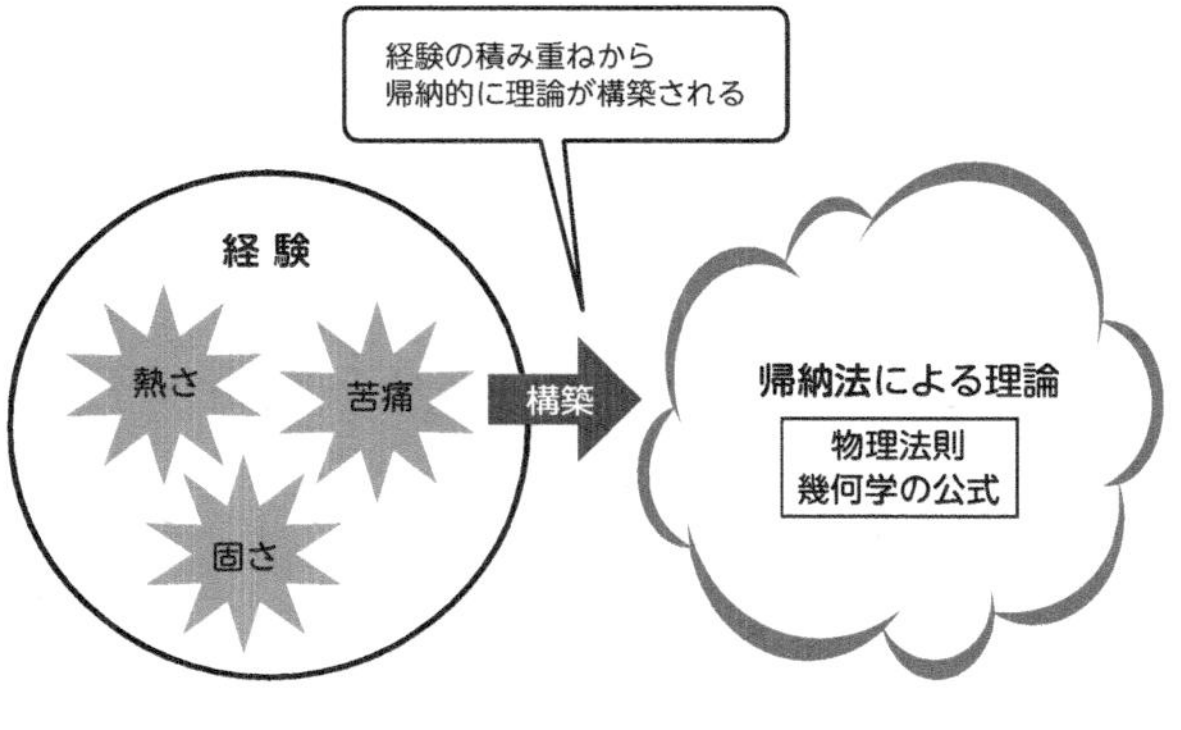

〔図C　カントの世界観〕

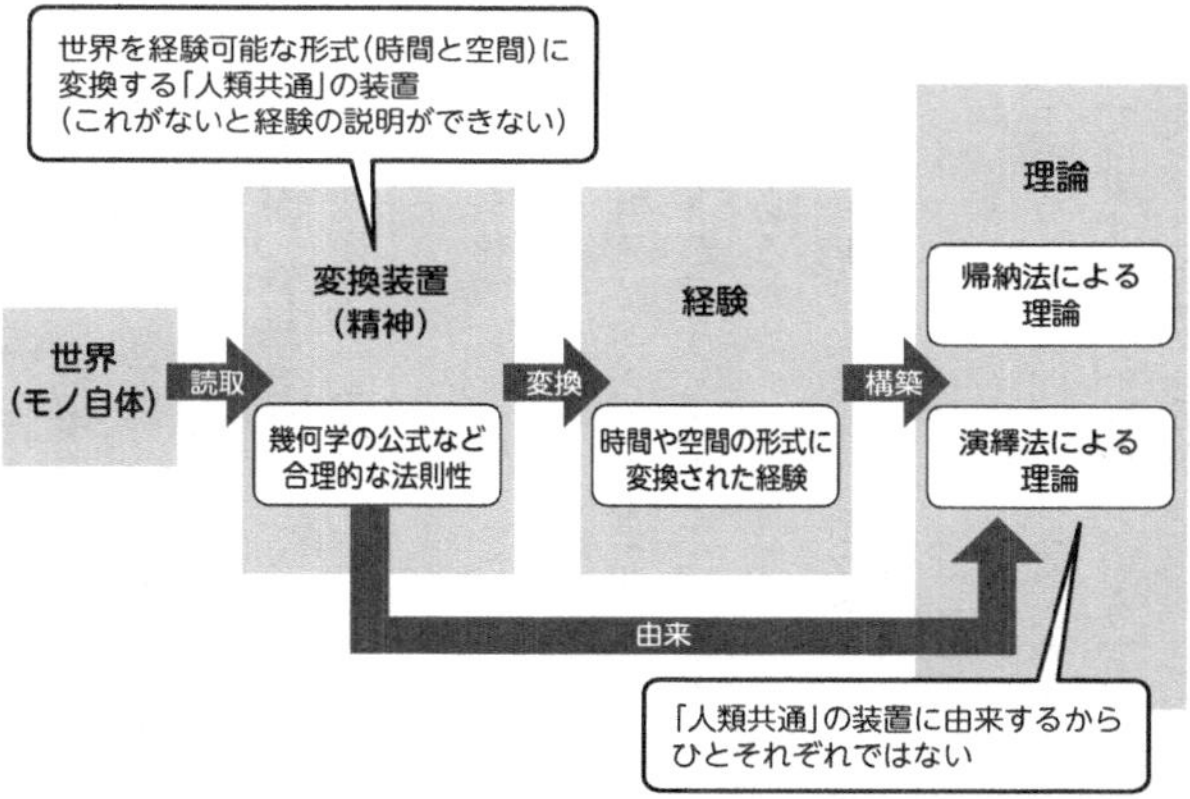

るとはどういうことか」を考えた哲学者であるから、経験論の図において謎だった左側（経験成立以前）の部分を考えたのだと思ってもらえばわかりやすいだろうか。つまり、カントは、経験が発生するために必要な要素を考え、それを経験論の図に追加したのである。その要素をひとつひとつ見ていこう。

◎変換装置（精神）

世界を「経験可能な形式（時間と空間上の感覚として味わえる形式）」に変換する装置である。もし、この装置がないとするならば、ある種の合理性、形式を持った経験が「なぜか突然現れる」というヘンテコな世界観になってしまうのだから、「そういう形式に変換する装置が、人間と世界の間に仲介として存在している」と考えるのは、まぁ妥当だと言えよう。この変換装置が持っているルール（変換の方式）が、そのまま「時間や空間などの生まれつきの概念」となり、人間なら誰もが正しいと言わざるをえない知識や学問の基盤となるというのが、カント哲学の核心である。

なお、この変換装置にあたる部分について、カントはもっと小難しい名前（悟性など）をつけているが、初学者にはピンとこない専門用語であるため、本書ではよりイメージしやすいよう「変換装置（精神）」と表記した。

◎世界（モノ自体）

経験の大本となる世界である。これがなければ、経験そのものが発生しようがないのだから「人間の外側に何らかの世界が存在する」と考えるのは、これもまぁ妥当であろう。ただし、カントが言うところのこの世界は、変換装置によって経験可能な形式に変換される前のものであるため、この世界そのものを直接経験して知ることは絶対にできない。この「経験可能な形式に変換される前の不可知な世界」のことをカントは、「モノ自体」と呼んだ。

さて、このカントの図が、従来の発想と違うのは、「人間は世界を直接経験（認識）しているのではなく、変換装置というフィルターを通して人間が『経験可能な形式（時間と空間の形式）』に変換してから経験している」というところであるが、ともかく、この図から言えることは次のとおりだ。

・人それぞれではない合理的な法則（数学や幾何学）が変換装置によって生じており、人間（同じ変換装置、同じ経験形式を持つ生物）ならば誰もがその合理的な法則を正しいと言わざるをえない。したがって、演繹法が成り立つ。

・経験が発生した後に、その経験に基づいて人それぞれの概念が生み出される。したがって、帰納法が成り立つ。

ようするに、「こういう世界観で考えれば、演繹法（合理論）も帰納法（経験論）も、両方ともうまく成り立ちますよー」という話。つまりカントは、合理論と経験論という当時対立していたふたつの大派閥について、その対立を解消する新しい哲学を作り上げ、哲学史上に大きな進展をもたらすことに成功したのである。

アナロジーで説明すると

カントの哲学を今度は「日常的なアナロジー（比喩）」を使って説明してみたい。きっと、今までよりさらに深い理解が得られると思う。

まず、「ＤＶＤをパソコンで読み込み、動画を映している」という何てことのない絵を思い浮かべてほしい（下の図参照）。

ふだん、僕たちは「DVDに動画が入っていてそれが映っている」と思いがちであるが、実のところそうではない。というのは、そもそもDVDとは、超微細な「凸凹」を円盤に印刷しただけのものにすぎないからだ。だから、どんなにDVDを眺めても、「凸凸凹凸凹凹凹凸凹凹……」などの「凸凹の羅列」が見つかるだけであり、そこからどんな動画も見いだすことはできない。つまり、DVDとは、「凸凹の羅列」が大量に刻まれただけの謎の円盤であり、それ自体では何の意味もなさないということだ。

したがって、このDVDから動画を生み出すためには、「凸凹の羅列」を読みとり、それを動画の形式に変換するための装置（パソコン）が必要となる。たとえば、読みとった羅列が「凹凸凹凹凸凹凸凸」だったら右隅に赤い点を……、「凸凹凹凹凸凸凹凸」だったら青い点を

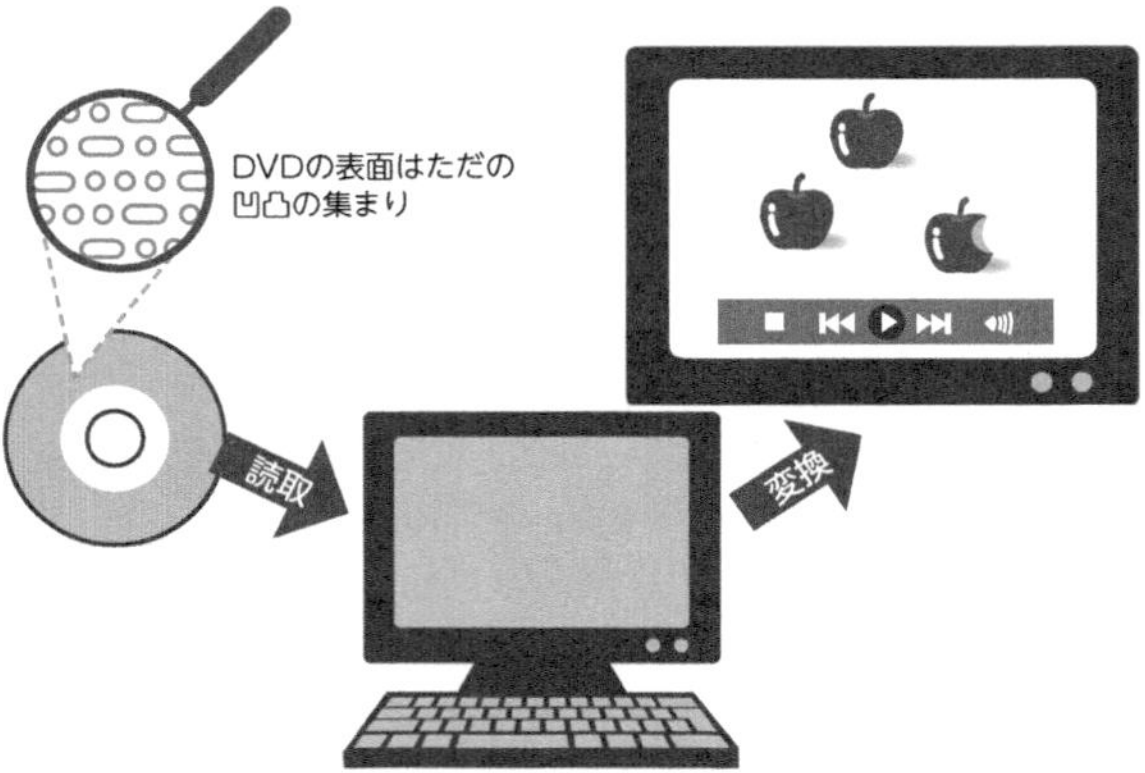

表示する……という具合にだ。こんなふうに変換する装置を通すことではじめて、意味不明だった「凸凹の羅列」は、何らかの形式、意味を持つ形、すなわち「動画」として表現されることになるのである。

さて、ここでひとつ気をつけるべきことは、動画からどんな情報を得ようと、それはDVD自体には何にも関係がないということだ。たとえば、動画として映像が見えている以上、その映像には当然、「上」があり、「下」があり、「左右」があるわけだが、この「上下左右」という情報は、DVD自体に存在しているものではない（だって、DVDとは凸凹が並んでいるだけのものなのだから）。

では、この「上下左右」が、いったいどこから来たのかというと、それはもちろん、パソコン（変換装置）に由来する。パソコンが「凸凹の羅列をわざわざ上下左右が生まれるような形式に変換して表示した」からこそ、「上下左右」というものが生まれたのである。

したがって、同じタイプのパソコン（変換装置）を持っている人同士であれば、DVDの内容について「上下左右」という言葉を使って知識の共有ができるし、たとえば「上のほうに何がありますか」という問いにも「リンゴがあります」などの共通の答えを出すことができるわけであるが、これは逆に言えば、同じタイプのパソコンを持っていない人同士は、「上下左右」に関する知識はいっさい共有できないということを意味する。

たとえば、「凹凸凹凹凸凹凸凸」だったら「ピー」と、「凸凹凹凹凸凸凹凸」だったら

「プー」と音が鳴るようなまったく異なるタイプのパソコン。もし、そんなパソコンを持っている人がいたとしたら……、いやもっと大胆に、そんなパソコンを脳ミソの代わりに頭蓋骨に詰め込んでいる人がいたとしたら……、間違いなくその人には「上下左右」に関する話は通じないだろう。なぜなら、彼にとって、そのパソコンから生み出される奇怪な音楽こそがＤＶＤに関する情報のすべてだからだ。だから仮に、「上のほうに何がありますか?」とその人に聞いたところで、「はぁ? 意味わかんねえよ」となるだろうし、それどころか「いいかい、このＤＶＤは、ピー音とプー音から構成されていてだね……」と(彼と同じパソコンを持っていない人にとっては)まったく意味不明のことを語りはじめるだろう。

では、ＤＶＤを奇怪な音楽として再生する人と、動画として鑑賞する人、どちらの読みとり方が正しいのだろうか。もちろん、どちらも正しくない。そもそもＤＶＤには、色も形も、ピー音もプー音も入っていない。何度も言うように、ＤＶＤ自体は、ただの凸凹の羅列、ブツブツの集合体にすぎないのだ。だから、それをどのように変換するかは、無限の方法があり、どれが正しいかなんて決められるものではない。結局、つまるところは、勝手にそういうパソコン(変換装置)を持ってきた人が、勝手にそういう変換の形式で見てるだけの話。誰のパソコンが正しいとか、間違っているとかの問題ではないのである。

さて、ここまでくれば、このアナロジー(比喩)と、カントの哲学との対応付けがわかったと思う。つまりは、「ＤＶＤ＝世界(モノ自体)」「パソコン＝変換装置(精神)」「動画＝経験」という対応。このアナロジーの例でわかるように、僕たちが「上下左右」「高さ幅奥行き」といった空間的な概念（経験）を持っているのは、「世界がそうなっているから」なのではない。僕たちが生まれつき持っている変換装置（人間の精神）が、たまたまそういう形式で経験を成立させるタイプのものであり、その変換装置によって「そういう世界があるように見えている」だけのことなのである。

だから、もしかしたら、人間の精神が勝手にそう見ているだけの話で、ホントウの世界は、全然三次元空間じゃないのかもしれない。なぜなら、空間とは、「世界に由来して生じているもの」ではなく、あくまでも、「人間の精神（世界を経験可能な形式に変換する装置）に由来して生じているもの」だからだ。したがって、

「ホントウの世界（経験に変換される前の世界）には『高さ幅奥行き』などという三次元の軸なんか全然存在していません！」

と考えるほうがむしろ妥当だとさえ言える。

いや、それどころかだ。このホントウの世界には、僕たちの知る「物理法則」すら存在していないのかもしれない。その理由は、空間のときと同じ。物理法則だって、「人間の精神に由来して存在しているもの」だと言えるからだ。

え、そんな馬鹿な、と思う人もいるかもしれない。

「いやいや、物理法則っていうのは、人間とは無関係に、最初から世界に存在しているものでしょ。物理法則が、人間の精神に由来して存在しているってそんなわけないじゃん！」


だが、よくよく考えてみてほしい。

そもそも僕たちは、動画のような形式で経験する生物であり、言わば「神経からの刺激情報（ビクンビクンと波打つ、凸凹の信号）を動画に変換して映すパソコン」を頭蓋骨に入れている生物であると言える。そして、その動画に映ってるものを「世界」だと思い込み、たとえば、リンゴが地面に落ちる動画を見て「あ、引力の法則があるんだ！」などと言い出すわけであるが……、この「動画を世界だと思い込み、その動画から法則性を見つけだして勝手に数式化しちゃったもの」……これが、僕たちが言うところの物理法則の正体であるとするならば、「ホントウの世界にはそんなものはない」と考えるのがやはり妥当であろう。だって、それらはしょせん、「動画の中の世界」の話にすぎないからだ。

信じられないという人は、先のたとえ話であげた「奇怪な音楽を再生するパソコンを頭蓋骨に入れた男」を思い出してほしい。もし、彼がやってきて、

「世界とは、ピー軸とプー軸から構成されており、その軸上を物体がこういう数式に従って運動している。これは世界における絶対的な物理法則なのだ」

と言ってきたとしたら、あなただって肩をすくめてこう言いたくなるだろう。

「いや、おまえが勝手にそう思い込んでるだけだろ。だいたい、ピー軸って何だよ。そんなの『おまえの世界の中』だけの話だろうが」

もちろん、この指摘は「動画で経験する僕たち自身」についても当てはまる。

「高さって何だよ。落ちるって何だよ。三角形の面積って何だよ。そんなの『おまえの世界の中』だけの話だろうが」

ようは、ただの勝手な思い込み。その思い込みを勝手に普遍的なものだと勘違いしているだけ。つまるところ、僕たちが何を経験（動画）から見いだそうと、それが「経験の形式に由来するもの」である以上、それは決して普遍的なものでも絶対的なものでもなく「同じ形式で経験をしている者同士の間でしか通じないローカルなもの」にすぎないのである。

ついでに言っておくが、先ほど話をわかりやすくするため、「神経の刺激情報を動画に変換する装置（脳）を頭蓋骨に入れて」などという表現を使った。だが、哲学的に言うならそれはおかしい。この表現だと、神経や脳が動画を生み出していることが自明のようになってしまっている。光も、目も、神経も、脳も、全部「動画の中のローカルなもの（人間の経験形式に変換された後のもの）」であることを忘れてはならない。だから、それらは、ホントウの世界にはないかもしれないし、僕たちが思っているような姿をしていないかもしれない。その意味において、「何がどうやって動画（意識の上に映し出されている映像、クオリア）を生み出しているのか」は、僕たちには決してわからないし、自明などではないのである。

カントの哲学まとめ

さて、ここまで繰り返し述べてきたカントの哲学を簡単にまとめてみよう。

（1）人間は人それぞれの経験の違いによらない、「生まれつきの概念」を持っている。
（2）その「生まれつきの概念」は、人間固有の経験形式に由来するものであり、人類全体で共有可能なものである。そして、人間がそういう「共有可能な概念」を持っていることは、演繹法（人間なら誰もが正しいと言わざるをえない合理的な思考方法）が成立することの根拠となる。
（3）ただし、その演繹法でどんな答えを導き出そうと、それは人間の中だけの真理にすぎない。

どれも偉大な哲学的洞察であることは間違いないが、特に（3）がショッキングな内容であろうか。僕たちは「真理」という言葉を聞いたとき、普通に考えれば「普遍的で絶対的に正しいもの」というイメージを思い浮かべる。と言うか、そんなの当たり前。「普遍的でなく、絶対的に正しくもないけど真理です」なんて言葉、まったくわけがわからない。

だが、カントはそれは違うと言う。人間が到達可能な真理（たとえば、演繹法で導き出した三角形の面積の公式など）は、人間が持つ経験形式に依存して生じているものであるのだから、それは必ず「人間にとってのローカルな真理」にしかならない。つまり、人間がどんなに考えようが、どんなに学問を積み重ねようが、「普遍的で絶対的な真理」には決してたどり着けないのである。

このカントによる真理探究の限界宣言。もちろん、当時の人々に大きな衝撃を与えた。感情的な拒絶も含め、後に大きな論争を巻き起こすことになるのであるが、ちなみに、当の本人は、あまりその空気は読めていなかったようだ。それどころか、「真理（客観）と人間（主観）の関係」を逆転させた自分の哲学的成果を、地動説により「天と地の関係」を逆転させたコペルニクスになぞらえ「コペルニクス的転回」と自ら呼称。ようは、「今までの常識をひっくり返す、すごい哲学考えたった！　ホント俺ってば、哲学界のコペルニクスやー！」

と悦に入ったわけであるが、後世の人がそう言ったのならともかく、自分で言ったのだからどうしようもない（笑）。

だが、ここで話は終わらない。周囲の人の戸惑いや失望をよそに、カントはさらに空気を読まず、人間の限界を次々と明らかにしていく。

ここでちょっと『純粋理性批判』というカントの本に目を向けてみよう。大哲学者としての地位を不動のものにした彼の代表作であり、現代においても哲学を志す者なら必ず読んでおくべき古典的名著であるが、その序論でカントは次のようなことを述べている。

「人間は今まで神さまとか霊魂とか、目に見えないものについて自信満々に考えてきたが、みんな失敗に終わった。それは人間が、自らの理性を見極めること（何が考えられて何が考えられないかをきちんと分析すること）を怠ってきたからだ」

ようするに、デカルトの章で述べたカメラの話と同じ。「俺の持ってるパソコンはすごいぞ」と闇雲に動かして計算させるのではなく、「動かす前にまず、このパソコンに何ができて何ができないのか、それを調べることを怠ってはいけないぞ」ということ。まったくもって「面倒くさいこと言うなよ」という話だが、解けない問題にパソコンを使い続けても宝の持ち腐れ。無意味なうえに、ただのエネルギーの無駄遣いになってしまう。

その意味において、カントの言い分は至極妥当であるわけだが、では具体的にはどうやって調べたのか。これも経験に関する分析のときと同じ。カントは「人間の考える能力（理性）」についても「生まれながらの一定の形式」、すなわち、「人間なら誰もが同じように行う生まれつきの考え方、思考の枠組み」があると考えたのだ。

たとえば、因果律。「原因があって結果がある」という考え方がそうだ。僕たちは、目の前にボールが転がってきたとしたら、誰かがボールを投げたなどの「原因」が必ずあると考える。ボールは転がってきたけど、その原因はありません、なんていう事態を僕たちは想像もできないし、理解もできない。このことは、つまり、人間というものは「因果律という形式（原因があって結果があるという思考の枠組み）」の中でしか、物事を考えられないということを意味する。

ほかには、大きい小さいなどの「量的な関係性」もそうだろう。僕たちは、物体があれば大きさ（量）が必ずあると考えるし、ふたつの物体があれば「物体Aとくらべて物体Bは大きい」などの「量的な関係性」が必ずあると考える。僕たちは、大きさ（量）のない物体というものを考えられないし、ふたつの物体の間に「量的な関係性」がないという事態も考えられない。これも因果律と同様、僕たちは、「量的な関係性という形式」の中でしか物事を考えられないことを意味する（なぜ人間はこのような思考の形式、枠組みで物事を考えてしまうのか。それは「時間と空間」が僕たちの生まれつきの概念であることに大きな要因があるだろう。僕たちが「時間という形式」で経験する以上、「時系列の出来事の連鎖（原因と結果）」という捉え方をどうしてもしてしまうし、「空間という形式」で経験する以上、「大きさ（量）」や「大小関係」という捉え方をどうしてもしてしまうのである）。

結局、人間（時間と空間の形式で世界というDVDを再生する生物）である以上、これらの思考の形式からは逃れられない。僕たちは、自由気ままに何でも考えられるのではなく、生まれつきのこの形式にしたがった枠組みの中でしか物事を考えられないし、理解もできないのである。

さて、このような分析を積み重ね、ついにカントは「人間の思考の形式をすべて明らかにする」という途方もなく偉大な仕事をやり遂げるわけであるが、それらが明らかになったところで、カントは、次のような思考テストを試みる。

（1）ある問題Aを想定する。
（2）その問題Aを真（はい）と仮定して、カントが分析した「人間の思考形式」にしたがって思索を進めてみて矛盾が発生するかどうかを調べる。
（3）その問題Aを偽（いいえ）と仮定して、同様に思索を進めてみて矛盾が発生するかどうかを調べる。

この思考テストをやってみて「真偽のどちらを仮定しても、矛盾が発生する」のであれば、その問題Aは「人間の思考形式において真偽の判定ができない問題」、すなわち「人間には考えられない問題」であるとカントは結論づける。

では、実際にカントが行った実例として、「宇宙には始まりがあるか？」という問題についてこの思考テストをやってみよう。

もし、この問題を真（はい）とした場合、「宇宙には始まりがある」のだから、宇宙が始まる前の状態……、つまり、「宇宙がまだ存在していない無の状態」があったことになるわけだが、そうだとすると、「無から宇宙が生じた（何の原因もなく宇宙が生じた）」ということになってしまい、それはおかしい。

ならば、その逆、この問題を偽（いいえ）とした場合、つまり、「宇宙には始まりがない」とした場合はどうだろう。この場合、「始まりがない」のだから、宇宙はいくらでも過去にさかのぼることができ、「無限の過去」を持っていることになるが、そうだとすると「ある時刻の宇宙」が存在するためには、前提として「無限の時間（無限の過去）」が過ぎ去ってなくてはならず、それもおかしい（だって、「無限の時間が過ぎ去る」なんて意味不明だ。「無限のご飯を食べ終わる」みたいな話だから）。

結局、真偽（ある、ない）のどちらを仮定しても「矛盾が生じる（人間の思考形式上、理解できない結論が導かれる）」のだから、「宇宙に始まりがあるか？」というこの問題は、

「人間には絶対に答えを出すことができない問題だ」と言うことができるのである。

さて、ここで重要なことは、この「できない」という結論について、人それぞれの考え方、主義主張の違いを持ち出して文句を言う余地はないということだ。なぜなら、カントの思考テストは、「人間なら絶対にこう考えざるをえない、生まれつきの思考形式」だけを使っており、その思考形式だけで矛盾が発生してしまっているからだ。だから、「俺は○○主義者だ！　おまえらとは違う考え方を持っているんだ！」と主張しても無駄。人間として思考する以上、主義主張の違いによらず、この問題について人間が意味のある答えを出せる見込みはいっさいないのである。

ちなみに、カントは同様のテストを行い、次のような問題についても人間には解決不可能だと結論づけている。

「宇宙は分割不可能な最小単位（原子や素粒子など）から構成されているのか？　それともそうではないのか？」

「人間に自由意志はあるのか？　それとも物理法則どおりに動くだけの機械にすぎないのか？」

「すべての原因となる絶対者（神）は存在するのか？　それとも存在しないのか？」

もしかしたら、「え、その問題って考えられないの？」と驚いた人もいるかもしれない。

また、「え、そういうこと（自由とか神さまとか世界の果てとか）について、ウダウダ考え続けるのが哲学なんじゃないの？」と思った人もいるかもしれない。残念。もうこの手の哲学的問題は、すでにカントによって抹殺されている。

だから、こういう問題について未だに考えている人がいたら……まったくの時代遅れ。無駄なエネルギーを無意味に費やしているだけにすぎないのである。

結局のところ、僕たちがどんなに「俺は俺の自由に考えているんだ！」と言ったところで、カントが述べている形式にしたがってしか物事を考えられないし、カントが述べている範囲の問題についてしか考えられない。「（哲学を志す者、考える職業についている者は、ゴチャゴチャ言う前にいいからまず、さっさと）カントを読め！」、そう学問の先達者たちが口をすっぱくして言い続けてきた理由はここにあるのである。

タカシ　「（カントも読まずにスレ立てとな!?）カタカタカタカタ」

カーチャン「パソコンやりながら、なにニヤニヤしてるんだい。そう言えば買ってきた求人雑誌は読んだのかい？」

ヘーゲル

Georg Wilhelm Friedrich Hegel

人間が持っている「生まれつきの概念」や「生まれつきの思考形式」は、人間だったらみんな同じなのだから、それらを駆使して合理的に導き出された結論は、人間同士の間で「絶対的に正しい知識や学問」として共有することができる。

このカントの見事な哲学により、ボロボロだった合理論は復活。立て直し（経験論との対立解消）に成功するわけであるが、一方で、次のふたつの失望を生んだ。

（1）モノ自体は絶対に知りえません！

人間は「変換装置（精神）」を通さずにモノを知ることはできないのだから、人間が知ることができるのは「自分の変換装置によって歪められた後のモノ」だけである。したがって、「変換装置に歪められる前の、モノのホントウの姿」、すなわち、「モノ自体」を知ることは人間には絶対にできない。つまり、人間は、世界の真理、世界のホントウの姿を知ることはできず、そんなものは考えるだけ無駄だったのである……。

（2）人間の思考形式の範囲外のものは知りえません！

人間はみんな同じ「生まれつきの思考形式」を持っているが、それは逆に言えば、「人間は誰であろうと（たとえどんな超天才であろうと）その思考形式の範囲内でしか考えられない」という限界があることを意味する。したがって、その限界を超えた問題、「宇宙の起源」「自由」「神さま」などの興味深い問題について、答えを出せる見込みはいっさいなく、そんなものは考えるだけ無駄だったのである……。

だから、「人間は人間の範囲内で、ローカルな真理を目指して頑張っていきましょうね」という話に落ち着くわけであるが、こうした人間の限界論は、当時の人々をネガティブな気持ちにさせた（それはそうだろう。せっかくみんな、「普遍的真理」を目指して学問を発展させてきたのに、まったくもってガッカリな話だ）。

だが、そこへ、カントとまったく逆のこと、すなわち、「人間には限界なんかないよー♪」というポジティブなことを主張する男が現れる。その男の名はヘーゲル。彼はその希望に満ちた明るい哲学によって、なんと（本来なら反論不可能で完璧なはずの）カントの哲学をあっさりと吹き飛ばしてしまう。そして、そのまま一気に哲学界のスターダムへ。時代の頂点に立ち、合理主義哲学（近代哲学）を完成させて「終わらせてしまう」というとんでもない偉業を成し遂げるのであった。

稀代の楽天家ヘーゲル

さて、本章の主役ヘーゲルであるが、入門書などではよく「楽天的」として紹介される哲学者である。でも、楽天的とはそもそもどういうことだろうか。それは簡単に言ってしまえば、「くよくよ悩まない」ということである。

「悩んだって仕方のないことなんか考えたって仕方がないし、どうにもならないことなんて、どうにでもなっていいことだよね♪」

とまぁ、こんなふうな考え方をするのが、いわゆる「楽天的」ということであるのだが、ヘーゲルがまさにそういう人であった。

たとえば、カントが「人間はホントウの世界（モノ自体）を知ることは絶対にできません」という言わば悲観的なことを主張したのに対し、ヘーゲルはこれに次のような楽天的な答えを返した。

「え、そうなの？　じゃあ、もうそれを『世界』って言わなきゃいいじゃん♪」

そう、人間に認識できない領域をわざわざ「ホントウの世界（モノ自体＝ホントウのモノ）」と名付けるから、「うわああ、人間は『世界のホントウの姿』を知ることができないんだー」などと、いちいち悩むことになるのである。

そもそも、カントの「モノ自体」は、その定義からして「原理的に絶対に認識できないもの」である。だって、経験される前の状態のモノを「モノ自体」と呼んでいるのだから、モノ自体を経験（認識）できるわけがない（もし経験できたら、それは定義上、モノ自体ではなくなってしまう）。

だったらもう、そんなものどうだっていいじゃないか。認識の可能性がゼロの存在なんか、ないのといっしょ。それについて何を語ろうと、知りようもなければ確かめようもないのだから、考えるだけ無駄である。そんなものに関わるぐらいなら、目に見えて触れられる世界、すなわち、「人間の経験によって映し出されているこの世界」を「ホントウの世界」だとし、「それ以外にホントウの世界なんて存在しません♪」と言いきってしまったほうがよほどマシであろう。

さぁ、なんと驚くべき解決法だろうか。ヘーゲルは、カントの世界観の構図の、モノ自体のところに、大胆にも大きなバツをつけてあっさりと消し去ってしまったのだ。もちろん、ヘーゲルは哲学者であるから、それを消すことについてちゃんと合理的な説明もつけている。

「モノ自体がどうだって言ったって、結局それって人間が理屈をこねてひねり出したものなんでしょ。てことは、モノ自体ってのも、人間の『内側』で生み出された概念のひとつにすぎないいんだよね。だったら、それが人間の『外側』に存在しているという考え方って、そもそも成り立たないいんじゃないの？」

ちょっと乱暴な気もするが、理屈としては通っている。つまり、「人間の外側（認識不可能な領域）」に「人間の内側で作られた概念（モノ自体）」が存在するってよくよく考えたらなんかおかしいよね、という話。

この主張に従うなら、カントがどんなに「人間の外側の存在（モノ自体）」について語ろうと、それはそもそも人間の内側で作られた概念であり「人間の内側の存在」であるのだから、カントは人間の外側の存在について「実は全然語れていない」ということになる（もしカントに語れることがあるとしたら、それはせいぜい「人間の外側の存在（モノ自体）という概念が、人間の内側に生じました」ということだけであろう）。

こうなればもう、モノ自体なんか怖くもなんともない。「モノ自体とか言ったって、全然言えてないからね（笑）」と言って、最初からなかったことにしてしまえばよいのだ。

というのが、ヘーゲルの言い分であるわけだが、でもそれってなんだかズルくないだろうか。だいたい、それを言い出したら、モノ自体どころかあらゆるものが「人間の内側の存在」に還元されてしまい、「すべては『経験（人間の内側の存在）』から生じる思い込みです」という経験論に逆戻りのような気がする。

だが、ヘーゲルはそんなことをいっさい気にしなかった。それどころか、むしろ経験論以上にその考えを徹底させ、驚くべき結論を導き出す。すなわち、世界のすべてが「人間の内側の存在（経験、認識、概念）」として還元できるということから、次のような新しい世界観を生み出したのである。

私（人間の精神）＝世界

なんてポジティブな捉え方なんだろうか。つまり、経験論が「しょせん、世界なんてものは人間の経験から生じた思い込み、人間の内側での出来事の集まりにすぎないんだよ！」とネガティブな捉え方をしたのに対し、ヘーゲルは「てことは、世界って私の内側で作り出されたものってことじゃん、じゃあ『私＝世界』ってことだよね、人間ってすげえ♪」とポジティブに捉えてしまったのだ。

ここもちょっと乱暴な気もするかもしれない。だが、カントの章で見たように、結局、人間が見ている世界（空間と時間）は、人間の精神（変換装置）に由来し、「世界の法則や構造を知る」ということは「人間の精神の法則や構造を知る」ということと同等であると言えるのだから、その意味において、「私（人間の精神）と世界は本質的に同じ」と考えるのは理屈として正しいと言える。
このヘーゲルの世界観は、ヘーゲル自身が述べた次の有名な言葉にその本質がよく表れている。

「理性的なものは現実的であり、現実的なものは理性的である」

これはつまり、人間は「合理的に物事を捉える能力（理性）」を持っていて、それによって現実世界が形作られているのだから（言い換えると、理性の働きによって、人間にとって現実だと思えるようなものが現れているのだから）、世界が合理的な構造を持っているように見えるのは当たり前でしょ、という話である。
では、人間の認識に限界があるという次の話についてはどうだろうか。

「人間の経験形式は固定的に決まっているのだから、『物事をどう認識するか』『物事をどう思考するか』の形式もすべて固定的に決まっている、ゆえに人間が知ることには一定の限界があり、人間は普遍的真理に到達できない」

先に述べたカントの限界論であるが、そこはさすがヘーゲル先生、「人間に限界なんてないでしょ♪」とこれまたあっさりと言ってしまう。

まず、そもそもヘーゲルに言わせれば、人間の認識が固定的という説自体がおかしい。そんなことは歴史を見れば明らか。もし、人間の認識や思考の形式が、カントの言うようにガチガチに固まっていて何の変化もしないものであったとしたら、歴史はまったく進展せず、人間は同じ生活を何千年と繰り返し続けていただろう。

だが、現実は違う。小さな集落から巨大な王権国家へ、そして、王権国家から自由で平等な民主国家へと、人類の歴史は、より洗練された方向に間違いなく進展している。当然これらの社会システム（世界）の進展は、人間の精神が生み出しているのだから、人間の精神も同じように進展していると言わざるをえない（ヘーゲルにとって、人間の精神の内側で生じたものを世界と呼ぶからだ）。

まぁ、一言で言えば、ようするに「『私＝世界』で、世界が成長しているんだから、当然、私も成長しているってことだよねー♪」という話であるわけだが、このようにヘーゲルは歴史を振り返ることで、人間の精神が「成長していく」という性質を持っていることを見いだしたのである。

でも、人間の精神が「成長していく」って具体的にはどういうことを言うのだろうか。ヘーゲルは、それを次のような言葉で説明している。

「人間の精神は、弁証法に従って成長していく」

ここで言う「弁証法」とは何か。簡単に言えば、こんな話だ。

（1）ある命題Aについて、肯定的意見が現れる。
例：「あの物体が丸いって話に賛成！　だって明らかに丸いんだもん！」

（2）命題Aに反対する否定的意見が現れる。
例：「いやいや、その話に反対！　どう見ても四角だよ！」

（3）ゴチャゴチャ言い合いしているうちに、両者を満たす超越的意見が現れる。
例：「なんだ円柱だったんだ。これなら見る場所によって、丸く見えたり、四角く見えたりするよね！　納得！」

（4）しかし、しばらくすると、その超越的意見にも反対する意見が現れ、再び（3）の言い合いがはじまり、「さらなる超越的意見」が現れる。以下、同様にこれを繰り返すことで、より優れた超越的な意見が次々と現れていく（左の図参照）。

以上。まぁ、なんてことのない話だろう。「弁証法」という言葉が、「ピンとこない漢字の組み合わせ」からできているので小難しく感じるかもしれないが言っていることは単純

〔図　弁証法の構図〕

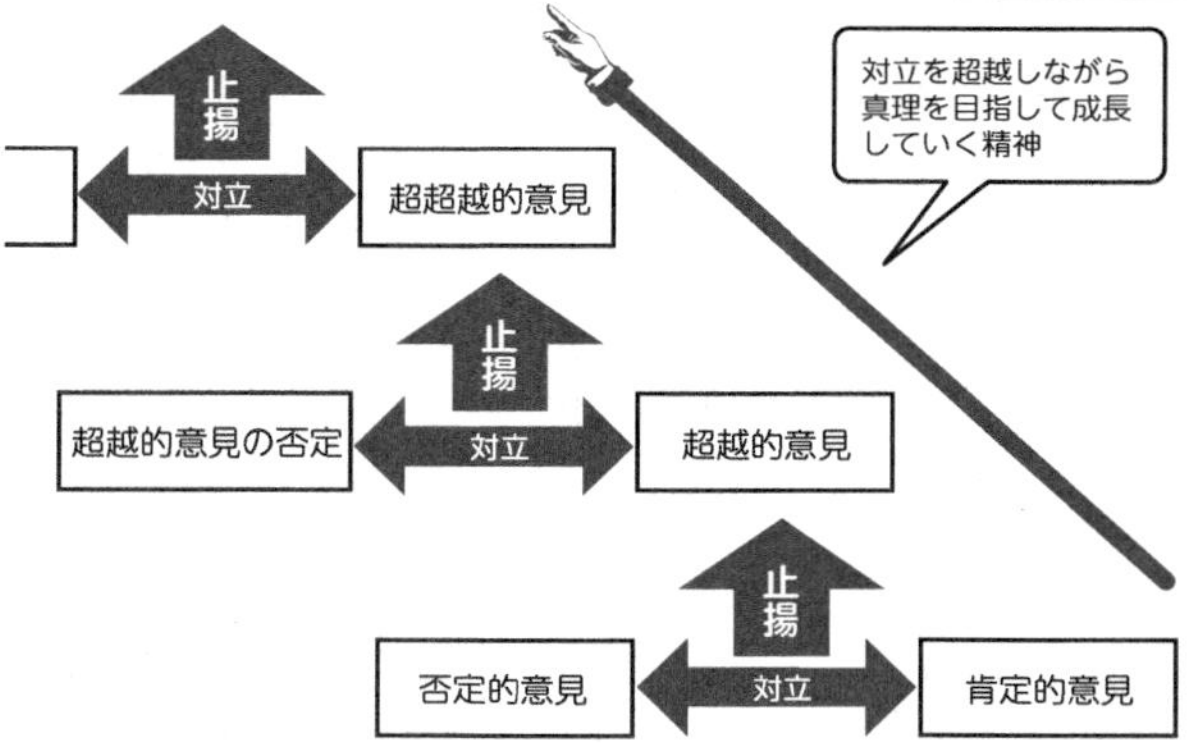

で、ヘーゲルの弁証法うんぬんの話は、ようするに、

「今まで『正しい』と思ってきたことが、ある日、『間違ってるよ』と否定されちゃうことってあるけど、でも、たいていそれについてウンウン悩んでいるうちに『より優れた正しい考え』が見つかったりするわけじゃない？　だから、そういうことを繰り返していくことで、人間はより優れた考え方をどんどん手に入れていけるんだよー♪」

という程度のことにすぎない。

でも、実際に歴史を振り返ってみれば、人間の社会システムがまさにこの弁証法に従って発展していっているのがよくわかる。

たとえば、昔、僕たち人間は小さな集落で、みんなが協力しあって素朴に生きていた（肯定的意見）。だが、ある日、それだけだと、他の集落から襲われる危険性があるので、夜もおちおち寝ていられない不自由な状態であることに気がつく（否定的意見）。そこで、みんなの力を一人の人間に預け、強大な力を持った王様になってもらい、みんなを守ってもらうという仕組み、王権国家という社会システムを考え出す（超越的意見）。

最初は、この王権国家でうまくいっていたが、しばらくすると「王様やその親族たちが贅沢三昧でみんなの富を浪費しちゃうので、やっぱり僕たちは不自由」という新しい問題があることに気がつく（超越的意見の否定的意見）。じゃあ、今度はその問題を解決しようということで、国家を「みんなのための機関」と再定義。王様に権力が集中しないような自由と平等を謳った民主国家が誕生する（超超越的意見）……といった具合。

このように歴史は、偶然的に進むのではなく、きちんとしたストーリーを持って合理的に「よりよい方向」に進むのだとヘーゲルは主張するのである（なぜそうなるかと言うと、世界を生じさせている「人間の精神」が「物事を合理的に捉え、合理的に改善していく、弁証法的な存在」だからだ）。

ただし、このヘーゲルの理屈（歴史観）は、残念ながら現代では説得力を失ってしまっている。現代人の僕たちは、「時間とともに歴史がよい方向に進展していく」などという楽観的なおとぎ話をとうてい信じることはできない。事実、ヘーゲルの時代以降、二度の世界大戦、人種差別による大虐殺、核兵器の量産化など、よくなるどころか「むしろ悪くなっている」とさえ言える出来事がたくさん起きている。宗教戦争や地域紛争をきっかけに、今後、さらに悪くなっていく可能性だってあるだろう。

しかし、少なくともヘーゲルの時代においては、ヘーゲルの歴史観はとても説得力のあるものであった。というのは、ちょうどその時代にフランス革命（一般庶民が贅沢三昧の王様にムカついてギロチンにかけちゃった革命）があり、当時の人々は、その事件に酔いしれていたからだ。


「うわあ、王様が権力を持つのが当たり前だったのに、こんなことが起きちゃうんだ！　歴史って動いているんだね！　もしかしたら、オレの子供が大きくなる頃には、王様のいない自由で平等な国ができてるかも！」


みんながこんなふうに舞い上がっていたものだから、「歴史はよりよい方向に進展している」という確かな実感を多くの人が持つことができた。

また、それ以外にも、カントが人間の認識を完璧に分析して、その限界を明らかにしてしまったことへの不満もあったのかもしれない。ともかく、ヘーゲルの楽観的で希望に満ちた哲学は、当時の人々に拍手喝采で迎えられ、ヘーゲルは一躍、哲学界の大スターとなったのである。

だが、ヘーゲルの楽観的な哲学はここで終わらない。歴史に名を残す哲学者というものは、必ず「極端」を究める。自分が考えた哲学の最果て、すなわち「これ以上何も言えないだろうという究極の地点」へとたどり着こうとする。

もともとヘーゲルは、「弁証法に従って人間（世界）がより優れた高みへと駆け上がっていく」という哲学を述べたわけであるが、では、その駆け上がった先には何があるのだろうか？　究極まで弁証法を行い続けたとしたら、人間はいったいどこに行き着くのだろうか？

ヘーゲルは、わざわざそういう究極の状態を思い浮かべ、次のように述べる。

「そのとき、人間は自分自身が絶対精神であることに気がつくであろう」

ここでヘーゲルが言う絶対精神とは、「絶対的な自由を手に入れた精神」のことであり、もっと簡単に言えば、「万能の存在」すなわち「神さま」のことである。なんと、ヘーゲルは、「弁証法の果てに人間は神さまになる」とまで言ってしまったのだ！

ということは、ヘーゲルの哲学の構図は、つまるところ、

私＝世界＝神さま（絶対精神）

になるわけだが、これはもうポジティブにもほどがあるだろう。実際、この絶対精神は、後世の人々にあまり評判がよくない。「弁証法によって精神（世界）が成長します」ぐら

いでやめておけば、みんな手をたたいて喜んだものを「で、最後には完璧な自由を実現した絶対者になるんです」なんて言っちゃったもんだから、「絶対精神などという証明不可能な妄想を持ち込むなんてナンセンスだ！」という批判を後にたくさん受けることになる。

確かに、ヘーゲルの絶対精神については、幼稚な誇大妄想として批判的に片付けてしまう解説書も多い。

でも、でもだ。なぜ、ヘーゲルはそんなことを言い出さなくてはならなかったのだろうか。それを理解するには、ヘーゲルが合理主義時代の哲学者であったということを思い出してほしい。この時代の哲学者たちが、何をテーマに哲学をしてきたのか。彼らは、みな「人間が認識したものはホントウに正しいのか？（「主観的に捉えられたモノ」や「合理的な思索から導き出された法則」が、客観的世界のモノや法則とホントウに一致しているのか？）」という認識論の問題、すなわち、「人間が持っているカメラはホントウに正しく世界を映しているのか」という問題について問いかけてきたのだ（なぜ、それを問いかけるかと言うと、そこが確かにならないかぎり、学問の正しさが保証できず、「学問なんて人間の思い込みでデタラメだよ」ということになってしまうかもしれないからだ）。

ヘーゲルも同様である。彼は、何も好きこのんで絶対精神などというトンチキなことを言い出したわけではない。合理主義時代の哲学者の一人として、この認識論の問題を解決するためにそれを考え出したのだ。

では、ヘーゲルは、絶対精神を使って認識論の問題にどのような答えを与えたのか。実は、その答えは、今までの説明の中に出てきている。カントの「モノ自体」に大きくバッツをつけたところだ。

ヘーゲルは、主著『精神現象学』の中で、こう述べている（原文は難解なので超訳）。

「我々がモノについて何らかの知識を得る場合、もちろんその知識は、『我々にとって』というひとつの対象物である。だから、我々がモノについて何らかの知識を主張するとき、実のところ、それはモノのホントウの姿を言い当てているのではなく、『モノのホントウの姿についての知識が我々の対象としてそこに在る』ということにすぎないのである。すなわち、実在は、我々の内にあるのだ」

つまり、人間が「テーブルの上にリンゴがあるよ」と言った場合、「そこに確実に在る」と言えるのは、「リンゴというモノそのもの」のほうではなく、

「『リンゴというモノがそこに在る』という知識（概念）」

のほうだということ。だから仮に、「実際に手にとってみたら、リンゴではなくイチゴだった」ということがあったとしても、わざわざ「ホントウはイチゴがそこに在ったんだ！」などと言う必要はない。より正確には「『リンゴではなくイチゴだった』という新

たな知識が私の内側に生じた」と言うべきなのだ。
結局、つまるところ、すべては人間の内側に生じる知識、すなわち、精神現象（「モノが在る」という思いが心の内に生じる現象）であるのだから、その精神現象の外側にモノが在るという言い方は原理的に決してできない。だって、「いいや、人間の精神現象の外側に、人間とは関係なしに、モノが存在しているんだ！」と言ったところで、それすらも人間の内側で生じた考え方のひとつにすぎないと言えてしまうからだ。
さぁ、こうなると、もうヘーゲルは、今までの哲学者が考えてきた世界観の構図をまるっきり否定してしまったことになる。今までの世界観とは、ようするに、

「私が存在する。そして、私とは別に、独立した世界が存在する」

という世界観だ（次ページ図A参照）。まぁ、素朴で、誰もが最初に考えつく当たり前の世界観のように思えるかもしれないが、この世界観を採用してしまうと、必ず、

「では、私は、その世界をきちんと認識できているのだろうか？」

という認識論の問題が持ち上がってしまう。そして、実際、デカルトやカントをはじめとする哲学者たちは、この問題について取り組み、「できる、できない」を延々と考え続

〔図A　世界と私〕

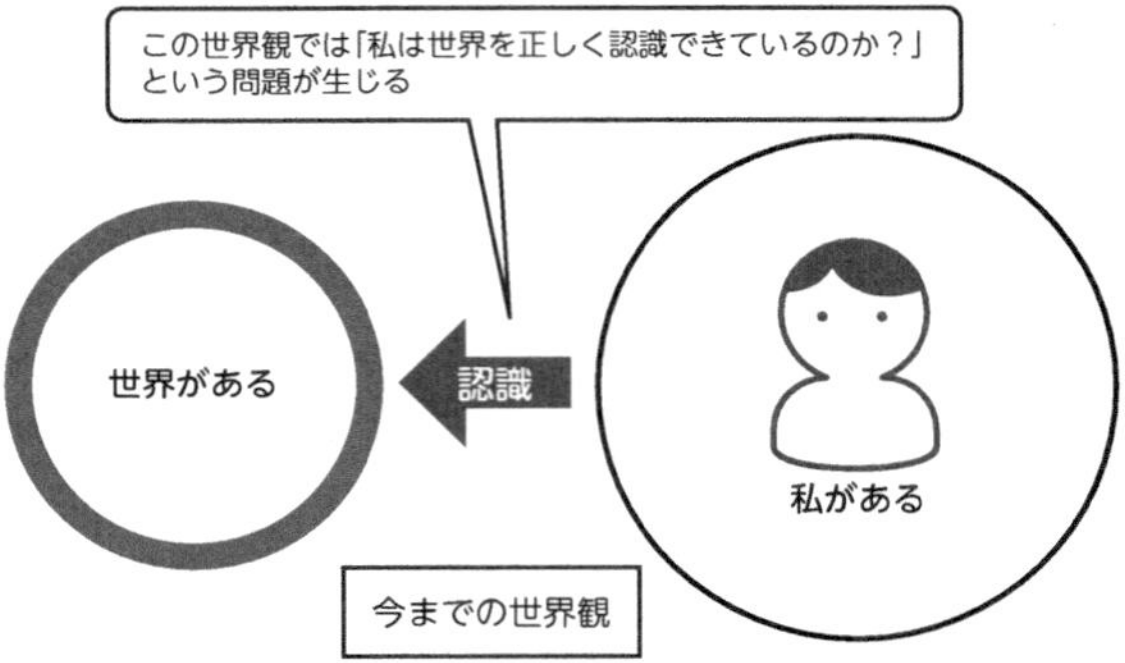
この世界観では「私は世界を正しく認識できているのか？」
という問題が生じる
世界がある
認識
私がある
今までの世界観

けてきたわけだが、ヘーゲルは、そんな世界観を思い浮かべたこと自体がそもそもの誤り、混乱のはじまりだと主張する。先に述べたように、人間から独立した世界（人間とは無関係に、人間の外側に存在する世界）なんてものは存在しないからだ。

人間にとって「世界だと呼べるもの」「世界だと思い込んでいるもの」の正体は、すべて人間の内側で発生している精神現象そのもののことであるのだから、正しい構図は左の図Bのようになる。

この構図に従うなら、「私は、世界のホントウの姿を正しく認識できているのか」などという問題は発生しない。なぜなら、「私が認識したものが世界」であり、「私の認識と世界」はそもそも同一だからだ。つまり、ヘーゲルは、

〔図B　精神現象＝世界〕

それまでの哲学者たちが必死に考えてきた、認識と世界が一致するか、という問題をそもそも考える必要のない偽物の問題だったとして、あっさりと消し去ってしまったのである。

でも、そうすると、こう言いたい人もいるかもしれない。

「モノが在るように見えたり、モノが法則どおりに動いたりするのって、実は、すべて人間の内側での出来事、精神現象だったんだよ、という主張の理屈はわかったよ。でも、そうは言っても、モノの動きって人間にはどうにもならないよね。それってやっぱり、モノが人間から離れて別個に存在しているってことなんじゃないの？　だったら、その『別個に離れて存在しているモノ』を人間が観察（認識）しているっていう従来の構図のほうがどう考えても妥当だと思えるけど……」

いやいや、ヘーゲルに言わせれば、その「人間にはどうにもならないモノが存在しているでしょ」という考え自体がひとつの思い込みにすぎない。なぜなら、ヘーゲルの世界観では、「人間と対立する（思いどおりにならない）モノ」なんてのは存在しないからだ。確かに、今現在は、「人間にはどうにもならないモノ」「予測不可能なモノ」「理解不可能なモノ」すなわち「他者」が存在しているように見えるかもしれない。だがそれは、人間の精神が今はまだ未熟だから、そういう不可解な他者が「在るように見えているだけ」のことであり、それらはホントウは存在していないのだ。

なぜ、「存在していない」と断言できるのか。それは、人間の精神には「あらゆる対立を解消して成長していく」という弁証法的性質が備わっていることが、歴史的事実から明らかであるからだ。

そもそも、弁証法とは、「より高い次元の認識（理解）を手に入れ、物事の対立を解消していくこと」であるわけだが、それはようするに、「人間にとって不都合なこと、不可解なことを世界からひとつずつ消していく行為」であるのだから、弁証法を繰り返していけば、究極的には「世界には人間の思いどおりにできないモノ、理解できないモノは何ひとつない」という状態に達するはずである。ちなみに、仮に思いどおりにできないモノが残ってしまったとしても、僕たちはその「思いどおりにできない」ということを高い次元の認識から理解し、受け入れることが可能である。実はこの場合も対立は解消されたことになる。たとえば、こんな感じ。

「なんで、七は二じゃないんだ！　七はどうして二にできないんだ！　うわああ、全然思いどおりじゃねえよおお！」

⇩

「あ、そうか、七は七でいいんだ！　悩む必要ないじゃん、解決、解決♪」

こうした「弁証法の果てに到達する究極の精神状態」においては、「モノ」というものは存在しない。なぜなら、僕たちがふだん、「モノだ、リンゴだ」と言っているものの正体とは、「人間と対立する何か」のことであり、その「自分には思いどおりにできないと思い込んでいる精神現象」に向かって「モノ」とか「リンゴ」とかの名前をつけて捉えてるだけにすぎないからだ。だから、すべての対立が解消された精神状態において「モノ」は存在しえない。

この究極の状態、すなわち「人間（主観）に対立するモノ（客観）がなくなった状態」の立場からすれば、「世界のすべてが私（精神）そのものだ」ということが実感できるだろう（手足を自分の思いどおりに自由に動かせたり、手足の動きを一〇〇パーセント理解できたりするとき、僕たちは、その手足を自分自身の一部だと考える。それと同様に、世界のすべてを理解できたなら、僕たちはその世界を自分自身の一部だと見なさざるをえな

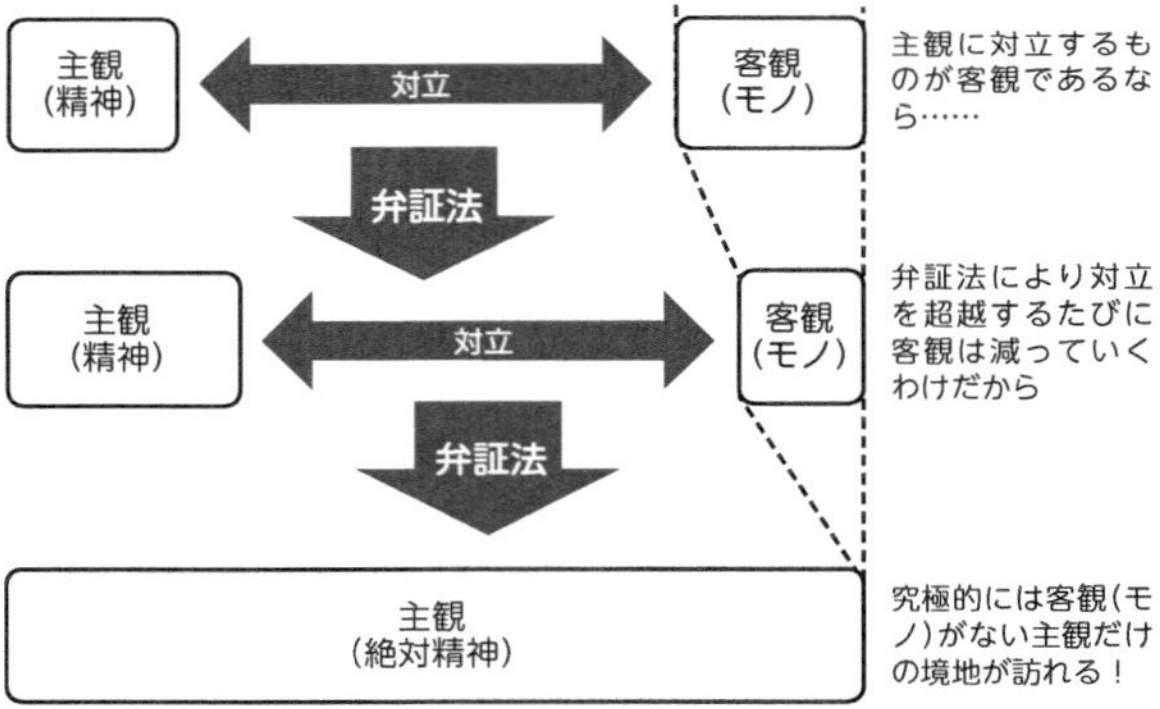
主観
(精神)
対立
客観
(モノ)
主観に対立するものが客観であるなら……
弁証法
主観
(精神)
対立
客観
(モノ)
弁証法により対立を超越するたびに客観は減っていくわけだから
弁証法
主観
(絶対精神)
究極的には客観(モノ)がない主観だけの境地が訪れる!

いのである)。

「主観と客観が別れている(＝モノがある)」のが、精神が未熟ゆえの途中の状態にすぎず、「主観と客観が合一している(＝モノがない)」のが、精神がいつか必ず到達する真の状態であるとしたら、やはり、従来の哲学者たちがやってきた「認識論の問題(主観と客観は一致するか)」は偽物の問題だったということになる。

ちなみに、いま述べたことをヘーゲルは、次の有名な言葉でこう表現している。

「真理とは全体である」

すなわち、主観も客観もなく、人間もモノもなく、私もあなたもいない状態。すべての問題が解消され、すべての対立が乗り越えられ、すべての物事が理解され、そのうえで「すべてよし!」「ビバ!」と受け入れられた状態。そうした、完全にすべてがひとつに統一された究極の状態こそ、「真理」と呼ぶにふさわしいとヘーゲルは考えたのだ。

ところで、これらのヘーゲルの哲学が、東洋哲学とよく似ていると感じた人もいるかもしれない。その感想は正しい。というかもう、インド哲学の梵我《ぼんが》一如《いちにょ》、釈迦の仏教、老荘思想の道（タオ）、これらとヘーゲルの哲学は根本部分でまったく同じである。実際、東洋の哲学者たち、たとえば、禅の師匠たちに、認識論の問題をぶつけたとしたら、「グダグダ言うな！（主観と客観が分かれているという最初の前提が思い込みだ！）」と一喝して相手をぶん殴り、それでおしまいにしてしまうだろう。

さぁ、ここまでくれば、ヘーゲルがどれほどの怪物であり、どれほど偉大な哲学者であるかわかったはずだ。デカルト以降、西洋の哲学者たちが綿密に研鑽してきた「私がいて、世界を認識している」という世界観を、問答無用でトンカチで叩き壊し、釈迦を含む偉大な東洋哲学者たちと同等の世界観を西洋哲学の中に持ち込んで、認識論の哲学を終わらせてしまったのである。それゆえ、彼はこう呼ばれ称えられるのだ。「近代哲学の完成者」だと。

タカシ「わかったぞ。人間は弁証法で次々と対立を打ち破り、その果てに、絶対精神となるべく生まれてきたのだ」
カーチャン「へえー、すごいねえ。で、それ何時にやってるアニメの話なんだい？」

第三章

実存主義の哲学

キルケゴール

Søren Aabye Kierkegaard

信仰の時代が終わり、合理的に考える能力を頼りに学問を発展させてきた人間たち。そこで問題になったのは、「人間が認識して合理的に考えたことは、世界の真の姿とホントウに一致しているのか」ということ。

この問題について、デカルトは、神が存在するのだから「人間の認識と世界の真の姿は一致する」と考え、カントは、人間は人間固有の形式に変換された後のモノしか捉えられないのだから「人間の認識と世界の真の姿は一致しない」と考えた。

いずれにせよ、彼らの哲学は、

「私が在る。世界が在る。そして私が世界を認識している」

という「『私と世界』の二元論的世界観」をベースとして考えられたものであるわけだ

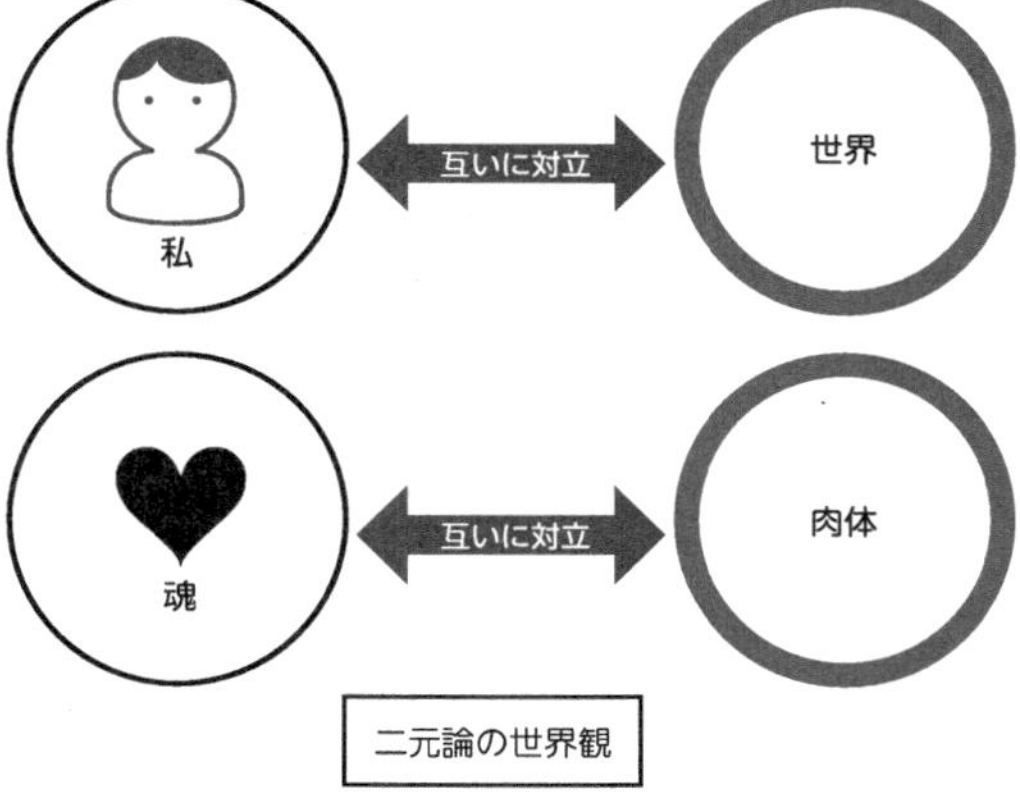

が、基本的に、この「二元論（まったく異なるふたつの要素から物事は成り立っているよ）」という考え方は、昔から評判が悪い。というのは、最初に「ミカンとリンゴ」というまったく異なる独立した存在を定義した後で、「ミカンとリンゴって、独立して離ればなれだけど、どうやって関わりあっているんだろ？」と悩むといった、いわば自作自演的なパラドックスに陥りがちな考え方であるからだ。

その代表例が「魂と肉体」の二元論であろうか。魂を肉体とは異なる非物質的存在として定義した以上、魂が肉体（物質）を操れるとなると矛盾が生じるし、操れないとなると、じゃあ、魂は何のためにいるんだよという話になってしまう。実際、デカルトは、このような定義で魂と肉体について論じる本を書いていたが、文通相手の女の子から「では、魂はどうやって肉体を動かしてるのですか?」と質問されて困りはてている。

そこへ、ヘーゲルという怪物がやってくる。彼は、「ぜんぶミカンだ! リンゴが在るように見えるけど、本当はぜんぶミカンなんだ!」という感じのこと、すなわち「ぜんぶ私の精神現象なんだ! モノが在るように見えるけど、本当はぜんぶ私の精神現象なんだ!」という一元論的世界観(私の精神現象=世界)を持ち出し、「二元(私と世界)がどう関わりあっているのか」という問題自体を「なかったことにする」という超荒技で当時の哲学的課題を一気に解決してしまう。

このヘーゲルにより、合理主義時代(認識や合理的能力の正当性を必死に考えた時代)の哲学は終わりを告げる(それはそうだろう。認識論の問題そのものを解体したあげく、「人間は合理的な能力を駆使し続けることで、いつしかすべての対立を解消した神のごとき絶対精神となる」などと究極的に極端なことまで言ってしまったのだから)。

さぁ、ある時代の、あるテーマにまつわる哲学体系が極限まで進められてしまった。こういうとき、その次の時代……、次世代の哲学は、どういうものになるのだろうか。

まずはっきりしていることは、前時代の哲学と同じテーマで哲学をしていても、これ以上先には進めないということだ。(「これ以上『極端』なことを言いようがない」と言い換えてもいい)。だから、「次の時代の哲学」は、まったく違ったテーマ、それも、前時代の哲学を「ぜんぜん見当違いでしょ(笑)」と台無しにしてしまうようなテーマ、そういうものではじめなくてはならない。

では、その「次の時代の哲学」……、「前時代で完成した偉大な合理主義の哲学を根本から覆す新しい哲学」とは何か。

それが「実存《じつぞん》主義」の哲学である。

実存主義とは何か

さてさて、というわけで「合理主義」の次は「実存主義」の哲学がはじまったよという話であるわけだが、そもそも「実存主義」とはどういう意味だろうか？　「実存」という言葉自体、あまり聞き慣れない単語だと思うが、これは実は「現実存在」の略である。だから、「実存主義」は、本当は「現実存在主義」と呼ぶべきであり、もっと簡単に言えば、「『現実存在』を大切にしましょうね、という考え方」ということになるだろう。

では、現実存在とは何か……、とさっそくいきたいところだが、もともと、現実存在の反対語として「本質存在」という言葉があり、この言葉といっしょに説明したほうがよいかもしれない。というのは、そもそも実存主義とは、

「前時代の哲学が『本質存在』についてばかり考えすぎだったので、それはもうやめて、これからはその正反対の『現実存在』にもっと目を向けて考えていこうじゃないか」

ということではじまった哲学であるからだ。だから、実存主義を真に理解するためには、「本質存在」と「現実存在」の両方を知る必要があるし、また、それぞれが互いにどういう関係にあるかも知る必要がある。

左の図は、その「本質存在」と「現実存在」を対比させたものである。まず、図の左側の「現実存在」を見てほしい。そこに描かれているのは、「リンゴA、リンゴBなどの個々のリンゴ」「石が落下する、ボールが落下するなどの個々の落下現象」であるが、ようするに、「現実に見たり触れたりできる、個々のモノや出来事」が現実存在だということだ。もっと単純に、「現実存在=現実の物事」と読み替えてもらってもよいだろう。

次に右側の「本質存在」を見てほしい。そこに描かれているのは、「赤くて丸い果物。収穫時期は8~11月」「落下の方程式」であるが、ようするに、「個々のモノや出来事から導き出された、一般的で普遍的な性質や法則」が本質存在だということだ。「本質存在」などと小難しい言い方をしているが、これは素直に「本質」と読み替えてもらえばよいだろう。

現実存在	本質存在
	リンゴとは赤くて丸い果物。 収穫時期は8〜11月 落下の方程式 $v = gt$
現実の物事 （見たり触れたりできる）	物事の本質 （見たり触れたりできない）

さて、この対比でわかるように、見たり触れたりできて現実に存在しているほうが「現実存在」であり、そうでないほうが「本質存在」であると言える。しかし、基本的に僕たちは、「本質存在」のほうを重要視する傾向を持っている。

たとえば、科学。すなわち、「個々の物理現象を観察し、そこから一般的で普遍的な性質や法則を見つけだしていく行為」のことであるが、この行為が「現実存在（個々の事象）から本質存在（普遍的性質）へ」という方向性を持っていることは明らかだろう。つまり、科学とは「本質存在」を重要視し、それを求める行為だということだ。他にも、生物学、化学、数学など、およそあらゆる学問が「個別の事象から本質を導き出す行為＝本質存在重視の営み」だと言うことができる。

とまぁ、もっともらしく言ってはいるが、そんなに難しい話ではないだろう。学問が物事の本質を求めるのなんて当たり前。だいたい、物事の本質を追い求めずして何が学問だろうか。そもそも僕たちは「物事の本質を捉えたい」という強い意志を持っており、その意志があったからこそ、人類は、何千年もかけて、ここまで学問を発展させてきたのだ。

しかしである……。その意志に反して、実存主義は「本質ばかりを追い求めてはいけないぞ」と茶々を入れてくる。なぜだろう。どう考えたって本質を追い求める行為は素晴らしいに決まっているじゃないか。実存主義はいったい何が言いたいのだろうか。

それは、こういうことだ。

「物事の本質を追い求めて、学問を研鑽していくことは確かに素晴らしい人間の営みだ。でも、だからといって、調子に乗ってそのやり方を自分自身、つまり『現実に、今ここに存在している人間自身（現実存在）』にまで当てはめたら、いけないんだからね」

ほうほう、なるほど。じゃあ、そこまで言うなら、ちょっと実際に本質の追求というものを「人間」自身に当てはめてみよう。

仮に、人間学というものがあったとする。偉い学者さんが集まって人間の本質をあーだこーだと研究する学問があったらという想定だ。この学問で「人間の本質」がわかったと宣言されたとしよう。それはたとえば、こんな感じだったとする。

「人間とは、言語機能を持った直立二足歩行型の哺乳類動物である。この動物は、自己の利益のためには平気でウソをつくなどの利己的性質を持っており、また、群れの中においては、一番弱いものを集団でイジメて群れの団結力をはかるといった差別的性質を持っている。生殖は、遺伝子的に劣悪な個体以外は二十代前半までに行い、二十代後半までに一人から三人の子供を産む」

さぁ、どうだろうか。確かに、一面としては、本質を捉えていると言えるかもしれない。でも、これが「人間の本質だ」と断言されたとしたら、納得できる人は少ないだろう。というより、これ以外のどんな内容であったとしても（たとえば、人間をほめちぎるようなポジティブな内容であったり、人間の大半が当てはまるような妥当な内容であったとしても）、やはり納得はできないだろう。だって、「いやいや、そうじゃないやつもいるじゃん」と単純に言えてしまうからだ。

でも、よく考えてみると、リンゴについてならば、僕たちはいちいちそんなことは言わない。「リンゴとは、赤くて丸い果物である」という表現に、「微妙に丸くないやつもいるよ！」などとツッコミを入れる人はいないだろう。

それはなぜなのか。この、リンゴと人間の違いは何に由来するのか。

それは、人間が「自由意志（自分の人生を自分で決められる主体的な意志）」を持っていること、もしくは、持っていると一般的に信じられていることに由来する。たとえば、人間学の偉い先生が「人間はウソつきだ、そういう本質を持った存在なのだ」と言ったとする。そして、実際、現時点において全人類が本当にそうであったとしよう。でも、僕たちは、その本質について、次のように反逆を宣言することができる。

「いいや、オレは違う！　オレだけは違う！　オレは今から絶対にウソをつかずに生きていく！」

このように僕たちは自らの意志で決断し、「人間はウソつきだ」という本質を覆《くつがえ》して生きていくことができるのだ。

「人間はイジメをする動物だと言うが、オレは絶対にイジメに荷担しない！　オレは、必ずキミを守る！」

「世界中の人間がキミを悪だと言おうが、合理的に考えて間違っていると言おうが、オレはキミの味方だ！　オレは必ずキミを守る！」

人間がこういう決断ができる以上、人間が「人間の本質」というものを言い当てることはできない。なぜなら、「人間の本質はAである」と言おうと、「Bである」と言おうと、

「でもオレは違う！　オレはそれに反逆する！」と言えてしまうからだ。

　これは、リンゴや他の動物にはない、人間だけの特質だと言える。リンゴが「リンゴとはこういうものだ」と誰かにその性質や機能的特徴を言い当てられたとしても、リンゴはそれに「逆らう」ことはできない。だが、人間にはそれができる。つまり、人間は、自らの意志で別の選択肢を選べるという「可能性」を持った存在だということだ。

　だが、本質ばかりを追い求める連中……、机の上で理屈（合理）をこねくり回すだけの青瓢箪《あおびょうたん》の学者どもは、この「可能性」に目をくれようともしない。本来、人間とは、「その本質について何も言うことができない特殊な現実存在」、略して「実存」であるのだ。それなのに、やつらは「人間とは、こういうものだ」と上から目線で断定的なことを言いやがる……。

　とまぁ、実存主義は、そのように文句を言いたいわけで、これが「本質ばかりに目を向けちゃいけないよ」という実存主義の主張の趣旨になるわけだが、さぁ、この話をふまえて前時代の哲学を振り返ってみよう。

　たとえば、カント。彼は、人間の認識の限界についての哲学、さらには、人間が何を考えられて何を考えられないかについての哲学を語ったのであるが、これはもう明らかに「本質存在重視」の考え方であろう。なぜなら、個人個人の違いや可能性には目もくれず、「人間は、こういう認識能力しか持っていません。こういう思考機能しか持っていません」と、僕たち全員をまるっと一括りにしたことを語っているからだ。

そして、前時代の哲学を完成させたヘーゲル。彼なんかもっとひどい。彼の哲学、「人間は弁証法的な性質を持っており、誰であろうと、みな絶対精神（すべての対立を解消した究極の精神）を目指して生きている」という主張は、「人間の生きる意味や目的（人間の本質）」を完全に断定してしまっている。

もちろん、先に述べたように、そんな断定なんかできはしない。その断定に反逆できる意志を僕たちは持っているからだ。

「オレの人生の意味や目的を勝手に決めんなよ！　何様のつもりだ！　オレは、絶対精神になんかならないし、弁証法なんか知らないね！」

結局のところ、カントにしろ、ヘーゲルにしろ、合理主義の哲学者たちはみな、まるで量産品のカメラの機能でも調べるかのような態度で、人間の能力（認識、思考）について分析をしてきたわけである。それゆえに、彼らは、

「人間ひとりひとりが、自分の意志で自分の存在の仕方を変えられる『可能性』を持っており、人間とはこういうものだといった『一般化された言葉（すなわち本質）』に決して還元できない特別な現実存在である」

という最も大事なことを忘れてしまった。そして、それを忘れた無機質な学問を生み出してしまった。

まさに、この点の不備をついて、前時代でさんざん考えられた「合理主義哲学」をあっさりとお払い箱にしてしまうさらなる怪物が現れる。それがデンマークの哲学者、キルケゴールである。

ネガティブ人間の絶望

まず、キルケゴールの人となりから紹介しよう。彼の人格を一言で表す言葉があるとしたら、それは「ネガティブ」だ。前時代の哲学の覇者ヘーゲルが、ポジティブ人間であったことを思い出してほしい。そのヘーゲルの哲学をひっくり返したのが、ネガティブ人間（キルケゴール）であったというのは、ある種の必然性を感じさせる興味深い出来事と言えるかもしれない。

では、キルケゴールはどのくらいネガティブであったのか。それを示すエピソードについては枚挙にいとまがない。たとえば、彼は、自分が早死にすると固く信じていた。キルケゴールの父親が若いときにあまりの貧乏に神を呪ってしまい、その神罰によって自分の子供が早死にするだろうと信じていたのだが、キルケゴールもそれを信じたのだ（実際、彼の七人兄弟のうち、長男以外がみな早くに死んでいる。ちなみに、その長男も精神が病んでいたと言われており、ついでに言うと、キルケゴールの親戚には自殺者が多い）。神に呪われた一族、それがキルケゴールの家系であった。

また、キルケゴールの突然の婚約破棄も、彼のネガティブさ（もしくは歪んだ性格）を表すエピソードとしてはとても有名であろう。

十歳下の可憐な美少女レギーネ、当時十四歳であった彼女に一目惚れをしたキルケゴールは、彼女に本を贈ったり、突然彼女の前で本を朗読したり、さらには本の内容の講釈を勝手にはじめたりと、彼なりの努力を繰り返し、見事、彼女のハートをゲット。そして、その三年後、彼女との婚約を成立させる。

さぁ、ここまではとても幸福な話だ。なにせ意中の美少女と結ばれるという大成功である。まさに僥倖《ぎょうこう》。圧倒的僥倖だ。

だが……、にもかかわらず……、キルケゴールは、なんとその婚約を一方的に破棄してしまう。

もちろん、キルケゴールがレギーネのことを単純に嫌いになったということではない。いいや、それはありえないだろう。キルケゴールは、別れたあとも日記にレギーネの素晴らしさを賛美する詩を書き綴ったり、レギーネが別の男の妻になったあとも未練がましく手紙を書いたりしている（もっとも手紙を送っても、レギーネの夫によって送り返され、レギーネの手元には届かないのが常であったが）。つまり、彼は、婚約破棄後も、ずっとレギーネのことを想い続けていたのだ。

そんなに好きなんだったら、婚約破棄しないで結婚しちゃえばよかったのに……、と言いたいところだが、それはネガティブ人間のキルケゴールのことだ、いろいろと思うところがあったのだろう（ちなみに、なぜ婚約破棄をしたのか、その真相は未だに不明である）。

さて、そんなネガティブ人間のキルケゴールは、楽天的なヘーゲルの哲学を嫌い、徹底的に批判する哲学書を書くことになるのであるが、でも、具体的にはどこが嫌いだったのだろうか。

前述したように、ヘーゲルは、「人間の精神現象はこのような性質を持っています」といった全人類共通のこと、すなわち、人間の本質を明らかにする壮大な学問体系を作り上げたわけであるが、キルケゴールは、人間とはそんなふうに一括りにして語れるような存在ではないという思いを持っていた。というか、そういうのってなんだか偉そうじゃないか。たとえるなら、研究室に籠もりきりの青白い学者が「人間とは……」と上から目線で偉そうに語っている感じ。キルケゴールにはヘーゲルの哲学が、「現実に生きている人間（見たり触れたりできる現実的なもの）」を無視して、「一般化され、抽象化された人間（見たり触れたりできない非現実的なもの）」についてあーだこーだと理屈をこねくり回してるだけの机上の空論としか思えなかったのだ。

それゆえに、キルケゴールは、ヘーゲルの哲学を嫌うのであるが、ここには「現実のものを理屈だけで語れると思うのは、傲慢な思い込みだ」という実存主義特有の考え方が見て取れる。

ところで、キルケゴールがこのような考え方を持つようになったのは、彼の父親への反発心からかもしれない。

キルケゴールは、彼の父親が五十六歳のときに生まれた子供で、いわゆる、年老いてから生まれた子供であったのだが、しばらくして父親は仕事をやめて引退。家にひきこもって、幼いキルケゴールに自ら英才教育を施すようになる。

もちろん、それはキルケゴールを立派な人間にするための親心からはじまったことであったのだろうが、実際には常軌を逸しており、キルケゴールはそのときの教育のことを「狂気的であり、幼い私を圧しつぶした」と後に語っている。たとえば、父親は、幼いキルケゴールに厳密な論理性を求め、それ以外の会話を決して許そうとしなかった。七歳にも満たない幼い子が何かを言おうものなら、たちまちそれを論理的な観点から徹底的に吟味し、論理的な裏付けとともにもう一度最初からきちんと話すよう強要していたのだ。

また、父親は、キルケゴールが外に遊びに行くことを許さず、いつも部屋の中で空想の旅行をさせていた。まず、父親がさまざまな土地の地名や名所をこと細かく説明する。それをキルケゴールは、注意深く聞き取り、その後、キルケゴールはその一度もいったことのない土地を、まるでいってきたかのように、克明な描写とともに「旅行の思い出話」として父親に語らなくてはならなかった。

そういう子供時代の背景があることからすると、キルケゴールが、論理的に明晰に語れる知性を持った人間として立派に育つと同時に、「見たこともないものを理屈こねくり回して語ったり、そういった理屈を偉そうに押し付けてきたりする大人」を憎むような人間になったとしても、それほど不思議はないだろう。キルケゴールが、ヘーゲル哲学（合理主義哲学）に嫌悪感を抱く理由は実はこんなところからきているのかもしれない。

その他にもキルケゴールは、ヘーゲルの弁証法について強い疑念を持っていた。ヘーゲル哲学では、人間に何らかの否定的な感情や状況が生じたとしても、弁証法という仕組みにより、いつかは「よし解決！」という状態になるとポジティブに考えるわけだが、キルケゴールからしてみれば、それはあまりにも現実離れした考え方に思えたのだ。だって、そうだろう。世の中の多くの人は、その否定的な感情や状況を「解決できないまま死ぬ」ではないか。解決不能な痛みや悩み。それらを抱えて今を生きて、それらを抱えたまま死んでいく。それが現実の人間の姿なのだ。

結局のところ、僕たちは有限の時間の中で、有限の選択しかできない哀れな存在にすぎない。そういう存在として、この世界に放り出されてしまった以上、ヘーゲルのように、「あれもこれも」とすべてが解決できるなんてことはありえない。ありうるとしたらそれは「あれかこれか」という有限の選択、すなわち、「決断」だけである。

にもかかわらず、ヘーゲルは、そんな簡単な事実にも気づかず、「大丈夫、君の悩みはいつか解決するよ、人間ってのはどんな問題でも解決する能力を持っているんだ。そして、いつかすべての問題を解決した絶対精神になるんだよ」と臆面もなく言ってしまう。

「いやいや、そんなわけないじゃん！　その前に死ぬじゃん！　だいたい、いつかってていつだよ⁉　オレたち個人には何にも関係ない話じゃないか！　絶対精神とか、夢みたいなこと言ってないで、ちゃんと地に足つけて考えろよ！」

ようするに、キルケゴールにとってヘーゲルなんてものは「理屈の上では正しそうなことを言っているだけのただの詐欺師」としか思えなかったわけであるが、困ったことに当時彼の住んでいたデンマークでは、ヘーゲル哲学が大流行。周囲の友人たちが、みなヘーゲル哲学を称賛しているという状況になってしまっていた。

当然、それはキルケゴールにとって面白いことではない。いや、それどころか耐え難いことだったと言ってよいだろう。ちょっと想像してみてほしい。詐欺師がいて明らかにそいつの言葉には嘘があるのに町中のみんなが称賛し、自分だけがそいつの正体に気がついているという状況……。見てみぬふりができる大人にでもならないかぎり、それを見すごして生きていくことはなかなかに難しい。

じゃあ、どうすればよいのか？　そう問われたとしたら答えはひとつしかない。たとえ周囲の人間全員を敵にまわしたとしても、この状況をなんとかするために「戦う」のだ。

ところで、一説によればレギーネの婚約破棄は「哲学に生涯をささげるため」だとも言われている。

確かに、ヘーゲルという、持ち前のポジティブさだけで世界中を虜《とりこ》にしてしまうような怪物を打ち倒すには、結婚なんかしている場合ではない。きっと結婚すれば、レギーネを愛するあまり、哲学の時間が減ってしまうだろう。また、逆に哲学に時間を費やせば、レギーネのための時間がとれず、レギーネを不幸にしてしまうかもしれない。

そして、彼の幼い頃の記憶。父親との理屈漬けの日々、見てもいないものをさも見てきたかのように語らされる毎日。そんな記憶が彼に囁《ささや》いたのかもしれない。理屈だけで人間を語るような既存の哲学を決して許すな、と。目にモノみせてやるのだ、と。

それゆえに、キルケゴールは、どうしても最愛の人と別れなくてはならなかったのではないだろうか。

かくして、自らの道を哲学にしぼりこみ、生涯をかけてたくさんの哲学書を書き上げていくキルケゴールであるわけだが、しかし残念なことにその評価はあまり芳《かんば》しいものではなかった。もっとも、無視されるほど酷いものではなく、実際にはそこそこの評判と言ったところであったのだが……、最愛の人と別れてまで目指したことを考えれば、まったく値しない結果であったと言えよう。

さらに、キルケゴールは、やめておけばよいのに、とあるゴシップ誌にケンカを売るようなことを書いてしまう。もちろんゴシップ誌が黙ってるはずもなく、キルケゴールに関するネガティブな記事を書いて報復。婚約破棄などプライベートなことまで面白おかしく書き立てられてしまったキルケゴールは、とうとう道行く人たちにあざ笑われるような立場にまで追い込まれてしまう（街の人たちからすれば、仕事もせずに親の財産を食いつぶして売れない本を書き続けている自費出版作家のキルケゴールを擁護する理由はどこにもなかっただろう)。

しかし、それでもキルケゴールは、書き続けた。バカにされても、孤独でも、彼は、己の哲学を研鑽し続け、売れない哲学書を延々と書き続けたのだ。そして、そんな中で生み出されたのが、かの有名な歴史的名著『死にいたる病』である。

「死にいたる病」……。この語感からすると、直感的には、「死にいたるほどの病＝致命的な病」と解釈したくなるところだが、これは「死にいたるまで続く病＝死ぬまで続く病」という意味である。

その「死ぬまで続く病」とは何か。それは、「絶望」だとキルケゴールは言う。つまり、キルケゴールは、自分の内面を探っていった結果、そこに「絶望」という名の病があることに気がついたのだ。

では、キルケゴールはなぜそんなことを言ったのか。ぶっちゃけ、そんなのネガティブなキルケゴールだから、「絶望」なんてものを内面に見つけてしまっただけの話で、他の普通の人たちには何の関係もない話なんじゃないだろうか。

いいや、そんなことはない。キルケゴールの話をもう少し聞けば、あなたの中にも「絶望」があることに気がつけるかもしれない。彼は、「絶望」について、次のように語っている。

「自分自身から抜け出そうと欲すること。これがあらゆる絶望の定式である」

実際にやってみてほしい。自分の内面を静かに覗き込んで注意深く探ってみるのだ。すると、次のようなモヤモヤした想いがくすぶっていることに気づきはしないだろうか。

「こういう自分になりたい。ああいう自分になりたい。ああ、こんな自分だったらいいのに」

もちろん、ふだんからそんなことを考えているわけではないだろう。たいてい、僕たちは、薄ぼんやりとした意識の中で退屈な日常を、まるで自動人形のように無自覚に生きている。しかし、しっかりと目覚めて、真に自分自身の内面と向き合ってみるならば、キルケゴールの言うような想い、

「今のままではいけない、何かをしなければいけない。私は今の自分とは違う、何者かにならなければいけないのだ」

というモヤモヤとした不満を、あなたもきっと感じられるはずだ。

そして、このモヤモヤ――「今の自分を否定してそこから抜け出し、目指すべき新しい

自分になりたいという願い」「自己逃避的な願望」——が内面にあるかぎり、僕たちは、決して幸福になることはできない。なぜなら、その願いが叶うことはないからだ。

だって、どうやってその願いが叶えられるだろう？　目指すべき自分、すなわち、理想の自分になんて、なれるわけがない。

たとえば、あなたが善人（正義の人）になりたいという願いを持っていたとして、はたしてその願いは叶えられるだろうか。いいや、無理だろう。あなたが何をなそうと、それが完全無欠な善（無限に正しい理想の正義）になることは決してないからだ。

基本的に「理想」というものにはキリがない。理想の善、理想の美、……それらはすべて「無限」に属する「果てのない存在」であるが、まさにそれゆえに、それらが手に入ることはないと言える。なぜなら、僕たちは「有限」の世界の中で生きているからだ。

もし、今の話にピンとこない人がいるとしたら、「理想の円を描く行為」を例に考えてもらえばわかりやすいかもしれない。

たとえば、「理想の円」を描きたい人がいたとしよう。なぜなら、今まで描いてきた円が歪んでいて満足できなかったからだ。そこで、なんとか理想の円を描こうと努力するわけだが、もちろん、その願いが叶うことはない。どんなに円を描こうと……、それこそ、何万回、何億回描こうと、その円が数学的に厳密な意味での「理想の円」になることは決してない（どう頑張っても、現実の円は必ず歪みを持ってしまう）。つまり、僕たちは円を描くことはできても、「理想の円」を描くことは絶対にできず、挫折を味わわざるをえないのである。

さて、この「理想の円」のたとえ話は、「理想の善」でも、「理想の社会」でも、「理想の自分」でも、何にでも適用できてしまう。つまり、「理想の○○」と言った瞬間に、それは現実には決して存在しえないものとなり、「理想の○○を欲する」と言った瞬間に、それは不可能を欲したことと同じ意味となるのだ。

さぁ、ここでもし、誰かが何らかの願いを持っており、その願いが絶対に叶えようのない不可能なものであると思い知ったとしたら……、その人はどうするだろうか。当然こう叫ばざるをえない。

「絶望だ！　絶望した！」

以上が、キルケゴールの言う絶望、人間なら必ずかかっている「死ぬまで続く病の正体」であるわけだが、納得できただろうか。なかには違和感を覚えた人もいるかもしれない。いや、というかもう、率直に言ってキルケゴールの主張はあまりにも「極端」すぎるだろう。確かに、自分自身に満足して生きている人はそうそういないだろうから、「今よりもよい自分になりたい」という願いを持っている人は多いかもしれない。だが、だからといって、人類全員が「理想（無限の存在）」を目指し、かつ、それに挫折して絶望しているというのはさすがに言いすぎのような気がする。世の中には、ほどほどで満足している人だっているじゃないか。それにだいたい、実存主義とは、そうやって人間を一括りにして語ることに異を唱える主義ではなかったのか。

この人間の内面に対する断定的な言い方について、キルケゴールを非難する声も多い。ほかにもキルケゴールは、「楽しく遊んでいる無邪気な子供は絶望していないんじゃないの?」という、ごく真っ当な問いに対しても、「いいや、無邪気な子供も絶望している!本人が気がついてないだけで、本当は絶望しているんだ!」と無茶なことを言いきっているが、これなんか恰好のツッコミどころだろう。

だが、そこにツッコミを入れるのはやめておこう。

一人の男が人生をかけて、自分の内面を掘り下げて見いだした哲学なのだ。そんな細かいことを非難してその哲学を見逃すべきではない。それより彼が言わんとすることの核心をしっかりと受け取ろう。

確かに、キルケゴールの主張は合理的ではなく、独善的だとさえ言える。だが、一方で、それは理屈をこねて見いだした結論なのではなく、自分自身に深く分け入って見いだした結論なのだ。そこに何の正しさも価値もないと誰が言えよう。いや、むしろ、「この私(自分自身)」という現実に存在する者が現実に感じたことから出発したキルケゴールの哲学のほうがより真実に近いとさえ言えるかもしれない(だから、さっきあなたが自分自身の内面を覗き込んだときに、キルケゴールの言う「絶望」が全然見つからず、まったく違う別のものを見つけていたとしたら……、あなたは人生をかけてそれを世界に発表すべきである！）。

それに、言い方や根拠はともかくとして、素直にキルケゴールの哲学に耳を傾けるなら、案外それは素朴で納得のいく話であるはずだ。

たとえば、僕たちはいつか必ず死ぬ。それは確定された、どうしようもない事実であるわけだが……、僕たちは、この「自分が死ぬ」という明確な事実を、ふだん意識することはない。忙しい日常に思考を麻痺させて生きているからだ。

そこで、何かの手違い（神さまの設定ミスとか）で、人間の頭に「寿命のカウンター」が表示されるようになったとしよう。つまり、毎秒毎秒、その数字が減っていく「死へのカウントダウン」がはっきりと見えてしまうようになったという想定だ。このような状況に置かれたとしたら、きっと僕たちは、「自分が死ぬということ」「人生に終わりがあるということ」を忘れることができなくなるだろう。

さぁ、こんな世界……、自分の死をしっかりと自覚せざるをえない世界に放り出されたとして、あなたはどのように生きていくだろうか。

刻一刻と減っていく時間。数年後には見向きもしないゲームのキャラクターのパラメータを必死に上げているときも……、卒業したら二度と会わない程度の友だちとどうでもいい他人の失敗を笑い話にして語っているときも……、そのカウントは減っていく。九、八、七、六……。

こんな状況において、あなたは、そんなことに時間を費やしてしまっている自分自身に焦りを感じたりはしないだろうか？　このカウントがなくなる前に、せめて何か生きている意味、もしくは、「生きていてよかった、もう死んでもよいと思えるような何か（真理）」を得たいと願わないだろうか？　「何のために生まれて、何をして生きるのか。わからないまま終わる、そんなのはいやだあああ！」と叫ばないだろうか？

仮に、そういう何か、人生に意味を与えてくれる何か、到達感を与えてくれる何かをあなたが求めたとしよう。しかし、残酷なことに、その想いが果たされることはない。自分の存在を含め、この世界にあるものすべてが終わりのあるもの、有限の存在だからだ。どんな愛情も、どんな友情も、どんな快楽も、決して永遠のものにはならない。「ああ、幸せだ！」と思うときもあるだろう。だが、それもしばらくすると、すぐに色あせ、風化し、流れ去ってしまう。

じゃあ、せめて、善い人間、立派な人間、いわゆる倫理的な人間となって正しく生きて、最期は胸をはって誇らしげに死んでいこうと思うかもしれない。だが、それも無理。倫理的によくあろうとしてもキリがなく、その想いもやはり果たされることのない願いなのだ。

そうして考えていくと、結局のところ、僕たちは絶望せざるをえない。有限のものしか存在しない世界に……。有限のものにしか到達できない自分自身に……。

では、どうすればよいのだろうか。自分の死を自覚し、その死を癒やしたいという願いも何ひとつ叶わないことに絶望した僕たちは、いったいどうやって生きていけばよいのか。

実は、キルケゴールは、この絶望に対し、特効薬があることを教えてくれている。次はキルケゴールが絶望について語った有名な言葉だ。

「誰かが気絶したとき、我々は水や気付け薬を持ってこいと叫ぶ。しかし、誰かが絶望しているとしたら、そのときには『可能性だ、可能性を持ってこい！』と叫ばなくてはならない。可能性のみが唯一の救いなのである」

可能性……。それこそが絶望を乗り越える唯一の救いだとキルケゴールは答える。これは、まぁ、妥当なアイデアだと言えばそうだろう。八方塞がりに追い込まれ、たとえ絶体絶命であったとしても、「もしかしたら、抜け道があって助かるかも」と可能性を信じられたとしたらその絶望から逃れることができる、というのは至極当然の話だ。

だが、キルケゴールはここからさらに「極端」に考えていく。つまり、可能性が、僕たちを絶望の淵から救うものだとすれば、最も大きな可能性、究極の可能性とはなんだろうかと考えたのだ。

究極の可能性……。キルケゴールは、それは「神」だと考えた。

神とは、人智を超えた上位の存在。ゆえに、神は人間が理性で合理的に導き出したことでも、あっさりと覆すことができる。神は、決して合理に縛られない。神は、人間にとって不条理な存在なのだ。

しかし、だからこそ……、そうであればこそ神は人間の絶望を取り除く「希望」を与えてくれる。神が、合理の通用しない不条理な存在だからこそ、僕たちは、膝をつき、両手を合わせ、祈ることができるのだ。

「神さま、どうか助けてください!」

つまるところ、キルケゴールは、人間の内面に深く分け入った結果、次のような構図を見つけだしたと言える。

自己の内面を見つめる⇩絶望の発見⇩絶望を乗り越えて生きていくためには「可能性」を信じなくてはならない⇩「神(究極の可能性)」への信仰心

なぜ、人間は宗教を持つのか、否、持たなくてはならないのか、その答えがここにある。宗教に懐疑的な現代人の中には、こんなふうに思っている人も多いだろう。

「宗教を信じたって、実際に神さまが助けてくれることなんかあるわけないでしょ。それに宗教なんてものがあるから、戦争とかが起きるんだよ。やっぱり宗教ってないほうがいいんじゃないの?」

いいや、ダメだ。それでは僕たちが抱えている矛盾、すなわち、

「頭に思い浮かぶものはみな『円』『三角形』『善』といった『無限の存在』であるにもかかわらず、現実にあるものはみな『歪んだ円』『欠けた三角形』『不完全な善』といった『有限の存在』であるという矛盾」

を乗り越えていくことができない。こうした矛盾をはらんだ世界で、前向きに希望を持って生きていくためには、どうしても宗教心（自分の理性を超えた存在を畏れ敬う気持ち）が必要なのだ。だからこそ、古代から宗教は、脈々と生まれ、続いてきたのである。

では、宗教の存在意義がそういうものだったとして、現在の宗教はどうだろう。たいていの場合、すでに伝統文化となっていて、形式的な儀式に終始するだけになってしまってはいないだろうか。

基本的に僕たちは、神を信じてもいないのに（それどころか、神が何なのかすら深く思索したこともないのに）、教会やお寺に通い、所定の宗教儀式を行ったりする。もちろん、その儀式の意味もわかってはいない。が、まったくやらないのも決まりが悪いから、何となく慣習に従ってやっている……。まぁ、現代の多くの人々にとって、宗教とはそんな程度のものであろう。

それは、キルケゴールの時代でもそうであった。当時の人々も、決められた日に教会に

通い、形式どおりのお説教をきいて、形式どおりの祈りを捧げるだけ……。彼らがなんでそれをやってるかというと、昔からそうするものだと教えられているし、やらないと反宗教的な感じがして落ち着かないから……。

だが、実際のところ、形式的にぼんやりと儀式を繰り返しているだけの人が、はたして宗教的だと言えるだろうか。

いや、そうではないだろう。真に宗教的であるためには、ちゃんと心から神を希求することが必要だ。そして、そのために、一人一人が自分の内面をよく見守り、己の限界（有限さ）を理解し、絶望を思い知らなくてはならない。そうでない限り、ただただ形式に従って宗教儀式を繰り返すというのは、むしろ反宗教的行為。本来の宗教の意義を忘れ、人生を無意味に浪費させる悪魔的行為なのだ。

それゆえに、キルケゴールは、「形式に従うことを人々に強要し、形式に従ってる者を敬虔な信徒とみなす教会組織」を許すことができなかった。晩年、彼は、教会組織に、宗教としてのあり方を問うて、思いきり喧嘩を売ることになる。

もちろん、キルケゴールは何の後ろ盾もない個人（彼はヘーゲルのような哲学教授でもなく、ただの売れない作家にすぎない）。そんな彼が、突然、天下のキリスト教会に喧嘩を売ったのだから、当然ただではすまない。周囲の人々は激怒し、キルケゴールはかつてゴシップ誌とケンカしたときなど問題にならないほど追い込まれることになる。

そして、そうした闘争の日々が心身を疲弊させたのだろうか。キルケゴールは、ある日、道端でばたりと倒れ、そのまま入院。そして、一ヶ月後には死亡し、帰らぬ人となってしまうのであった……。

葬儀での奇跡

結局、キルケゴールは生きている間、特によいことは何もなかった。最愛の人とも別れ、生涯を哲学にかけながらも、哲学者としては思ったほどの名声を得られなかったのだから、望みどおりの人生だったとはとうてい言えなかっただろう。

死ぬまでの一ヶ月間、キルケゴールは人生を振り返り、何を思っただろうか。死の間際にいたって彼が思ったこと……、それはやはりレギーネであった。

彼女と婚約破棄までやっておきながら、何ひとつ、事を成し遂げることができなかった惨めなキルケゴール。彼は、すでに他人の妻になっていたレギーネに自分の全財産を譲るという遺書を書く……。

もちろん、それはレギーネによって拒否される。当たり前だ。自分を捨てた男の財産をもらうなんてのは、世間体だってよくない。常識的に考えて、そんなものもらってくれるわけがないだろう。

結局、キルケゴールがこの世に残したものは、彼の死とともにすべて消え失せることになる……はずであった。

——しかし、奇跡が起こった。それはキルケゴールの葬儀での出来事。誰も予想していなかった事態が起こる。

配偶者も子供もいないキルケゴール。本来なら、その葬儀は慎《つつ》ましやかに執り行われるはずなのだが、なぜか周囲はとてつもない喧騒《けんそう》に包まれていた。なんと、キルケゴールの著作を読んだ大勢の若者たちが葬儀に詰め掛けたのである。それは教会に入りきらず、外に人垣ができるほどであった。

そして、いよいよ埋葬というとき、ひとつの騒動が起きる。

キルケゴールが立派なキリスト教信者であったとして、形式的な儀式とともに埋葬しようとする教会に、抗議の声が起こったのだ。

キルケゴールは、生きているうちは孤独であった。独身の売れない作家として、後ろ指をさされて生きてきた。だが……、キルケゴールが訴えたかったことは、ちゃんと次の世代の若者たちに伝わっていたのである。

若者たちが飛び出し、先を争うようにキルケゴールの棺《ひつぎ》に触れようとする。それはまさに、合理主義の時代（理性の力で人間を知ろうとする時代）から、実存主義の時代（一人一人が自分の内面と向き合うことで人間を知ろうとする時代）に歴史が変わる瞬間であった。

その後、キルケゴールの死と遺言の内容、そして教会での騒動を知ったレギーネは、前述のとおり金銭的な遺産はいっさい受け取らなかったが、キルケゴールの遺稿については引き継ぐことを了承する。彼女の手によってまとめられたキルケゴールの遺稿は、価値のある歴史的資料としてこの世に残されることになったのだ（人生のすべてをかけて作家を志したキルケゴールにとってこれ以上の幸福はないだろう）。

しかし、レギーネの気持ちはどうだったのだろうか。かつて、意味不明の婚約破棄に心を引き裂かれ、自殺まではかったレギーネ。はたして彼女はキルケゴールを許すことができたのだろうか？　それは難しいかもしれない。

だが、彼女が引き継いだ遺稿の中には、キルケゴールがレギーネに渡そうとして渡せなかった手紙、彼の素直な想いを綴ったたくさんの手紙もあったことを申し添えておく。もしかしたら、その手紙を読んだレギーネは、キルケゴールの胸のうちを理解し、彼の罪を赦したのかもしれない……。

もちろん、それは都合のよい空想だろう。

だが、ネガティブで不器用なあの男と、それを愛した女は最後には救われたのだと、絶望は癒されたのだと、そんな可能性を祈りたいと思う。

タカシ　「だいたいさ、人間っていうのは、理屈で語れるようなものじゃないんだよ」
カーチャン「お、実存主義かい？　タカシがいつまでも結婚しないのは、キルケゴールにならっているからなんだね」

サルトル

Jean-Paul Charles Aymard Sartre

人間とは、合理的な思索によって、「こういうものだ」と本質を言い当てることのできない不可思議な存在である。なぜなら、人間は、自分で自分の生き方（在り方）を決めることができる「主体的な意志」を持っているからだ。こうした特殊な存在を「実存」と呼ぶ。

この「実存」を中心に据えて考えていこうというのが「実存主義」であるわけだが、この実存主義の哲学を受け継ぎ、完成させたのがフランスの哲学者サルトルである。

まずは、サルトルのもっとも有名な格言から紹介しよう。

「実存は本質に先立つ」

一見して何のことだかわからない言葉であるが、キルケゴールの章を踏まえれば、そんなに難しいものではないだろう。というか、キルケゴールの章と同じ話だ。それは、実存という部分を「人間」という単語に置き換えてみるとよくわかる。

「人間は、本質に先立つ」

この文章を少しずつわかりやすく言い換えてみよう。

「人間は、本質に先立つ」
⇩
「人間は、本質よりも先立って存在する」
⇩
「人間は、『人間とはこういうものだ』というような本質を持つよりも前に、存在してしまっている不可思議な存在である」

さぁ、どうだろうか。ようするに、キルケゴールの章で述べたことと同じ。まさに「実存主義」の考え方を、単に簡潔に述べただけの言葉だというのがわかるだろう。

ちなみに、サルトルは、この言葉を「ペーパーナイフ」をたとえにしてこんなふうに説明している。

――ここに、ペーパーナイフがあるのを見てほしい。このペーパーナイフが、何らかの「目的」や「意味」を持って存在していることは明白だ。それは、実際に手に取ってもらえばわかるだろう。ほら、どうだい。この、ちょうどよい感じの持ち心地……。そして、ちょうどよい感じの紙の切りやすさ……。ペーパーナイフとして使いやすいように、誰かが「目的」を持ってこれを作ったという確かな証拠だ。このことは、つまり、このペーパーナイフが、「こういうものだ（紙を切るためのものだ）」という本質（目的、意味）を先立って与えられ、その後に存在を与えられたことを意味する。これを「本質は、ペーパーナイフより先立つ（本質が先、ペーパーナイフが後）」と表現してみようか。

さて、ではここで「人間」について考えてみよう。人間についても、ペーパーナイフと同じことが言えるだろうか？　誰かが目的を持って「人間とはこういうものだ」という本質を先立って決定し、その後に作られたものであろうか？

いいや、違うだろう。人間は、そういう本質（目的や意味）を持たずに生まれてきたはずだ。その証拠に、人間は、自分の意志によって「こういう存在でありたい！」「こういう目的を持って生きたい！」といった願いを、後から自由に持つことができるではないか。すなわち、「人間（実存）は本質に先立つ（人間が先、本質が後）」と言えるのである。

とまぁ、だいたいこんな感じであるが、話としてはわかるだろう。

だが、よくよく考えてみると、ちょっと稚拙な気もしないだろうか？　だって、言っていることは、結局、「人間はモノと違って意志を持っているから、自分の人生を自分で決められるんだよー。人間ってすごいよねー」というだけのことである。そう、サルトルの有名な格言は、結論だけ聞くと、案外、当たり前のことしか言っていないように思えてしまうのだ。

しかし、それはまだこの格言の半分の理解にすぎない。「実存は本質に先立つ」は、実のところ、もう少し深い意味を持つ。次は、その深淵に触れてみよう。

「嘔吐」の正体

基本的に哲学において「実存」と言えば、「主体的意志を持った、本質を言い当てられない特別な存在＝人間」という意味で捉えられることが多い。

しかし、そもそもの話をさせてもらえば、実存とは「現実存在」の略である。つまり、実存とは、本来、「見たり触れたりできる現実のモノ」すべてが当てはまる言葉だと言える。

実は、サルトルが、他の同時代の実存主義者たちよりも偉大（極端）だったのは、この「実存」という言葉をそのまま字句どおりに捉えたところにある。つまり、「見たり触れたりできる現実のモノ（現実存在）」すべてに対して実存主義の考え方を適用し、今までにない新しい哲学（世界観）を提示してみせたのだ。サルトルと言えば、人間の意志を賛美するヒューマニストとしてのイメージが強いが、それはあくまでも一般向けの顔であり、彼の哲学者としての真価はむしろこちらのほうにある。

さて、そうすると、サルトルの格言は、こう読み替えなくてはならない。

「石もリンゴも、家もテーブルも、およそ存在する現実のすべてモノ（実存）は、本質に先だって存在する」

つまり、「人間」どころではない。「すべての存在（現実存在）」が、本質がないままに存在するという話だ。

もちろん、このことは僕たちの直感と反する。だって、さっきペーパーナイフの例を出したように、僕たちの目に映るモノは、みな何らかの本質、すなわち「目的」や「意味」を持ってそこに存在しているように見えるからだ。

だが、よく考えてみてほしい。それらの「目的」や「意味」というのは、見てる側が「勝手にそう決めつけて思い込んでいるだけ」なのではないだろうか。実際、ペーパーナイフが、ある人にとって「ペーパーナイフ」であっても、別の人にとっては「人を殺すための凶器」だったりするということがありうる。それは、つまり、「ペーパーナイフ」という本質が、モノの中に最初から含まれていたものなのではなく、見ている側が勝手に貼り付けた「シールのようなもの」なのだということを意味する。

　では、そうだとするなら……、そのシール（思い込み）は、人間が勝手に貼り付けたものなのだから、人間の側でそれをひき剝がして、シールが貼られる前の（思い込みが生じる前の）「ありのままの存在（モノ）」を見ることだってできそうなものである。もし、そのような視点（シールを剝がした視点）でモノを眺めたとしたら……、世界はいったいどんなふうに見えるのだろうか？

　その情景をサルトルは『嘔吐』という小説の中で、見事に表現している（ちなみに、この作品はノーベル文学賞にも選ばれている。もっともサルトルは受賞を拒否したが）。

　この小説のタイトル『嘔吐』とは、ようするに、吐き気のこと。小説の主人公ロカンタンは、原因不明の吐き気に度々見舞われるのであるが、作中のクライマックスで、その吐き気の正体が突然明らかになる。それは、主人公が公園のベンチに座り、「マロニエの木の根」を見たときだった。以下に読みやすく意訳して引用しよう。


「マロニエの木の根は、ちょうど私の腰掛けていたベンチの真下の大地に、深くつき刺さっていた。それを見て、私はそれが根であることを思い出せなかった。『根』という言葉が消えうせ、その意味もその使用法も忘れてしまったのだ。背を丸め、頭を低く垂れ、たったひとりで私は、その黒く節くれだった塊としばらく向かいあっていた。（中略）すると、『存在』のヴェールがふいに剝がれた。抽象的なカテゴリを持った『姿かたち』というものが、すべて失われてしまったのだ。『木の根』だけではない、『柵』も『ベンチ』も『芝生』も、すべてが消えうせていた……。結局、存在とは、捏粉《こねご》のようなもの（小麦粉を水に溶かしたようなドロドロとした塊）。木の根は、その捏ねられたものにすぎなかったのだ……。モノの多様性、その個性など、つまるところ、見せかけの幻、単なるシミにすぎず、そして、今、そのシミが溶けてしまった。もはやそこにあるのは、怪物じみた柔らかい無秩序の塊——恐ろしく忌まわしい裸の塊だけであった」

たとえば、僕たちは「皿に載っているリンゴ」を見て、「皿にリンゴが載っているね」と考える。このとき、「皿」や「リンゴ」は、僕たちにとって「モノを載せるもの」「食べるもの」といった意味を持って存在しているわけであるが、しかし、原理的に言えば、それらはただ原子の塊、いわば「ブツブツの塊」にすぎない。

このブツブツの塊という前提で考えるなら、「皿」と「リンゴ」の間に「境目（境界線）」というものはなくなる。だって、それらは結局、同じブツブツ（原子）が並んでいるだけのものにすぎないからだ。そして、この考えをさらに徹底させるなら、「皿」や「リンゴ」を覆っている「空気」だって同じブツブツからできているのだから、それらのブツブツとの区別もなくなるだろう。

そうすると、究極的には、「皿」も「リンゴ」も「空気」も、全部おんなじブツブツ

すべて同じブツブツ（原子）の塊と
考えるなら、どんな風景もこうなる

……、「一様なブツブツの塊」として、その中に溶けてしまう。この、のっぺらぼうの景色の中においては、「皿」も「リンゴ」も「空気」も存在しないのだ（上の図参照）。

宇宙人が、突然、玄関先にやってきたことをちょっと考えてみてほしい。この宇宙人が、グニョグニョの巨大な粘土を取り出し、その一部を「ギュッ」と固めて、そこを指差しながら、「これはモゴだ。これは、これこれこういう本質がある存在なのだ」と言ったとしよう。

もちろん、そんな宇宙人の言い分は、僕たちからすれば「はぁ？」ってなもんだ。そこに、モゴなんてものも、そういう本質も、存在しているようには見えない。だいたい、どこからがモゴで、どこからがモゴではないのだろうか。僕たちにとっては、ただのグニョグニョの粘土の塊がそこにあるだけにすぎない。

それでも、宇宙人は抵抗するだろう。

「いやいや、どう見てもここにモゴがあるでしょ？」

確かに、彼が指差している部分をよく見ると、ちょっと粘土の硬さや色（電磁波の反射の仕方）が周囲と違うような気もする。だが、そんなものは、僕たちにとっては意味不明の模様、ちょっとした凸凹のひとつにすぎない。そんな他の凸凹と区別もつかないような凸凹を指差して、「モゴだ！　モゴだよ！」と叫ばれたって、「何を言っているんだこいつは」としか思えないだろう。結局、モゴなんてのは、「そいつが勝手にそういうモノがあると思い込んでいるだけ」の話であり、実際には、でっかいグニョグニョのヘンテコな模様のついた粘土がそこにあるだけにすぎないのだ。

しかし、このことは、宇宙人が「僕たちにとってのモノ」を見たときも同じことが言える。僕たちが、宇宙人に向かって、「『皿』の上に『リンゴ』が乗っているよ」と言ったところで、「はぁ？　『サラ』？　『リンゴ』？　そんなものねえよ、そんなのお前の思い込みだろうよ」となるだけなのである。

結局のところ、僕たちが見ている景色の中に「皿」も「リンゴ」も存在しない。それらが存在するように思えるのは、そういう意味づけ（これは載せるもの、これは食べるものといった勝手な思い込み）を見る側が勝手にやっているからなのであって、存在している側に最初から含まれているものではないのだ。

もし、このことに気づいて、まさにその視点で世界を眺めたとしたら……、世界は、ブツブツが集まってできただけの巨大な粘土……。「皿」「リンゴ」「木の根」「柵」「ベンチ」といったカテゴリがひき剝がされた、無秩序で意味不明の模様が並んだブヨブヨの巨大なイソギンチャクになってしまう……。そんなものをまともに見たとしたら、嘔吐（吐き気）以外にどんな感情がわいてこようか。

さぁ、以上が、サルトルの世界観であるわけだがどうだろう。このような世界の捉え方をするなら、世界は、本来的に何の意味もなく、ただ偶然そこに存在しているだけのものとなる。これが世界の真の姿であり、僕たちはこんな無意味な世界に生きているのだというサルトルの想定は、キルケゴールに負けず劣らず絶望的な世界観であると言えよう。

キルケゴールの場合、こういった絶望的な世界観から「だからこそ、○○なのだ」という哲学を生み出したわけであるが、サルトルの場合はどうかと言うと……、実はまったく同じ。サルトルも「絶望的ではあるが……、でも、だからこそ！」というやり方でオリジナルの哲学を生み出す。

それは、簡単に言えば次のような内容だ。

「世界（すべてのモノ、現実存在）は、『これこれこういうものだ』といった本質を持って存在していない。それは、つまり、世界にあらかじめ決められた『意味（本質）』がないということである。私たちは、そんな無慈悲で恐ろしい世界の中に生きている。でも、だからこそ……。だからこそ、私たちはその世界に意味を与えることができる！　あらかじめ『意味（本質）』が決まっていないからこそ、私たちは自由に『意味（本質）』を与えることができるのだ！」

ようは、「世界に意味がないなら、自分で作ればいいじゃない」という話。そして、このことは「人間」という存在についても同様に当てはまる。

「世界に意味はないのだから、当然、『人間とはこういうものだ』といった、あらかじめ決まった意味、定義、本質も存在しない。ゆえに、『人間』として生まれてきた者は実はひとりとしていない。私たちは、自分自身で『人間とはこういうものだ』という意味を自分で決めて、自分の意志で『人間になる』のだ」

普通、僕たちは、自分が人間として生まれてきたと思っている。しかし、世界に意味がないのなら、「人間」という意味づけも世界の中に存在していない。そうである以上、「人間」という言葉の意味づけは自分自身で行う必要があり、その上で自らの意志で「人間として」生きていかなくてはならないということだ。

さぁ、なんと熱いメッセージだろうか。実際、これらの言葉は当時の若者たちに強く響いた。

ちょうどサルトルの時代は、一九〇〇年頃、資本主義社会が発展し、みなの暮らしが豊かになった時代であった。こういう時代、本当なら若者たちは人類史上もっとも幸せな人生を送れるはずである。が、現実はその逆。暖かい家に生まれ、毎日、十分なご飯を食べられて自由な時間もあるにもかかわらず、若者たちは、なんとなく空虚や不幸を感じてしまう。

なぜか？　それは単純な話で、「暇になって余計なことを考える時間が増えたから」だ。貧乏で食べるのに精一杯なときは、余計なことを考える時間がないからよい。が、裕福になり、忙しくなくなると、途端に人間は「本質」というものについて考え出し、悩みはじめてしまう。

「平凡で満ち足りて少し退屈な僕の人生に、何の意味があるのだろうか？　このまま、のんべんだらりと日常を生きて、老いて死ぬだけなのだろうか？　それとも何か生きている意味のようなものがあるのだろうか？　ある日、目が覚めたら『ああ、これをやるために生きていくんだ！』と言えるような特別な何かに出会えるのだろうか？」

生きる意味とは何か。十四歳ぐらいのときに誰もが一度は考えるであろう根源的な問いかけだ。この問いに、サルトルは正面から答える。

「意味なんかねえよ！」

そして、こう続ける。

「でも、だからこそ、自分の意志で『意味（本質）』を作って生きていくんじゃないか！」

まだまだ当時は保守的な時代。何をして生きていくべきかは、「神さま、国家、伝統」といったものによってあらかじめ決められており、人はそれに従うべきだという風潮が色濃く残っていた時代であったから、サルトルの実存哲学はものすごいインパクトを持って聞こえた。

でもだ、そうは言っても、さしあたり僕たちは何をどう生きていけばよいのだろうか。「ああ僕はこのために生きていくんだ」と思えるような価値のある意味なんて、そうそう作り出せるものでもない気もする。

大丈夫。サルトルが、そうした疑念を吹き飛ばす魔法の言葉……、僕たちの背中を押してくれるような新しい哲学用語を作り出してくれた。それが……、

「アンガージュマン」

これは「社会参加」として訳されるフランスの言葉であるが、サルトルはこの言葉に、「人生に意味はない、しかし、だからこそ、あえて自分から社会に積極的に参加しよう」という新しい意味をこめて若者たちに流布した。

すると、これが大ヒット。若者たちの間で、この言葉が大流行し、「アンガージュマン」を合い言葉として、みなが社会参加に勤《いそ》しむようになったのだ。

でも、なぜ若者たちは、「アンガージュマン」なんて言葉に魅せられたのか。それは、あえて、ぶっちゃけて言うなら「ただなんとなく、かっこよかったから」。

まず、「アンガージュマン」という言葉が言わんとすることは、ひどく逆説的だ。だって、世界や人生に意味がないんだったら、何もめんどくさい社会に関わることなく、ひっそりと静かに生きていけばよいではないか。しかし、「アンガージュマン」はそこを「だからこそ、逆に、あえて、社会という舞台に躍り出なさい」と焚き付ける。

だいたいの場合、こういう逆説的な言い方は、若者たちの心をくすぐるものである。たとえば、「勉強するのは大切なことだ、勉強しないと偉い人になれないぞ、さぁ、勉強をしなさい」と言われても若者たちは見向きもしないが、「勉強なんてしても意味なんかないよ、社会に出ても役に立たないし……、でも、そこをあえて勉強しようぜ！」と逆説的に言われると、なんだかカッコよく感じてしまう。ましてや、そんなふうに斜に構えたうえで、「クラスで一番勉強ができた」としたら、なんだかとても痛快な感じがするだろう。

また、「アンガージュマン」という言葉自体も気がきいている。僕たち日本人には馴染みのない言葉なので、ピンとこないかもしれないが、この言葉のスペル（Engagement）を参照すればわかるとおり、「エンゲージ（婚約）」という言葉が元になっている。この「アンガージュマン」というイメージのわかない言葉を、僕たちにとってピンとくる次の言葉に置き換えてみよう。

「エンゲージする者」

どうだろう。これなら、ちょっとカッコいい言葉のように思えるのではないだろうか。そして、実際、この言葉は若者たちを虜にした。たとえば、こんな感じ。

「くそ、女子寮に入ろうとしたら、教授に規則違反だと怒られたよ！」

「マジでか。てか、なんで女子寮に入ったらいけないんだ？　そんなの頭の固い教授たちが勝手に決めただけのことだろ？　サルトル先生は、こう言ってるぞ。世界にあらかじめ決まっているものはないと。そして、それらは自分の意志で作るんだと」

「よし、じゃあ、俺たちで大学という社会のあり方を変えようぜ！　教授たち全員敵に回してても、ルールを変えるんだ！　そう、俺たちはサルトル先生が言うところの……」

「『エンゲージする者』になるんだ！」

「待てよ！　俺たちを忘れてもらっちゃ困るぜ！」

「せ、先輩⁉　いや、でも先輩たちはもう就職も決まっていて、今、教授たちとケンカしたらマズいんじゃ……」

「かまわんさ！　同じ大学の仲間だろ！　それに就職なんかよりも大切なものがある。それは俺が……、俺たちが決める！　なにせ俺たちは……、社会に意味がないことを知りつつ、あえてそれとエンゲージ（関係）する者……、自由であるのだから穏便に暮らしていけばよいものを、あえて革命という名の戦いに自らをエンゲージ（拘束）する者……、そう、俺たちは……」

「無意味を承知で、この世界とエンゲージ（婚約）する者、アンガージュマンなんだ！」

　ちょっと脚色はあるものの、サルトルが存命中の当時の学生たちは、本当にだいたいこんな感じのノリでサルトルの言葉を受け取っていた。そして、実際、パリの大学で女子寮の男子禁制ルールに不平を訴える学生たちが、女子寮を占拠。バリケードを作り、警官隊と衝突するという事件が起きてしまう。

この一見、学生たちのくだらない暴走に思える事件、これがなんと驚くべきことに各地の大学に飛び火。「我らに自由と発言権を与えよ！　禁じることを禁じる！」というスローガンとともに、国中の学生たちが大暴れし、大学にたてこもるという騒ぎにまで発展する。

しかも、それだけでは終わらない。この騒ぎに、各地の労働者たちが呼応。大規模なストライキが発生して、工場や交通システムが麻痺。その結果として、議会が解散にまで追い込まれるというところまでいってしまう。

これが後に言うパリの五月革命と呼ばれる事件（女子寮に入りたいと騒いだらフランス政府をたおしてしまったでござる事件）であるわけだが、もちろん、この騒動の背後にサルトルの実存主義哲学があったことは言うまでもない。

普通、革命（社会を理想的なものに作り替える活動）なんてのは、どっかの英雄の仕事であり、自分たちに関係ないというのが通常の感性だろう。しかし、少なくともサルトルが存命中、実存主義が強い影響力を持っていた時代においてはそうではなかった。

先に述べたように、僕たちは自分の意志で、人間や人生の意味を作り出さなくてはいけない。そういう宿命を背負った存在である。もちろん、その宿命は荷が重いだろう。どう考えても言われたとおりに生きるほうが楽に決まっているし、わざわざ面倒くさい社会の表舞台なんかに出たら叩かれるに決まってる。

しかし、でも、だからこそ……。逆に……。あえて……。せっかくなのだから、いっそ大舞台へ……。歴史という名の華やかな舞台に躍り出て、自分の歴史的役割、生きる意味を自らの決断で「与えて」生きていくのだ。

こうしたサルトルの哲学に背中を押された若者たちは熱狂。「自分の人生の意味を自分で作るんだ」と己の生き方を決断し、「社会革命（理想の社会を作ること）」にのめり込んでいくのであった。

第四章

構造主義の哲学

レヴィ＝ストロース

Claude Lévi-Strauss

実存主義はとても魅力的な哲学であった。キルケゴールにしろ、サルトルにしろ、一回、相手を絶望的な世界観に叩き落としてからの、「でもだからこそ、人間は特別な存在なんじゃないか！」と持ち上げるという巧妙なやり方。このちょっとズルい語り口が当時の若者たちの心をガッチリと捉えたのだ。

しかし、残念なことに、この実存主義の哲学は、サルトルが生きてる間に時代遅れになってしまう。実存主義を台無しにしてしまう新しい哲学が現れたからだ。それが構造主義の哲学である。

「無意識」の発見

構造主義の考え方がはじまるきっかけを知るには、サルトル（一九〇五〜一九八〇）の時代から少々さかのぼらなくてはならない。
ジークムント・フロイト（一八五六〜一九三九）、オーストリアの精神分析家である。名前ぐらいは聞いたことがあると思うが、彼はだいたい次のようなことを述べて世間に衝撃を与えた人である。

「お前らは気がついていないし信じないだろうが、実は幼児も性的欲望を持っている。だが、この幼児の性的欲望は、その欲求が満たされ、果たされることはない。親から『オテインテインさわっちゃダメよ！』と叱られるからだ。こうして、弱者である幼児は、『オテインテインをいじったらダメなんだ、性的なことはいけないんだ』と思い込むようになり、自分の性的欲望を『抑圧』するようになる。この『抑圧』が強すぎると、最終的に、人は精神に異常をきたしてしまうのであるが、『抑圧』していない人間はいないので、お前らは全員、性的に倒錯した精神異常者だ」

私（著者）は、個人的にフロイトが大好きである。はっきり言って、彼はこう言えばよかったと思う。

「人間は誰でも欲望を持っている。しかし、その欲望は必ずしも果たされるわけではない。なので、人は自分の欲望を『抑圧』して生きていかなくてはならないが、この『抑圧』が強すぎると、人間は精神的に病気になってしまう。人間は誰しも少なからず『抑圧』して生きているのだから、誰だって精神的に異常な面を多少は持っているのではなかろうか」

彼が主張する「抑圧による精神的病の発生」というのは、当時としてはものすごく画期的な理論であったのだから、このぐらいの表現にしておけば、みんな手をたたいて賛同し、「なんて偉大な洞察なのだ」と褒め称えてくれたことだろう。

しかし、なぜかフロイトはこのことを語るときに、いちいち、「性的」な話題、しかも、「幼児の性」をからめて説明をしてしまう。フロイトが生きていた時代は、性的なことについて語ることは眉をひそめられた厳格な時代であり、ましてや、子供の性的欲望について語るなんてもってのほかという風潮であったから、フロイトの理論は、その画期的さのわりに、当時の知識人たちから拒絶にも似た厳しい批判を受けてしまう。

でも、やめられなかったのだろう。批判されるとわかっていても、ソコだけはどうしても言わずにはいられなかったのだろう。その点について、私（著者）は強く共感する。

さて、このように性的な語り口のせいで不当に低く評価されてきたフロイトであるわけだが、歴史的な観点で彼の一番の成果を取り出すとしたら、それはやはり、彼が「無意識」という新概念を発見し、それを世間に知らしめたことであろう。今でこそ、無意識という言葉は、「あ、ワリィ、無意識にやっちゃったわ」と当たり前に使うような日常用語になっているが、それは実はフロイトの成果なのである（もっとも、無意識の発見者が誰かについては諸説がある。しかし、無意識を学問的にきちんと取り上げて研究したのはフロイトが初めてであるのは間違いないため、本書ではフロイトを無意識の発見者とした）。

では、フロイトはなぜ無意識という概念に気がつけたのか。それは、彼が精神医学者であったことに深く関係している。彼は、毎日のように、精神の病んだ人間たちと接していたわけだが、ある日、こんなことに気がついたのだ。

「あれ？　彼らはみな、『自分がなぜこんな精神状態になったかわからない』と言っているけど、よくよく記憶を掘り起こしてみると、必ずその原因となるような記憶（幼児期の辛い記憶、トラウマ）を持っているぞ。なぜだろう？　本人が忘れてしまっている記憶が、本人に影響を与えるなんてことがあるのだろうか？」

今なら「それは無意識の仕業だ！　忘れたはずのトラウマが深層心理に隠されていて、それがその人の精神に影響したんだよ！」と簡単に言えるかもしれない。でも、当時はそんな発想は常識ではなかったのだから、フロイトが出くわしたこの事象は、彼にとってまったく不可思議なことであった。

というか、「無意識」の存在を常識として受け入れてしまっている現代人も、「無意識」がいかに不可思議で不条理な存在であるかをあらためて考えてみてほしい。

そもそもとして、本人が自覚していない、意識していない物事というのは、素直に考えれば、その人が「知らない情報」のはずだ。その「知らない情報」が「その人の行動に影響を与えてしまう」というのは、合理的に言えばまったくもっておかしな話である。

たとえば、顔も名前も知らない初対面の人に会ったのに、つい口から「あ、お久しぶりです」と言葉が出てしまったが、そこでハッと以前に会ったことがあることを思い出した……、というケースを思い浮かべてほしい。

まず、単純な理屈で考えれば、「お久しぶりです」という発話は、次のような因果関係になっていなくてはならない。

以前会ったことがあるという情報を私は知っていた⇩なので、「お久しぶり」と発話しようという意志を私は持った⇩そして、実際に「お久しぶり」と発話した

しかし、この事例で起きたことは、こうである。

「お久しぶり」と発話した⇩以前会ったことがあるという情報を私は知った

これはどう考えても不条理で非合理な因果関係だ。「以前会ったことがある」という情報を知ったのが、発話の後だとしたら、「お久しぶり」と発話しようという意志を持った(判断を下した)のはいったい誰だと言うのだろうか。

少なくとも、それは後から情報を知った「私」ではない。とすると、発話の因果関係はこうならざるをえなくなる。

以前会ったことがあるという情報を「私ではない別の誰か」が知っていた⇩なので、「お久しぶり」と発話しようという意志を「私ではない別の誰か」が持った⇩そして、実際に「お久しぶり」と「私の身体」が発話した⇩発話した事実に「私」が気がつき、以前会ったことがあるという情報を「私」は思い出した

ここで言う「私ではない別の誰か」のことを、現代では無意識と名付けて、みな当たり前のように常識的に受け入れているわけだが、初めてこういう現象があることを知った人の気持ちを想像してみてほしい。だって、この因果関係が指し示す意味とは、

「『私ではない別の誰か』に『私』の行動（身体）が操られている」

ということなのだ。よくよく考えてみれば、それってとても恐ろしく、気持ち悪いことではないだろうか。

ふだん僕たちは何気なく人と挨拶をしたり、会話をしたりしている。ときには、ケンカをしたり、愛したりすることもある。そして、それらすべてを自分の意志でやっていると

思っている。でも……、もしそれが、ただの勘違いで……、「脳の中に住んでいる見知らぬ別の誰か」に操られてやっていることだとしたら……。僕たちの人生、「私」の人生とは、いったいなんだと言うのだろうか。

しかし、注意深く自分の身体を観察してみるなら、この「自分を動かしているのは自分ではない」という衝撃の事実が、実は正しいということがよくわかる。

ちょっと自分の口というものに注目してみてほしい。たとえば、あなたが口の中に魚を放り込んだとしよう。すると、どうなるか。きっと、あなたが意識するまでもなく、唇が絶妙のタイミングで閉じられ……、柔らかな舌によって魚が奥へと運ばれ……、奥歯によって肉片がクリーム状になるまで適切にすり潰されるだろう。さらに舌ときたら、この作業の合間に小骨までを知覚し、それを唇へと引き渡したりもする。驚くべきは、これらスリリングな作業を経ながら、唇も舌も、歯によっていっさいの傷を負わないことであるわけだが、さぁ、これだけの複雑な作業をあなたは「自分の意志」によって命令して動かしたのだろうか？

いや、違う。これらの口の活動を、自分の意志によっていちいち命令して動かしているというのはさすがに考えにくい。そうすると、やはり、これらの口の活動は「私の意志とは無関係に、『別の何かの働き』によって勝手に動いたのだ」と考える方が妥当ということになるだろう。

そして、もちろん、このことは口だけの話にとどまらない。同じように観察すれば、目も、手も、足も、身体のあらゆる部分が細かな命令を出したつもりもないのに、なんとなく勝手に動いていることがわかるのだから、それらもやはり「私ではない別の何かによって操られて動いている」と考えるべきである。そして、さらに突き詰めて言うならば……、僕たちの思考を生み出している脳だって、身体の一部なのだから、これも口や手足と同じようなことが言えないだろうか。

たとえば、「喉が渇いて、冷蔵庫にあるジュースを飲もうと思い立ち、冷蔵庫に向かって歩き出した」というどこにでもある日常の状況を思い出してみてほしい。通常、僕たちは、この「冷蔵庫に行こう」という思考が起こったのは、「自分でそう考えたからだ」と素朴に思うわけだが、それは本当にそうだろうか？　実際、注意深く自分の内面を見守り続けるなら、その素朴な感覚は事実ではないことに気がつく。そういう思考は、「そのように考えたから出てきた」というよりは、「いつの間にか、そういう考えが浮かんでいた」というほうがより実感に近いはずだ。

そもそも、「喉が渇いたから、冷蔵庫のジュースを飲もう」という思考は、僕たちが思うより多くの判断（情報処理）を含んでいる。たとえば、「冷蔵庫とはどういうものかという情報」「そこに到達できるかという可能性の考慮」「水道水を飲む、自販機で買うなどのその他の選択肢との比較」などなど、さまざまな判断（情報処理）の過程を経て、初めて出力される思考である。しかし、僕たちは、そんな過程を経た覚えはない。そういう思索は、いつの間にか脳内で勝手に行われており、僕たちは「そうした判断（情報処理）が行われた後の思考」だけを意識の上で受け取っているのだ。だとするなら、やはり、「冷蔵庫に行こう」という判断を下したものは、「私ではない別の誰か」ということにならざるをえないということになる。

もしかしたら、この結論を聞いて、手足のときと違い、とてもショッキングに感じた人もいるかもしれない。手足はともかく、思考までもが「自分の意志と無関係に勝手に動いている」というのは通常の感性では考えにくいし、なかなかに受け入れがたいものがある。なぜなら、多くの人が、「思考」と「自分」を同一視し、「思考こそが自分である」という世界観を持っているからだ（「手足」をバカにされて怒る人は少ないが、「考え」をバカにされると烈火のごとく怒る人が多いのは、このためである）。

その意味で、「思考とは『私が考えたこと』である」「思考とは私そのものである」という素朴な世界観しか持っていなかった当時の人々にとって「無意識（思考は、実は私が考えたことではなかった）」という概念は、世界がひっくり返るほど衝撃的なものであった。

無意識と実存

さてさて、フロイトによって、こうした無意識の存在が明らかになったわけであるが、そうするとどうなるか。実は、実存主義者たちが困ったことになる。

そもそも実存主義が掲げている主張とは、ようするにこういうものだ。

「人間は、『自分の意志（主体的意志）』を持っており、その意志によって自由に『自分の本質』を決めることができる。人間とは、そのような素晴らしい特別な存在なのだ」

しかし、ここにフロイトの無意識の概念が持ち込まれてしまうと、途端にこの主張の前提が怪しくなる。つまりは、

「『自分の意志（主体的意志）』って言うけどさー、そんなの本当はないんじゃないの？（笑）」

という疑い。もし、「主体的な意志がある（自分で決めている）」というのがただの思い込みで、人間の行動が、本人も知らない「無意識」に操られているだけなのだとしたら……、実存主義の主張はまったくもって空虚なものとなってしまう……。

たとえば、パリの五月革命。サルトルの実存主義（自らの意志で自らの歴史的役割を決めよう）の呼びかけに目を覚ました若者たちが、自由と平等を求めて学生運動に身を投じ、最終的には議会を解散にまで追い込んでしまったという、フランス史に燦然《さんぜん》と輝く偉大な市民革命であるが……、これもフロイト流に解釈するなら、こんなふうに台無しとなる。

「いやいや、学生の連中は、自由だ、平等だ、と大騒ぎしているけど、本当はただ女の子とイヤラシイことがしたかっただけでしょ。女子寮に好きに出入りできるような自由が欲しかっただけでしょ。でも、彼らは、自分がそんな下卑《げび》た人間だと思いたくなかった。そこで、その欲望を抑圧し、記憶の奥底に閉じ込めて忘れてしまい、かわりに自由とかのお題目を持ち出して革命運動という体裁にしたわけさ。つまり、彼らの『自由だ、平等だ』という声はぜんぶ嘘っぱちで、本当は『女の子とイヤラシイことがしたい』という『無意識』に操られて暴れただけのことだったのさ（笑）」

もし、こう解釈するなら、偉大な五月革命は「無意識」に操られた、無意味で無価値な、くだらないバカ騒ぎのひとつにすぎなくなる。

もっとも、フロイトの説はさっき述べたように性的な表現が含まれがちだったので、一般の人々の考え方を変えるほど世間には浸透しておらず、実存主義の世界をひっくり返すほどのムーブメントとはならなかった。

そりゃあ、そうだろう。

「風船の夢を見ました」↓「おっぱいへの欲望の抑圧が原因です」
「サッカー選手になりたい」↓「おっぱいへの欲望の抑圧が原因です」

という感じで、万事この調子でなんでもかんでも「性的欲望の抑圧」に還元してしまうのがフロイト流なのだから、世間一般的に受け入れられるわけがない。「正義の市民革命→おっぱいが原因」という構図が真に正しかったとしても、そんなものを有識者を含む大多数の人々が是とするわけはないのだ。

しかし、このフロイト流の発想を、違う形で、説得力を持ちながら引き継いだ男が現れる。その名は、レヴィ＝ストロース。フロイト流の無意識の考え方を世間一般に浸透させることに成功し、実存主義の世界を破壊した哲学者である。

未開社会のルール

と言っても、レヴィ＝ストロースが哲学者だというのはちょっと語弊があるかもしれない。フロイトが哲学者というよりは精神医学者であったように、レヴィ＝ストロースも哲学者というよりは、「人類学者」というほうが正しく、実際、それが彼の職業であった。

ところで、人類学者というと、どんなイメージを思い浮かべるだろうか。さまざまな国の人々の身体的特徴、文化的特徴を学問的にまとめ上げるために世界中を飛び回っている、冒険者みたいな恰好をした学者の先生、というイメージを思い浮かべるかもしれない。まさにそのとおり。レヴィ＝ストロースは、本当にそういうことをしていた学者であった。

ただし、それは、レヴィ＝ストロース以前の時代においてはとても奇異なことであり、一九〇〇年頃まで人類学者たちと言えば、たいてい、自分の国から一歩も出ず、書物や伝聞をもとに異国の文化をまとめ上げるような研究をしているだけであった。つまり、レヴィ＝ストロースのように、「実際に、現地に赴《おもむ》いてそこで暮らし、その土地の文化を調べる」という、いわゆるフィールドワーカー的な人類学者はそれまでほとんどおらず、それこそレヴィ＝ストロースが、そういうタイプの人類学者の先駆けみたいな人であったのである。

さて、そんなわけで、熱帯の部族、いわゆる未開の部族、イメージ的にはヤリを持ってウッホウッホ踊っているような部族を訪ね歩き、その文化を調べていたレヴィ＝ストロースであったわけだが、彼は、そこで不思議な共通点に気がつく。どの部族も、婚姻（男女の結婚）に関して、奇妙な制度（ルール）を持っていたのだ。

たとえば、イトコ同士の結婚ルール。日本では、「イトコ同士は結婚できる」ということになっているが、多くの未開社会がイトコ同士の結婚について一定のルールを持っている。具体的には、「平行イトコ」同士の結婚は禁止だが、「交叉《こうさ》イトコ」同士の結婚はＯＫというルール。ようは、同性の兄弟姉妹から生まれた子供同士は結婚できない（たとえば、兄と弟の子供同士は結婚できない）が、異性の兄弟姉妹から生まれた子供同士は結婚できる（たとえば、兄と妹の子供同士は結婚できる）というルールである（左の図参照）。

なぜ、そんなルールが発生しているのか。実のところ、遺伝子学的にも、そうしてはい

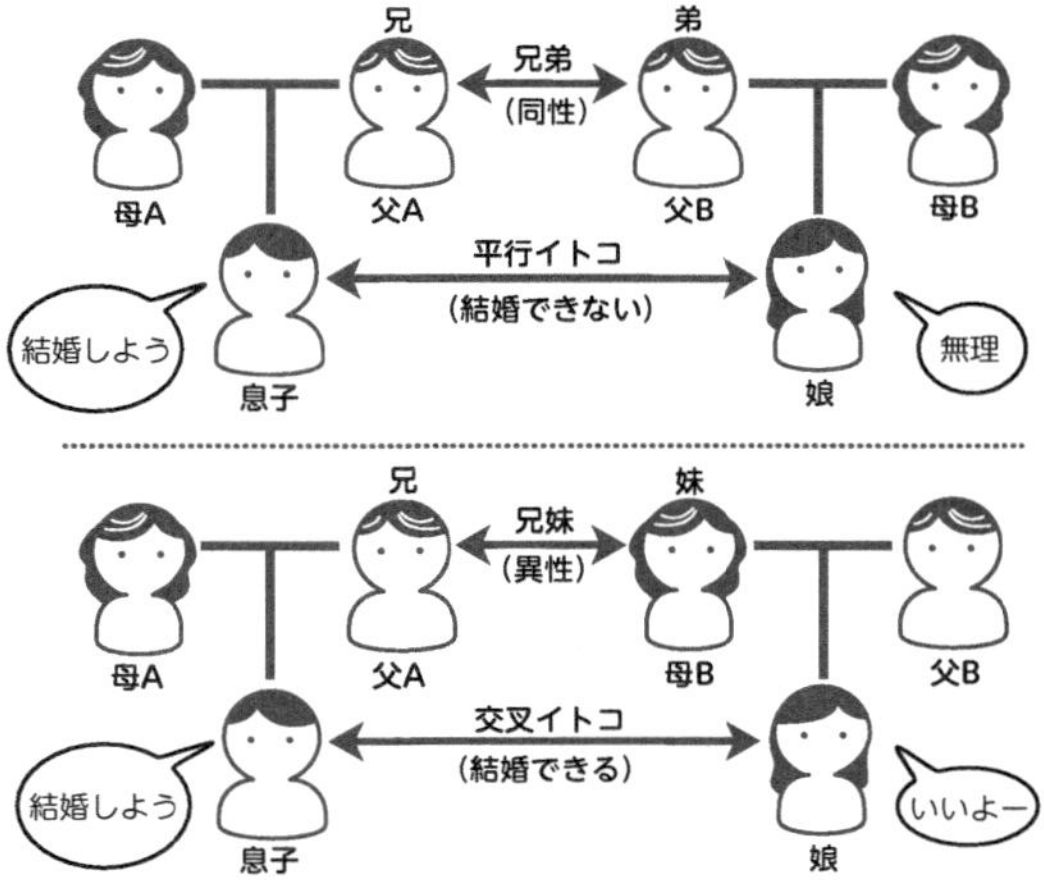

けないという根拠を見いだすことはできない。それは、つまり、「人間の生存本能として、そういう結婚ルールが遺伝子的に刻まれているのです」もしくは「そういうふうに結婚したほうが遺伝的に有利になるから、そういう部族だけが生き残ったのです」といった形で合理的説明をつけることができないということだ。

しかし、そうは言っても、未開社会の多くでこの結婚ルールが文化として現に根付いている……。じゃあ、このルールはいったい何のために存在しているのだろうか。レヴィ＝ストロースはこの問いについて、ひとつの答えを導き出している。その答えをものすごくざっくりと言うと、

「兄の子供を、弟の子供と結婚（平行イ

トコ婚）させるより、全然違う家に嫁いでいった妹の子供と結婚（交叉イトコ婚）させたほうが、家同士の交流が広がるよねー」

という話になるわけだが……、まぁ、タネあかしを聞いてしまうと、なんだそんな程度の話かと思うかもしれない。また、この話にどれくらいの根拠があるんだろうと怪しむ人もいるかもしれない。だが、とりあえず、そうした疑念は置いておこう。なぜなら、レヴィ＝ストロースの説明が間違っていようと正しかろうと、実のところ、そこはどうでもよく、それより重要なのは、「そうしたルールがさまざまな未開社会で広く採用されている」という事実のほうにあるからだ。

そもそも、「未開」の社会ということは、文明から隔離されてきた社会、すなわち、外の情報がほとんど入ってこなかった社会であったということを意味する。だとしたら、そうした互いに交流がなかったはずの「隔離された複数の未開社会同士」がみな「同じようなルールを採用している」というのは、普通に考えればおかしな話だ。

偶然同じになったというのはちょっと考えにくいし、部族Aで発生したルールが長い旅路のはてに、部族B、部族C……部族Zへと伝わったというのも考えにくい（もし、そうなら伝達の痕跡が残されているはず）。

それに不可思議なのは、このルールを採用している部族の人たち自身に「なぜこのルールを採用しているのですか？　その理由は何ですか？」と聞いても、「わかりません」と返ってくることである。なぜ彼ら未開社会の人々は、「意味のわからないルール」を採用したのだろうか？

レヴィ＝ストロースは、この問いにこう答える。

「もしかしたら、この世界には、婚姻関係について『こういうふうに結婚すると家同士の交流が広がるよ（社会が発展するよ）』という『隠された構造（秘密の仕組み）』みたいなものがあって、未開社会の人々はそれを無意識に選びとったのではないだろうか」

さぁ、これはとても飛躍した回答だ。どこが飛躍しているかと言うと、もちろん、

・世界には「隠された構造（秘密の仕組み）」がある。
・その構造を人間が無意識に選んでいる。

というふたつの部分だ。

通常、僕たちは、社会のルールが決定されるときには次のような過程を踏むだろうと考える。

「ある日、頭のよい人が現れて、社会が発展するような画期的なルールを思いついた。そ

して、そのルールの素晴らしさをみんなが認め、実際に採用された」

まぁ、普通はこう考えるだろう。この考えに従うなら、ルールを思いついたのは、その頭のよい人の意志だし、そのルールを採用したのはみんなの意志ということになる。しかし、この当たり前の考え方をレヴィ＝ストロースは否定したわけだ。つまり、

「人間の意志がまず最初にあり、その意志が自由に物事を考え、オリジナルの便利な新しいルールを生み出した」

のではなく、

「世界には最初から『特定のルール』が隠されており、人間は無意識にそのルールを選んだのだ」

ということ。ようするに、

「人間社会のルールは、個人個人がその意志によって一生懸命考えてでき上がったわけじゃないんですよー。実は、世界に内在している既存の構造を、無意識が勝手に選びとって

できただけなんですよー」

ということである。これはちょっと、にわかには信じがたい話であろう。

しかし、レヴィ＝ストロースは、さまざまな未開社会を渡り歩き、綿密な調査をしたうえでこの論を唱えていたから、当時の知識人たちもこれを無視するわけにはいかなかった。

世界に隠された構造

ところで、こんなことを想像してみてほしい。

あなたが、宇宙人だったとする。そして、人間という未知の生物を調査する仕事を与えられたとしよう。

とりあえず、あなたは人間という種がどのような社会を形成するか調べるため、円盤型宇宙船で不特定多数の人間を一〇〇〇人捕まえ、脳から文明の記憶を消去して広い部屋に閉じ込め、彼らがどんな社会をゼロから構築するか観察することにした。また、このとき、偶然の要素を排除するため、部屋は一〇個用意し、それぞれに一〇〇人を住まわせるという工夫も行ってみた。さて、どうなるか？

もし、ここで、部屋一から部屋一〇まで、すべての部屋で同じようなルールを採用した社会が形成されていることが確認できたとしたら……、あなたは宇宙人の上司にこう報告せざるをえないだろう。

「人間という生物は、個人個人の意志に関係なく、必ずこれこれこういう社会を形成するようです。もっとも、滑稽なことに彼らは『自分の意志で自分の社会を作っているんだ』と思い込んでいるようですが……」

この話を、もう少しイメージしやすくするため、「ジャンケン」を例に取って考えてみよう。

たとえば、さっきの宇宙人の人間観察実験で、どの部屋においても、必ず「ジャンケン」というゲームが開発されていたとしよう。

ある部屋では「石、ハサミ、紙」だったり、ある部屋では「象、人間、アリ」だったり、別の部屋では「皇帝、市民、奴隷」だったりと細部に違いはあるものの、必ずどの部屋にもいわゆるジャンケン的な遊びが見受けられたとする。

もちろん、各部屋において、そのジャンケン的な遊びを最初に思いついた人は、確実に存在するだろう。しかし、そのジャンケン的な遊びは、その人オリジナルの考えだと言ってよいだろうか？

いや、違うだろう。どの部屋においても、同じような遊びが開発されているのだから、

「それはAさんの意志によって開発された、Aさんならではのものである」

と言うべきではない。だって、Aさんがいない別の場所でも、ほぼ同等のものが開発されているのだから、本質的に言えば、それは「Aさん個人の意志とは無関係に存在するものである」と言うべきであろう。

では、ジャンケンが個人の意志によって生み出されていないのだとしたら、この発想はどこからきたのか？　レヴィ＝ストロース風に言うならば、次のようになる。

「『三竦《すく》み（XはYより強く、YはZより強く、ZはXより強い）』という関係性の『構造』が、世界の中に最初から存在しており、この『構造』があるからこそ、人間は『ジャンケン』というゲームを思いつけたのである」

もしくは、こんなふうに言うかもしれない。

「そもそも『誰が勝つかわからない遊戯』を考えようとするならば、それはどうしても『三竦み』の構造にならざるをえない。このことは、つまり、『誰が勝つかわからない遊戯』という概念の中には、三竦みという構造が最初から含まれている』ということを意味する。したがって、ある人が『誰が勝つかわからない遊戯』を欲して、それを考えようとした時点で、その人個人の意志とは関係なく、また、自覚のあるなしにも関係なく、その人はすでに『三竦み』の構造を無意識に選びとっているのである」

このように考えれば、ジャンケンの発案者であるAさんのいない他の部屋においてもジャンケン的な遊びが必ず発生することについて、うまく説明をつけることができる（そして、実際、ジャンケン的な遊びは、世界中のあらゆる場所に存在する）。

さて、結局、これらのことから言える結論は、

「人間社会は、必ずしも人間個人の意志に由来して作られているのではなく、世界の中に最初から埋め込まれている構造（仕組み、法則性）に由来して作られる場合もある。だからこそ、世界各地の未開社会に同じようなルールが存在するのである」

ということになるのだが、どうだろうか？

もしかしたら、「別にたいした話じゃねえじゃん」と思う人もいるかもしれない。

たとえば、三角形の面積の公式。僕たちは、この公式について、「○○さん個人のオリジナルの公式である。○○さんがいなければ生まれなかった考え方である」などとは思わないだろう。なぜなら、三角形の面積の公式は、「○○さんオリジナルの発想」というよりは「世界の中に最初から埋め込まれている法則（構造）」であると僕たちは考えるから

だ。だから、この公式を、不特定多数の人が思いついている状況を容易に想像することができるし、外界と隔絶された複数の場所で同じ公式が発見されていてもそれほど驚きはしない。それに、そもそも、三角形の大きさを知りたいと欲した時点で、必ずこの公式に行き着かざるをえないはずだ。

と、このように「世界に隠された構造＝数学の公式のようなもの」と解釈するなら、レヴィ＝ストロースの「構造」うんぬんはそれほど特別な話ではなく、むしろ当たり前の話だと言えるかもしれない。

では、なぜ、そんな当たり前の話が、一世を風靡《ふうび》し、実存主義の哲学を破壊するほどまでに世間に広まったのだろうか？

その背景としては、「実存主義の連中が鬱陶しかった」ということがあるかもしれない。つまり、当時は、実存主義が天下を取っていた時代であったから、周囲の大人たちはみな、こんな暑苦しいことを言っていたわけだ。

「世界に本質はない！　だから、それを俺たちの自由な意志で決めるんだ！　俺たちは、世界に意味を与える責任を背負った生き方をしていくんだ！」

この考え方が、世界に初めて登場したときはよかった。今までに聞いたことのない考え方というのは、とても新鮮で刺激的だ。しかし、何度も何度もそのフレーズを繰り返し聞かされ、しかも、周りの連中がみな口を揃えて同じことを言っていたら……、そりゃあもうウンザリしてくるだろう。こうなると、このさんざん聞かされてきたことと反対のことを聞きたくなるのが人情というもの。そんな状況であったから、レヴィ=ストロースの「人間個人個人が自由に物事を考えて、社会を作り上げていくなんて話は嘘っぱちさ(笑)」というのは、とてもタイムリーで若者たちを惹きつける言明であったのだ。

構造主義の衝撃

構造主義(実存よりも構造が先立つという考え方)がデビューしたときの痛快さを感じるため、ちょっとこんな想像をしてみてほしい。

例の宇宙人の人間観察実験で、あなたが、部屋に入れられた側だったとしよう。そして、あなたが所属する部屋の中にこんな連中が湧いて出たとする。

それは、真っ赤な単色のシャツを着て、なぜか首から小猿のドクロをぶら下げ、ギターをメチャメチャにかき鳴らし、次のことを一晩中叫んでいる男たち。

「俺たちは、自由だ! こうしなければならないという本質なんかどこにもないんだ! だから、俺たちは、自分の自由な意志で、自分の服装、自分の音楽、自分の人生を決めるんだ!」

ようするに、ロクに勉強もしてない能無しのくせに、政治がどうとか、社会がどうとか、のたまっている低レベルな連中。だが、残念なことに、彼らはあなたの「先輩」にあたる関係で、あなたは内心では「うざい」と思いながらも、「さすが先輩、僕もそう思いますよ」と毎日、相槌を打たなくてならなかった。

そんなある日のこと、英雄が現れる。なんとその英雄は、危険を省《かえり》みず、他の部屋（隔絶された別世界）に潜り込み、そこで何が起きているか、見てきたというのだ。

彼の話によれば、別の部屋ではこんな連中が幅を利かせていたようだった。

「えっとね、他の部屋では、真っ黄色の単色のシャツを着た連中が、首から子豚のドクロをぶら下げて、トランペットを吹きながら、『俺たちは、平等だ！』と叫んでいたよ」

そして、そのまた隣の別の部屋でも、これまた、似たような連中がいたという話であった。

あなたはきっとこう思うだろう。

「あれ？　なんか先輩たちに似てないか？　確かに細部は違うけれども……、でも、なんか根本のところで、『何か』が同じ気がする！」

その「何か」の正体はわからない。その「何か」をうまく言い当てた言葉も思い当たらない。とりあえず、その「何か」を適当に「構造」とか呼ぶとして、とにかく、はっきりしていることは、あの偉そうな先輩たちがみな、「ただの勘違い野郎」だったということだ。

あなたは、先輩たちを呼び出してこう言ってやった。

「先輩たちは、いつも、『自分の意志で、自由に決めろ』とか『個人の主体的意志による決断こそが真理だ』とか言ってますが、実は自由に決めてないんじゃないですか？　だって、あなたたちが言うところの『自分自身の意志で自由に決めたこと』って、隣の部屋の連中とソックリじゃないですか（笑）。てことは間違いなく、あなたたちは、『何か』に操られて行動しているんですよ。それなのに、それに気づかず『自分で選んでいる』と思い込んでいる……、なんかそれって、とっても滑稽だと思いませんか？（笑）」

当然、この発言に、先輩たちは血相を変えてギャアギャアと反論してくるわけだが、彼らがどんなに吠えようと、しょせん、言っていることは「主体的意志がー、自由がー、決断がー」といった抽象論や精神論ばかり。一方、あなたは、英雄が見てきたこと、すなわち、「観察事実に基づくことから導き出された論」を唱えているわけだから、どう考えても先輩たちに勝ち目があるわけがない。結局、あなたは、昨日まで元気にはしゃいでいた先輩たちを完全に論破してしまった。
真っ青になって、うなだれる先輩たち……。あなたは、先輩たちのせっかくの主張、そして彼らの半生を台無しにしてしまったのである。

――とまぁ、こんな感じ。ようするに、

「キミたちは自分で何でも決められると思い込んでるみたいだけど、本当は、世界の裏に隠された構造があって、それによってその決断が支配されているんだからね。『僕の意志がー、決断がー』とかくだらない精神論を振りかざして、飛んだり跳ねたりするまえに、世界に隠されている構造というものをまず理解するところからはじめたほうがいいんじゃないの？」

という話で、実存主義をうたう連中にウンザリしていた人々は、レヴィ＝ストロースの「構造」という言葉に飛びついて、実存主義者たちを徹底的にやりこめてしまったわけである。
その結果、実存主義はものすごい勢いで廃れていき、時代遅れの哲学になっていくのであった。

タカシ　「よし、決めた！　オレはオレの意志で自由に生きていくんだ！　何かに操られて生きるなんてまっぴらだ！」
カーチャン「頑張ってタカシ！　カーチャンも、若い頃、おんなじこと考えたわ！」

ウィトゲンシュタイン

Ludwig Josef Johann Wittgenstein

レヴィ＝ストロースからはじまった構造主義という新しい哲学は、人間は「自分で思うほど自分で考えていなかった」という恐ろしい結論をもたらした。

私たちの行動は、実は「何か」に操られていたのだ……。

その「何か」のことを当時の人々は「構造」と名付けたわけだが、ではここで言う「構造」とはそもそもどういうものか？

ちょっと次ページの図を見てほしい。Aという図形が一個だけある図だ。この図形を一個だけ見ても、僕たちにはなんのこっちゃわからない。せいぜい言える感想は、「丸のような……、三角形のような……、とにかく歪んだ枠だよね」ぐらいものであろう。

では次に、二二七ページの図を見てほしい。今度は、Aの他に、B、C、D、Eとたくさんの図形が並んでいる図だ。この場合、たくさんの図形があるわけだから、それらを見

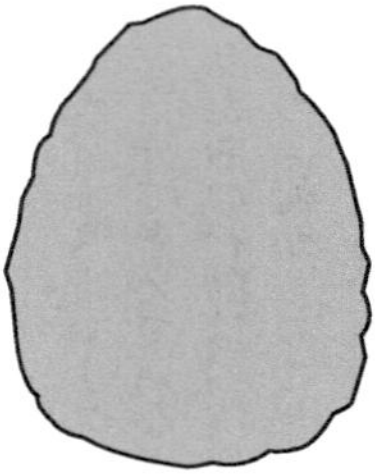

A

比べることで、そこに隠されている「共通の形（真円）」を見いだすことができる。つまり、見る人が見れば「これらの図形って、真円をベースとして、歪めたり、曲げたり、何らかの数学的変換を加えることで生み出されたものだよね」とすぐにわかるという話だ。

さて、今、「図形Aの一個だけしか見てない人」と「図形A～Eを全部見ている人」がいたとして、どちらのほうが、図形Aの本質を理解できる、もしくは理解しやすいだろうか？

それはもちろん後者である。なぜなら、前者の人は、一個の図形しか見ていないのだから、その図形の特徴が「たまたま偶然そうなっているのか、必然的にそうなっているのか」を区別することができないが、一方、後者の人は、多数のものを比較して「共通的な特徴（それらの図形を成立させている根本の構造）」を取り出すことで、容易にその区別ができるからだ。

というわけで、ようするに、

図A

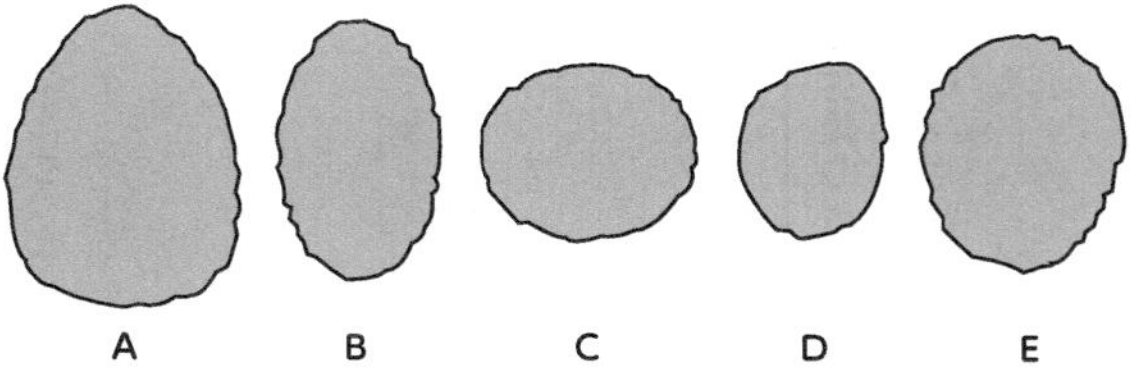
A
B
C
D
E

図B

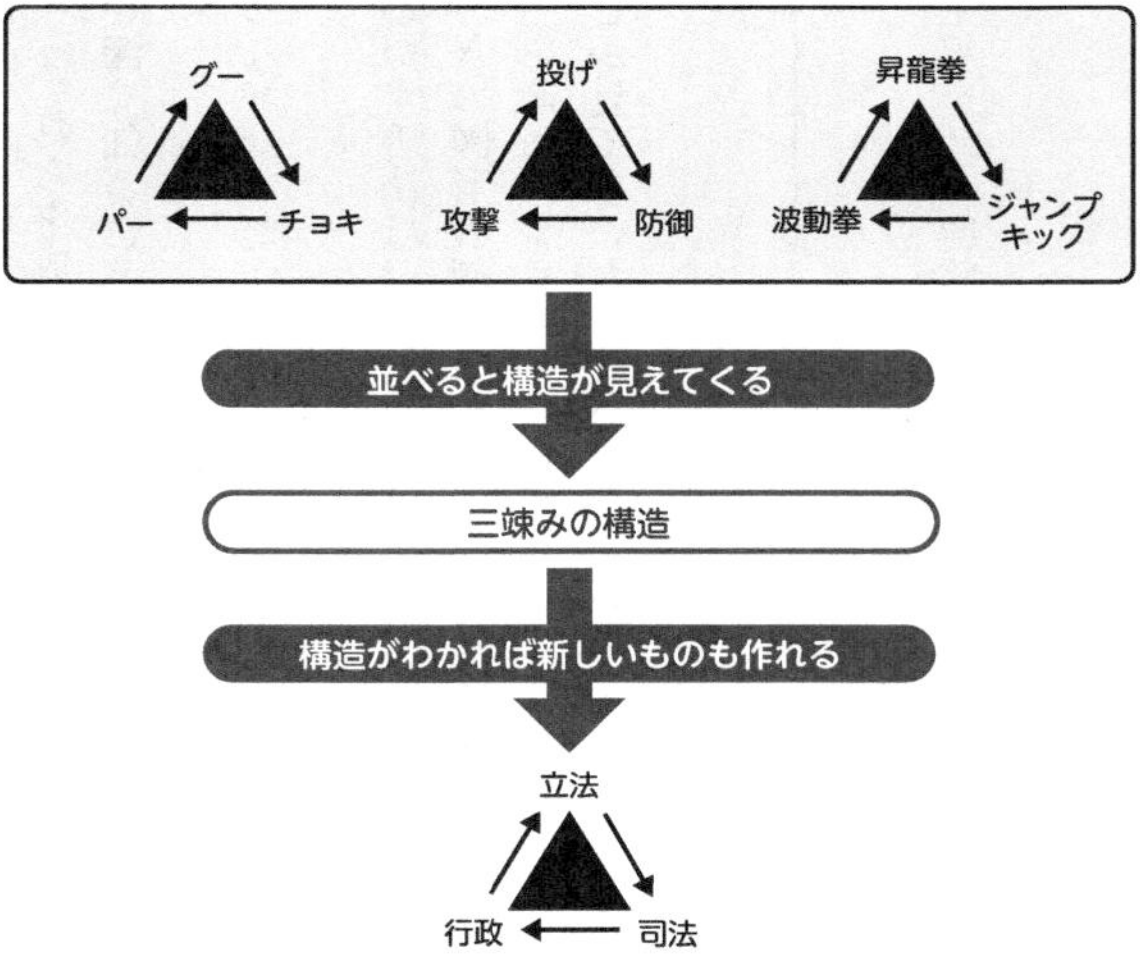
グー
パー
チョキ
投げ
攻撃
防御
昇龍拳
波動拳
ジャンプキック
並べると構造が見えてくる
三竦みの構造
構造がわかれば新しいものも作れる
立法
行政
司法

「『個』を見るより『多』を見て、それらを成立させている根本の構造を見いだしましょう。そうしたほうが、より対象を深く知ることができるよ」

というお話だったわけだが、これでだいたい「構造」のイメージはつかめてもらえただろうか。

ちなみに、こうした構造を見いだす手法は、「対象の理解」だけではなく、「創造」についても役に立つ。たとえば、さっきの図形の例で言えば、根本の構造が「真円」であることをわかっている人は、その真円を適当に歪ませることで、新しい図形Xを作ることができる。これは、図形を一個だけしか見てない人にはできない芸当である（前ページの図参照）。

構造主義のポイント

前章での説明も含めて、構造主義を今一度整理してみよう。構造主義の主張は、ようするに、以下のふたつだ。

①人間の思考は、「構造」に支配されているんだよッ！　自分の意志で自由に物事を考

え出したつもりでも、実は、無意識に「とある構造」を持ったものになっていたりするんだよッ！
②個ではなく、多を見ようよ♪　すると、共通する構造が見えてきて、物事をより深く知ることができるし、新しいものを作るのにも役立つよ♪

ここで、①と②は深いところでは同じことを言っている。「人間と構造」の関係について、ネガティブにとらえれば①のような表現になるし、ポジティブにとらえれば②のような表現になるだけの違いにすぎない。

ところで、多くの構造主義の入門書が、「構造主義＝西洋中心主義批判」という感じの紹介をしているが、これはつまるところ、②に由来している。ようは、

「西洋人たちは、西洋文明が最高だと思い込んで、西洋という一個の視点や文化でしか物事を見ようとしないが、それじゃあダメだよ。物事を深く知りたければ、東洋や未開社会の文化や考え方にも、もっと目を向けなさい。そして、西洋文明を『多』の中のひとつとして位置付け、その『構造』を見つけ出し、広い視野で物事を理解しようとしなさい」

ということで、もっと端的に言えば、

「『個（西洋文明）』でばっかり考えるんじゃねえよ、西洋人は自分が世界の中心で一番優れているという傲慢で独善的な態度をやめろよ、『個』じゃなく『多』で考えろコノヤロウ」

という話だ。

というわけで、構造主義にまつわるあらゆる話は、すべて①か②に帰結するのであるが、さっき述べたように、①と②は根本的には同じようなものだから、構造主義は実のところ、たいして難しい話はしていない。

しかし、困ったことに、たいていの構造主義の入門書は難しい。読んでもわかった気分になれないような本が多かったりする。それはおそらく、学べば学ぶほど、読めば読むほど、読み手の中で「ネガティブな主張①」と「ポジティブな主張②」が織りまざってしまうところに原因があるのだろう。

だって、①の見方をしている入門書は「フロイトの精神分析」や「無意識」の観点で構造主義について語らなくてはならないし、②の見方をしている入門書は「システム論」や「数学」の観点で語らなくてはならない。当然、両方の本を読んだ人は混乱するだろう。ましてや、一冊の本の中で、両方の観点を含めて、さらに「実存主義批判」や「西洋中心主義批判」まで親切に網羅されていたりしたら……、盛りだくさんすぎて、読み終わったあとに、「結局、構造主義ってどういうのだっけ？」となること請け合いである。

とまぁ、そんな感じで多種多様な説明の仕方があり、いまいちわかりにくいのが構造主義の面倒くさいところなのであるが……、とにかく、その説明のひとつである「ポジティブな主張②」のほうが注目されて、一気に世界を席巻する人気哲学へと成り上がることになる。

「今まで未開だと言ってバカにしていた部族のものも含めて、世界中の○○をすべて並べて比較して、その背後に隠されている『共通の構造』『普遍的構造』を見つけ出そう。すると、○○をより深く理解できるし、その構造を利用して、さらに新しい○○も作り出せるかもしれないよ！　ひゃっほーい！」

この○○は、音楽でもダンスでも文学でも何でもよいが、ようするに構造主義の考え方は、こんな感じのテンションでおよそあらゆるものに適用できてしまうわけである。結局、この射程の広さと実用性から、構造主義は、哲学者だけではなく音楽家や建築家までさまざまなジャンルの識者たちの間で大流行することになるのであるが……、では、本職の哲学者たちは、どんな○○について構造を取り出そうとしたのだろうか。

それは「言語（言葉）」である。

言語の構造

なぜ、「言語」かと言うと、それは「言語＝思考」だからだ……、というのが回答になるのだが、ここは、落ち着いて考えないとなかなか納得できないところかもしれない。

実は、僕たちの思考は、すべて言語から構成されており、僕たちは言語を使わずに物事を考えることはできない。嘘だと思うなら実際にやってみてほしい。あなたが何をどう考えようと、必ずそれは「□□は××であり……、ゆえに、○○だから……」といった感じの言語的な形式になってしまっているはずだ。

もっとも、このこと自体には、何も不思議はない。そもそも思考とは、「言語を所定の規則に従って操作すること」を指し示したものであるからだ。だからこそ、「言語＝思考」であり、言語化できないことは思考化できないし、思考化できないことは言語化できないのである。

さて、「言語＝思考」という公式をあなたが納得できたかどうかはともかく、少なくとも、そのような捉え方があるのだという前提を踏まえれば、哲学者たちが、なぜ「言語の構造」を取り出そうとしたのかについてわかってもらえると思う。つまりは、こういうことだ。

（1）もしかして、「言語＝思考」なんじゃねーの？

（2）そうだすると、さまざまな「言語」を分析して、そこに隠されている「共通の構造」「普遍的構造」を見つけ出せば……、それって、思考の「構造」を見つけ出したことと同じになるんじゃないの⁉

（3）つまり、古今東西の言語の「構造」を分析すれば、人間の思考についてより深く理解することができる！　いや、それどころか、その構造を利用して、新しい思考体系、哲学だって生み出せるかもしれないぞ！　ひゃっほーい！

そして、実際、そういうやり方をしたソシュールという言語学者がいた。彼は、「すべての言語には『差異の体系』という普遍的構造が隠されている」という画期的な理論を唱えて、新しい学問分野を開拓することに成功したのであるが、このように言語から構造を取り出すことで、哲学史に名を残した学者が実際に存在したのである（「差異の体系」が何かについては、『史上最強の哲学入門』という本に書いたので、そちらを参照のこと）。

というわけで、こうした成功例もあって、当時の哲学界は、言語の構造を分析するのが熱かったわけである。そんな背景の中で最強の言語哲学者がやってくる。オーストリアの言語哲学者ウィトゲンシュタインである。

変人ウィトゲンシュタイン

ウィトゲンシュタインという人物を的確に表現する言葉があるとしたら、それはやはり「変人」であろう。

まず、彼は、鉄鋼業で莫大な富を得た大金持ちの息子である。子供の頃から裕福な暮らしをし、「ウィトゲンシュタイン宮殿」と呼ばれるとんでもない豪邸に住んでいた（かの有名な音楽家ブラームスがそこで初演のコンサートをやっちゃうぐらい）。にもかかわらず、なんと彼は、全財産を放棄しようとしてしまう（それ以外にも彼は、突然、修道僧になろうとしたり、革命後のロシアの貧村に行って極貧生活をしようとしたりしている。どうも彼は貧乏暮らしというものに憧れていたようだ）。

さて、そんな彼は哲学者として研究をはじめるのだが、いきなり「哲学の問題をすべて解決した！　哲学を終わらせた！」と宣言。勝手なことを言って、田舎に引っ込んで小学校の先生になってしまう（ちなみに、後日、この哲学を博士論文として提出。審査員として、ノーベル賞までとった偉大な数学者であり哲学者のラッセルが参加するのだが、ウィトゲンシュタインは審査中の彼の肩をポンと叩き、「心配しないでください。とうていあなたには理解できませんから（笑）」と言っている。みんなもウィトゲンシュタインにならって、卒論発表会とかで教授にやってみよう）。

さてさて、そんな不遜な性格のウィトゲンシュタインが、小学校の先生なんかうまくやれるはずがなかった。その性格が災いして、さっそく保護者とトラブル。狂っているという噂が流れたあげくに、しまいには、質問に答えられない生徒を気絶するまで叩いてしまい、結局、学校を辞めさせられてしまう。

そして、その後、どうなったかというと、大学に復帰。「前に哲学を終わらせたと言ったな。あれは嘘だ」的なことを言い出して哲学の研究を再開し、これまた、歴史に残るような偉大な哲学を生み出すことになる。

と、そんな感じで、天才なのは間違いないものの、友だちとしてはそばにいてほしくはないタイプのウィトゲンシュタインであるが、彼の哲学はよく、「前期」と「後期」でわけられる。さっき述べた経歴でいうところの、「哲学を終わらせた」と宣言したやつが「前期」であり、「やっぱり間違ってた」と言って再開したやつが「後期」である。

以下、それぞれについて紹介していこう。

前期ウィトゲンシュタイン

まずは、前期について。前期のウィトゲンシュタインは、言語というものを次のように定義した。

（1）世界とは、事実の集合である。

（2）言語とは、その事実を記述したものである。
（3）したがって、言語とは、世界（事実）を写しだす鏡（像）である。

この定義は、日本語だろうが、英語だろうが、未開社会の言語だろうが全部同じ。つまり、構造主義的に言えば、ウィトゲンシュタインは、言語に含まれる普遍的構造を「世界の事実を記述すること」だと考えたわけである。

まぁ、それについてあまり異論のある人はいないだろう。というより、「言語とは事実を表すためのものである」なんて、当たり前すぎるような気もする。だって、「そこにリンゴがある」という言葉は、「そこにリンゴがある」という事実を表しているに決まっているじゃないか。

だったら、なぜこんな当たり前の、それも中学生でも思いつくようなレベルのことで、彼は偉大な言語哲学者として歴史に名を残せたのだろうか？

それは、この出発点から導き出した結論が、とても極端なものであり、また「誰も言えなかったことを思いきって言っちゃったから」である。

何を言ったかというと、端的に言えば、こうだ。

「哲学なんて無意味だよ（笑）。実はさ、今まで哲学者がゴニョゴニョと語ってきたことって全部、言語の使い方の勘違いから生まれた『無意味な文字の羅列』にすぎなかったんだ。というわけで哲学なんて終わり。はいはい、解散解散（笑）」

どういうことか。まず、言語の役割が、事実の記述であるとするならば、どの言語（文章）も必ずなんらかの事実と対応していなくてはならない。逆に、なんの事実にも対応していない言語（文章）があったとしたら、それはもはや言語ではなく、ただの「無意味な文字の羅列」だと言わざるをえないだろう。

たとえば、「へめろぺかぺか」という文章を考えてみてほしい。この文章が何の事実にも対応していないことは明白であろう。ゆえに、この文章は、「無意味に適当な文字を並べただけのもの」であり、言語（言葉）ではないということになる。

このことは、つまり、「事実との対応関係」のあるなしが、「言語であるかないか」の基準になるということを示しているのであるが……、ここまではまぁ、特に難しい話ではないし、多くの人が納得できることだと思う。

では、それをふまえたうえで問おう。

「神は存在する」という文章は言語だろうか？

とりあえず、神というものを、事実を超えた何か、確認不可能な何かであるとするならば、さきほどの基準によって、この文章は言語ではないということになる。すなわち、無意味な文字の羅列、「@%Q#P$」などと同等の文章だということだ。そうすると、もちろん、「神とは何か?」という文章も「無意味な文字の羅列」になるし、それに対する回答……、いや、それどころか、神に関するすべての文章が「無意味な文字の羅列」にすぎないということになる。

では、「私は彼を愛している」というのはどうだろうか。

これは一見事実に対応してそうに思えるが、実のところ、事実には対応していない。というのは、真の意味で「事実」を語るのであれば、次のように語るべきだからだ。

「○年○月○日○時○分○秒に、私の網膜に彼の映像が飛び込み、その刺激信号が私の脳内の特定部位を活性化させ、そこから化学物質が大量に分泌され、私の心拍数があがった」

これが実際に起きたことであり、すなわち「事実」なのだから、この「事実」に対応するように正しく語るべきであり、そのように語られたものだけが言語だと言える。

一方、「私は彼を愛している」というのは、事実からかけ離れた、事実と対応しない文章なのだから、やはり「無意味な文字の羅列」であり、言語ではないのである。

にもかかわらず、多くの人々、それも哲学者という人種は、「神とは何か?」「愛とは何か?」ということを好んで語りたがる。

全部ダメ！　全部勘違い！

そういう語りはすべて、言語の本質、言語の使い方を理解していないからこそ起こる、くだらない無意味なおしゃべりにすぎないのだ。

言語（言葉）というものは、必ず「事実に対応するもの」がなくてはならない。それ以外のもの、たとえば、愛や自由や絶対精神など、「事実に対応しないもの」について延々と語った分厚い哲学書といったものなどは全部、キーボードの上で猫を遊ばせて、偶然に並べられた文字の羅列と同等！

「くぁwせdrftgyふじこlp……」

無意味に文字が並んでいるだけのデタラメなのである！

といった感じで、今までの哲学を全否定したウィトゲンシュタインであるわけだが、彼のこの主張（論文）は、次のような格言で締めくくられる。

「語りえないものについては、沈黙しなくてはならない」

なんとなくカッコいい言葉で、ウィトゲンシュタインと言えば「これ」といったぐらい有名なフレーズであるが、この言葉はとても秀逸でよく考えられた格言であると思う。

そもそも、ウィトゲンシュタインが名をあげたのは、「言ってはいけないことを思いきり言ってしまった」ところにあると先に述べたが、それだけではなく、そのことを「およそ素人では考えつかないぐらい、一分の隙もなく論理的に語ってしまった」ところにある。つまり、恐ろしいほどツッコミどころがないのだ。

もし、ウィトゲンシュタインが素人の凡人であれば、こんなふうに書いたかもしれない。

「だから、神など存在しない。愛など存在しない。語りえないものなど存在しないから語れないのだ」

きっと、こんなふうに書いたら、意地悪な読者がこうツッコミをしたことだろう。

「あれあれー。とか言いつつ、語りえないものを語ってるじゃありませんかー（笑）」

「語りえないものは存在しない。なぜなら……」などと述べた時点で、それは「語りえないものを語りえているぞ」という批判を受けてしまう。ウィトゲンシュタインは、そうした愚を犯さなかった。つまり、彼は、神や愛など「語りえないもの」の有無という危険な論点をいっさい持ち出さず、「言語とはどういうもので、その言語が語れる範囲とはどこまでなのか（人間が言語的に考えられる範囲とはどこまでなのか）」にだけ論点を絞って、そこだけをきちんと論証するという戦略に出たのである。

ようするにこういうことだ。

「神とか愛とか、語りえない何かが存在するかどうかは知ったこっちゃあない。とにかく、言語的に語れないものは言語的に語れないでしょ。これは、単に、言語の表現能力の問題にすぎない。だから、『語れないものが世の中に存在する可能性だってあるんじゃないですか？』とか『絶対にないと言いきれますか？』なんて私に聞かないこと。そんなことは私の知ったこっちゃあない。私はただ、言語とはこういう性質のものであるのだから、言語で語れるのはこういう範囲のものだけです、と言っているにすぎないのだ。というわけで、哲学者の連中は、語れないものは語れないんだから、語るんじゃねえぞコノヤロウ（語ってもいいが、言語として成立してないから意味不明の文字だとみなすぞコノヤロウ）」

こう言われたら、言い返すのは難しい。それは、赤は赤なんだから赤だぞと言われたら、当たり前すぎて言い返せないのと同じ話。結局、ウィトゲンシュタインが主張していることは、「語れるものは語れる。語れないものは語れない」だけなのだ。

もちろん、この主張を否定することは可能である。ウィトゲンシュタインの言語の定義

（事実と対応するものだけが言語である）をひっくり返せばいいのだ。しかし、そうすると、それは「私の言語は、事実と対応するものがありませーん」と宣言したことと同じになり、これもまた認めるわけにはいかない！

用意周到。ウィトゲンシュタインは、詰め将棋のような、有無を言わさぬ一手をビシッと最後に叩きつけてきたのである。

もっとも、この「語りえないものについては、沈黙しなくてはならない」はあまりに有名なフレーズであるせいか、さまざまな解釈が存在する。たとえば、「この言葉は、語りえないものについては無理して語らず、語れるものを語り尽くすことで、結果として語りえないものを示しなさいって意味だったんだよ。つまり、ウィトゲンシュタインは、語りえないものは語れないけど『存在する』と言いたかったんだよ」などなど。

さて、ここまでがウィトゲンシュタインの前期の哲学であるが、後期になると、彼はこの前期を間違っていたと言ってあっさり捨て去ってしまう。

後期ウィトゲンシュタイン

次は後期について。なぜウィトゲンシュタインが、前期の自分の考えを間違いだと思うようになったかと言うと、こんなことがあったらしい。

あるとき、知人の男がやってきて、ウィトゲンシュタインに向かってアゴをこすってこう言った。

「これはどんな意味だい？」

これにウィトゲンシュタインは衝撃を受けた。「アゴをこする」という仕草は、もちろん世界のどんな事実とも対応していない。だから、前期の哲学で言えば、この仕草は言語ではないし、意味不明の行為であるはずだ。しかし、「アゴをこする」という仕草は、彼の住んでる地域では「相手を侮辱する」ことを示す行為として知られており、実際、ウィトゲンシュタインはその意味を理解してしまったのだ。

何の事実とも対応しないものが、意味を持って相手に伝わってしまった……。これは明らかに前期の哲学では説明できないことである。

これをきっかけにウィトゲンシュタインは、前期の哲学が間違っていると思うようになり、新しく言語の定義を考え直すのであるが、では、その新しい言語の定義とはどんなものなのか。ウィトゲンシュタインは次のように述べる。

「言語の意味とは、その使用である」

有名な「意味の使用説」と呼ばれるウィトゲンシュタインの定義の一節であるが、これだとちょっとわかりにくいので、こう言い換えてみよう。

「言葉の意味は、どう使うかで決まる」

もう少しわかりやすく言い換えてみよう。

「言葉の意味は、シチュエーションで決まるんだよ。つまり、言葉ってのは、どういう状況で使ったかによって意味の変わるものなんだ」

たとえば、「水」という言葉を考えてみてほしい。前期の哲学に従うなら、この言葉は現実世界にある「水」に対応する言葉であるのだから、当然、この言葉の意味は明確でひとつしかない。つまり、「水!」と言ったら、「そんなの、現実の水のことに決まってるだろ!」という話だ。

だが、実際に会話をするとき、「水」という言葉が、そのまま現実の水を意味するとは限らなかったりする。たとえば、砂漠の真ん中で倒れている人が必死の表情で「水!」と言ったとしたら、それは「現実の水のこと」を意味して語った言葉にはならない。その状況、シチュエーションにおいては、「水を飲ませてください」ということを意味する言葉として解釈するべきだろう。

他には、水の入ったコップをテーブルの端ギリギリに置いたまま子供がテレビに夢中になっていたので、母親が「水！」と言った場合もそうだ。この場合も、母親が単純に「水のこと」を意味したくて語ったのではなく、「水がこぼれるから気をつけなさい！」ということを意味したくて語った言葉だと解釈するべきである。

このように、「水」という言葉ひとつ取ってみても、状況によってさまざまな意味を持つ。

実際、あなただって、こんな問題が出されたら困るはずだ。

「花子さんが、拳を天に突き上げ、泣きわめきながらこう叫びました。『水！　水！　みずぅぅぅ！』。さて、花子さんが叫んだ言葉は何を意味するでしょう？」

もし、こんな問題が小学校の国語のテストで出されたとしたら……、きっとあなたはこう言うに違いない。

「前期ウィトゲンシュタインに従えば、答えは決まるかもしれませんが、実際には花子さんがどういう状況でこの言葉を使ったのか、もう少しその説明がなければ答えは決まりません」

〔意味の使用説〕

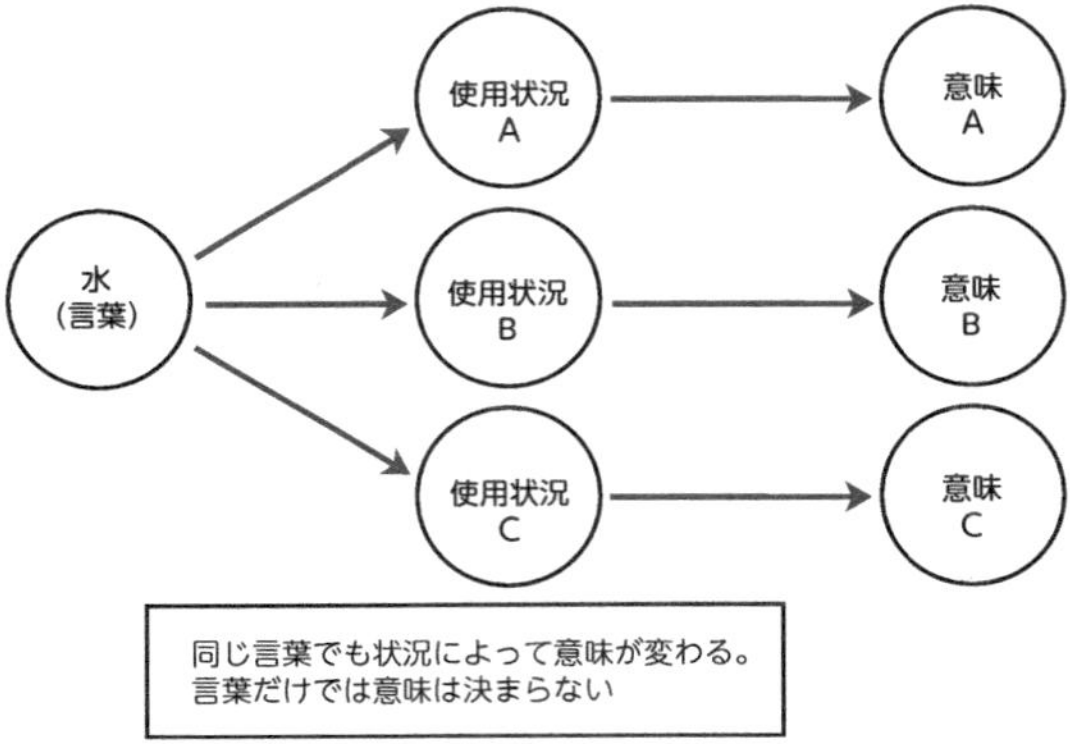

なぜなら、後期ウィトゲンシュタインが言うように、「水」という言葉はそれ単体で意味を持つのではなく、使用する側の状況によって意味が決定されるものであるからだ（上の図参照）。

さてさて、「言葉⇩使用状況⇩意味」という関係性は理解できたと思う。では、その関係性自体はどうやって決まるのだろうか？

ウィトゲンシュタインは、それについて「特に根拠があって決まるのではなく、それぞれの文化圏で、たまたま偶然的に決まるだけ」だと説明する。

それはまぁ、そうだろう。たとえば、さっきの、砂漠の真ん中で苦しそうに「水！」と言った場合、すなわち、

「（言葉）水⇩（使用状況）砂漠で苦しそうに言う⇩（意味）水が飲みたい」

という関係性の場合であるが、実のところ、この関係性に根拠は何ひとつない。それはたまたま、話し手が「こういうシチュエーションで、こう言ったら普通こうだよね」的な「お約束（慣習的ルール）」を持った文化圏で暮らしていたから、そういう言葉を発しただけのことであり、聞き手も同じような文化圏で暮らしていたから、それが伝わっただけのことである。

じゃあ、もしも、こんな文化圏の人が聞いたらどうだろう。

「知識欲が満たされないと苦しくて死んじゃうよね。だから、苦しみながら、固有名詞を言うときってそれについて知りたいときだよね」

きっと、この人にはさっきの言葉は通じない。

「み……水……」

「オッケー、水について知りたいんだね。水ってのは、化学式で書くとH_2Oで……」

もちろん、この人が悪いわけではない。たまたま、まったく違う文化圏で、「言葉⇩使用状況⇩意味」の関係性が違っていたから通じなかったにすぎない。

つまり、「同じ言葉」「同じ状況」であったとしても、「同じ意味」になるとは限らず、どんな意味になるかは、その人がどんな「お約束（慣習的ルール）」の文化圏に暮らしているかによって変わってしまうのである。

このことは、先に述べた「アゴをこする」という仕草のことを思い出してもらえば、よりはっきりと理解できるだろう。相手の顔を見ながら、「アゴをこする」という仕草は、ウィトゲンシュタインが暮らしている文化圏では、相手を侮辱する意味を持っていたわけだが、当然、そのような意味を持たない文化圏だってある。つまり、「アゴをこする⇩侮辱」という意味づけは、絶対にそうでなくてはならないという根拠があるわけではなく、「その地域の人たちが、たまたま慣習的にそういう意味づけを行っていたから、そうなっている」だけにすぎないのである。

さて、ここまでの話をまとめると次のようになる。

（1）言葉の意味は、使用状況によって決まる。
（2）しかし、その「言葉、使用状況、意味」の関係に、必ずこうしなければならないという根拠はない。
（3）言葉の意味とは、それぞれの地域（文化圏）の人々が、日常生活を営んでいるうちに、偶然的に、たまたま、適当に決まっただけの慣習的なものである。

以上のとおりだが、ウィトゲンシュタインは、こうした言語の特徴（構造）を「言語ゲーム」という用語を使って、さらに深く切り込んでいく。

言語ゲームとは何か

言語ゲーム、それはその名のとおり、「言語とはゲームのようなものである」というウィトゲンシュタイン独特の言語観を示す哲学用語である。

言語が「ゲーム」とはどういうことか。その前に、まずそもそも「ゲーム」とは何かというと、それは「一定のルールの集まり」だと考えることができる。

たとえば、野球というゲームを例題にあげてみよう。知ってのとおり、野球にはさまざまなルールがある。打ったら一塁に走るんだよとか、ホームインしたら一点入るんだよとか、三回空振りしたらアウトだよとか。そういうルールがたくさん集まって、野球というゲームが成立しているわけである。

しかしだ、それらのルールに何か根拠があるのかと問われると答えるのは難しい。

「打ったあと、なぜ一塁へ走るんですか？　三塁に走ってもいいじゃないですか？」

そんなこと言われても困ってしまう。そういうのは「ルールだから」としか言いようがない。それでも、「ねぇ、なんで？　なんでそうなの？」としつこく問われたら、「うるせえ！　ルールだって言ってるだろ！　このゲームに参加したいんだったら、黙ってこのルールを守れ！」と言うしかないだろう。

つまり、ゲームというものは、複数のルールからできているが、それらのルールには「そうでなくてはならない根拠」というものは存在せず、言ってしまえば、ゲームとは「偶然的に、たまたま、そうなっただけのルールの集合によって成り立っているだけのもの」なのである。

その点について言語も同じだとウィトゲンシュタインは言う。

言語にも、たくさんのルールがある。「リ・ン・ゴ」という音声記号が、原則として「現実世界のリンゴ」を指し示すものだというのは、同じ文化圏に暮らす人々の間にある約束事（ルール）だし、お腹を押さえながら「リ・ン・ゴ」と発すれば、それは腹が減ったからリンゴを食わせろという意味になるのも、ひとつの約束事（ルール）である。そして、それらのルールにそうでなくてはならない根拠はないし、実際に、別の文化圏ではまったく違う意味になって通じなかったりする。

つまり、言語も、ゲーム同様、「偶然的に、たまたま、そうなっただけの無根拠なルールの集合として成り立っている」のであり、僕たちはそういうルールに乗っかって意味のやり取りをしているのである。

さてさて、言語が無根拠なルールの集まり、ゲームみたいなものだったとして、だからどうしたと言うのだろうか？

ここから、ウィトゲンシュタインはあまりにも「極端」な、とんでもない結論を導き出す。それは、次のようなものだ。

「というわけで、言語はゲームみたいに、何の根拠もないルールからでき上がっているわけだが、そうすると、今までの哲学が一生懸命考えてきた『真理とは何か』『善とは何か』とかも、すべて何の根拠もないルールの枠組みの中で考えられてきたことになる。てことは、それらの主張って、全部ただのゲームのお遊び……、くだらないナンセンスなおしゃべりだったってことになるんじゃないの（笑）」

ちょっと整理してみよう。

（1）まず、大前提として、人間の思考は言語的に行われているものとする。つまり、「思考＝言語」であるという前提だ。

（2）しかし、言語の正体が、何の根拠もないルールの集合であり、「言葉の意味」がこの無根拠なルールによって決まっているとしたら……、人間はどんなに言葉を重ねて「答え（意味）」を導き出そうと、それは、あくまでも、「その無根拠なルールの中において導き出された答え（意味）」にすぎなくなる。

（3）したがって、言語がそうである以上、人間はどんなに思索を重ねても、普遍的で客観的な答え（意味）にたどり着くことはできない。

だから、言葉に言葉を重ねて、ゴニョゴニョ言ってきた今までの哲学は全部ダメなんだよという話になるのだが、まだちょっと難しいかもしれない。では、この話をさっきの野球でたとえてみよう。

たとえば、こんな命題があったとする。

「バットでボールを打ったあと、一塁に走った。はたして、この行動は正しいか？」

単純に野球のルールに照らし合わせれば、この命題は、「正しい」が答えになるだろう。しかし、その答えについて、「それは普遍的で客観的な、本当に間違いのない答えですか？」と詰め寄られたらどうだろう。

そこまで言われたら、こう言わざるをえなくなる。

「あくまでも、僕が知っている野球のルールの上では、『正しい』という答えになるってだけの話だよ。もし、三塁に走るというルールの野球があったとしたら、さっきの命題の答えは逆になるだろうね」

そこでさらに、こう聞かれたらどうだろうか。

「では、この『バットでボールを打ったあと、一塁に走った。この行動は正しいか？』という命題について、普遍的で客観的な答えを導き出すことは可能ですか？」

それについてはきっと、こう回答せざるをえないだろう。

「いいや、無理だ。どんなに議論したって、どんなに考えたって不可能だよ。だってそんなのゲーム次第でしょ？　どんなゲーム（ルール）の上で、その命題を解釈するかで『正しい』『正しくない』が決まるんだから……、その問いに普遍性や客観性を求めること自体がナンセンスだよ」

それは確かにそうだ。逆の立場で考えてみよう。突然、知らない国のやつがやってきて、

「うちの国のソキュウというゲームでは違う！　そもそも、ボールなんか打たないし！　だから、その命題は絶対に正しくない！」と言われたって、「何言ってんの」って感じだろう。そんなものは、おまえのところのルールがたまたまそうだから、たまたま正しくなかっただけの話だ。ようは、自作自演。彼の主張に、何の普遍性も客観性もないことは誰の目からも明らかであろう。

だが、困ったことに彼はそれに気づかない。普遍性も客観性もないというあなたの指摘に顔を真っ赤にして怒鳴りつけてくる。さらには、分厚い本、何百ページにもわたりびっしりと文字が並べられた本を取り出し、お説教すらしてくるしまつ。

「みろ、高名な○○先生も、こう書いてるだろ！　て言うか、この本読んだことあるのか？　基本の文献だぞ！　これを読んでもいないやつがこの命題について偉そうなことを言うな！」

いやいやいや。完全に的外れ。そういう問題ではない。その本がどんなに基本だろうと偉大だろうと関係ない。そもそも「命題に普遍的で客観的な真偽を求めていること自体がすでに間違いで不可能」なのだ。

さてさて。ここまでくれば、わかってもらえただろうか。ようするに、ウィトゲンシュタインは、

「今たとえにあげた『ゲームの上での正しさを、普遍的な正しさだと思い込んで訴えてくる勘違い男』と『哲学者』は同じだよ」

と言ってしまったわけである。

そもそもとして言葉の意味が、「無根拠なルールの集合」すなわち「ゲーム」のようなもので決まっているのだとしたら、どのような命題であれ、その命題について「正しい」「正しくない」を訴えることはすべて不毛な行為だと言える。だって、そんなものは、どんなゲーム（ルール）を持ってくるかでいくらでもひっくり返せるからだ。だから、言葉に言葉を重ねることで普遍的で客観的な真偽を求めようという哲学の営み自体が、最初から間違いで不可能だったのである。

にもかかわらず、哲学者たちはそれができると信じて、言葉を重ね続けてきた。

全部ダメ！　全部勘違い！

つまり、ウィトゲンシュタインは、人類が二〇〇〇年以上もかけて必死に積み上げてきた膨大な哲学書の山を、

「言語ゲーム（笑）」

の一言ですべて台無しにしてしまったのである。

哲学を終わらせる哲学

ここで話を構造主義に戻そう。構造主義的に言えば、後期のウィトゲンシュタインは、

「言語は無根拠なルールによって成り立っている」

という構造を見つけ出したわけであるが、そのことは言い換えれば、

「言語のルール（意味づけ、文法規則）は文化圏ごとの慣習などから生じた、いわば偶然の産物にすぎない。したがって、言語は『必ずこういうルールにならなければならない』といった、決まりきった普遍的構造を持たない……というのが言語の普遍的構造だ！」

ということであり、まったくもって皮肉な結論をウィトゲンシュタインは見いだしたと言える。

そして、この発見以降、哲学の世界は混迷の時代を迎えることになる。すなわち、善や正義や真理について、何かを語り、何万文字にもわたる大著を発表しようと、「言語ゲー

ム（笑）」の一言で一蹴されるかもしれない時代がきたのだ。結局、後期のウィトゲンシュタインも、哲学を終わらせる哲学を生み出してしまったのである。

タカシ「言語ゲーム（笑）。正義も、真理も、何が正しいかも、結局はゲーム次第だろ。そんなことも気づかずに言葉を重ねて普遍的な答えを求めてきた哲学者どもってバカばっかりだな（笑）」

カーチャン「ん？ ゲームの話かい？ それでタカシは、どんなゲームで遊びたいんだい？ どんなゲームが一番面白いと思うんだい？」

第五章

ポスト構造主義の哲学

デリダ

Jacques Derrida

「西洋、東洋、未開を問わず、とにかく全部並べてみて、そこから『普遍的な構造』を見つけだすことで物事の本質を把握しよう」という構造主義は、様々なジャンルの識者たちを魅了し、世界に一大ブームを巻き起こした。

しかし、ブームは去るもの。結局、構造主義は、以下のふたつを理由として少しずつ廃《すた》れていくことになる。

【理由1】言語の構造を分析したら、面白いものが出てくるどころか構造主義（を含む従来の哲学）が破綻しちゃった。

当初、構造主義は「言語を分析して、その構造を見つけだせば何か画期的なことがわかるのではないか？　人間の言語（思考）の本質に迫れるのではないか？」という感じで期待が寄せられていたわけだが、結果は前章で述べたとおり……。

「言語は無根拠なルール（それぞれの文化圏の社会的慣習）によって成り立っており、その言語をどんなに駆使したところで『普遍的な答え（異なる慣習を持つ別社会の人々にも通じる共通の答え）』を導くことは不可能」

というあんまり面白くないネガティブな結果が出てしまった。

この結果を真に受けるなら、哲学者という人種はみんなお払い箱になる。なぜなら、「言葉（思考）を駆使して、物事の裏に隠された普遍的な答え（真理、構造）を見いだそう」というのが哲学者のお仕事であるからだ。それが不可能だと言われたらもうどうしようもない。

つまり、構造主義による言語分析は期待外れ。構造主義（を含む従来の哲学）を発展させるどころか、「そんなもの追い求めても無駄だよ」的なミモフタモナイ分析結果が導き出されてしまったのである。

【理由2】何を構造として見いだすかなんて、そんなのお前のさじ加減しだいじゃん、ということがわかってきた。

古今東西の物事を並べて、そこから普遍的な構造を見いだそうという構造主義は、確かに実用的な思考法だと言える。だが、その見いだした構造の正当性、妥当性はどのように保証されるのだろうか？

この疑問を、もう少し端的に言ってみよう。

「構造主義者が見いだした構造って、ただの思い込みのデタラメなんじゃねーの？　違うっていうなら今すぐ証明してみろよ、ほらほら」

さぁ、この懐疑に対して構造主義はどう回答するのだろうか？

結論をはっきり言うなら、答えは「証明できません」だ。残念なことに、構造主義は先のような意地悪な質問について有効な答えを持たない。つまり、構造主義は「デタラメなんじゃないの？」というツッコミに対して「はい、デタラメかもしれません」という弱気なことしか言えないのである。

なぜなのか？　その原因は、そもそも構造主義というアプローチが構造の取り出し方についての「お手本」となるような正しい方法を持っていないことにある。

お手本がないと何がマズいのか？　それは逆に考えてみればよくわかる。たとえば、仮に、構造主義が「構造を取り出すための正しい方法（お手本）」を持っていたとしてみよう。この場合、古今東西の○○を並べてみたときに、そのお手本に従うことで、Aさんも、Bさんも、同じ構造を取り出すことができる。構造の取り出し方について、やり方（お手本）がひとつに決まっているのだからそれは当然だ。そして、そんなふうに誰が分析しても同じ構造が得られるとき、構造主義者たちは「これが〇〇の『普遍的構造』です！　間違いありません！」と自信を持って言えるわけである。

しかし、現実にはそういったお手本は存在しない……。すると、どうなるか？　お手本がないのだから、AさんはAさんのやり方で、Bさんはさんのやり方で、すなわち、人それぞれのさじ加減で、適当に構造を抽出するしかない。そうすると、結局、個人のセンスの問題となるのだから、構造主義は次のようにしか言えなくなってしまう。

「古今東西の〇〇を並べて分析した結果、これこれこういう『普遍的構造』が見いだせました。と言っても、それは『なんとなく僕がそう思っているだけ』の話でデタラメかもしれないですけど……」

構造主義が出はじめの頃はそれでもよかった。たとえば、古今東西の「神話」を並べて、そこから何らかの共通点を見いだし、「これこれが神話の普遍的構造です！　人類の原初の物語には、場所によらず、こんな普遍的構造が隠されていたのです！」と誰かが最初に発表したときは、それだけで新鮮で衝撃的であり、それゆえにみなが拍手喝采でその説を受け入れることができた。でもだ。その後、時間が経って「なるほど、それは面白いやり方だ、それじゃあオレたちもやってみよう」と一〇〇人くらい学者がやってきて、それぞれが勝手に構造を見いだして論文を書きはじめたらどうなるか。何に着目して、何を共通点とするかなんて、個人個人のさじ加減。当然、一〇〇通りの論文が作り出されることになる。

「こういう場面では必ずこういう動物が登場するから、神話にはこんな構造があると思いまーす！」

「登場人物の男女比から、こんな構造があると思いまーす！」

こうなったらもう収拾がつかない。いったいどれが本当に正しい論文なのか。全部正しいというのは、さすがにありえないし、一〇〇もあれば互いに矛盾した論文だってあるだろう。

じゃあ、これらの論文の中から、「正しく構造を取り出せたもの」と「ただの個人の思い込み」を選別するにはどうすればよいのか。それを問いたいところだが、そんなの無理。だって、「構造を取り出すための正しい方法（お手本）」を誰も知らないし、わかっていないのだから、どうしようもない。

さぁ、困ったことになった。物事の本質を明らかにする方法論として持ち込まれたはずの構造主義が、時間が経つにつれて、だんだんわけのわからない事態を生み出していく。

「これが〇〇の構造（本質）です！」

「いやいや、これこそが○○の構造（本質）です！」
「いやいやいや、これこそが○○の構造（本質）です！」
「いやいやいやいや、これこそが……」

決まりきったお手本がないために、個人個人が好き勝手に見いだしてゆき、際限なくあふれていく構造……。構造A、構造B、構造C、……構造Z。いったいどれが対象の本質を言い当てたものなのか。とりあえず、ひとつはっきりしていることは、それらすべての構造には、隅っこのほうに次のような注意書きが小さく書かれていることだ。

「※個人の感想です」

いやいや、それじゃあダメだろう。そんな注意書きのついた説をいくら集めたところで、学問にはなりえないし、物事の本質にたどり着けるわけもない。
もちろん、そうすると「じゃあ、お手本さえ見つければいいんじゃないの？」と言いたくなるところだが……、残念ながら、「そういうお手本（構造を見いだすための正しい方法）はない」とウィトゲンシュタインがはっきりと否定してしまっている。

ウィトゲンシュタインのパラドックス

以下は、ウィトゲンシュタインが考案した「ウィトゲンシュタインのパラドックス」と呼ばれる有名な話である。ちょっと次の数列を見てほしい。

1、3、5、7、9、11、13、□

さて、ここに、1からはじまる数字の集まりがあるわけだが、この数列はどんな規則性を持っており最後の□にはどんな数字が入るだろうか? 普通に考えれば、「これは奇数の数列で、最後の□には15が入る」と言いたいところである。だって、どう見ても奇数ばっかりの数列だし、13の次にくる奇数は15だからだ。

しかし、それは不正解。正解は、14である。なぜかと言うと、実はこの数列は、「晴れの日は奇数、雨の日は偶数を書く」という規則性によって生み出されたものであったからだ。つまり、七日間、晴れだったので奇数が続いたが、八日目に雨が降ったので八番目は偶数になったということ。だから、ハズレ。

ずるいと思うかもしれない。でも、本当にそうなのだから仕方がない。そもそも、七個奇数が続いたからって、これが奇数の数列であり、八個目も奇数がくるというのは、単純に思い込み以外のなにものでもないのだ。

ささて、この逸話（たとえ話）でウィトゲンシュタインが言いたいことは次のとおりである。

「何かを並べてみたところで、確実に正しい規則性なんて見つけられないよ（笑）」

つまり、数字を並べてみて奇数が七回続こうが、百回続こうが、一億回続こうが、「この数列には奇数という規則性がある。だから、次の数字も奇数だ。これは確実に正しい」などと言うことはできないということ。「何かを並べてそこに共通する何か（規則性）を見つけだす」というやり方では、確実な知識を得ることは決してできないのだ。

「人間は複数の対象を比較することによって、そこから確実な規則性を取り出すことはできない」

およそ子供じみた揚げ足取りみたいな幼稚な論法から導き出されたウィトゲンシュタインの主張であるが、とにかくこのパラドックスを踏まえて考えるなら、構造主義の立場はかなり危ういものとなる。

だって、古今東西の物事を並べて、そこから何らかの規則性、構造を見つけだしたところで、それは決して確実なものにはならないということになるからだ。つまり「構造主義を用いて物事の構造（本質）を知ることは不可能」、もっとはっきり言えば、「構造主義は役立たず」ということ。

ブームのときはよかった。が、哲学としての新鮮さが薄れてブームが去った後は、多くの人たちがそうした問題に気づき、構造主義の熱は一気に冷めていったのである。

ポスト構造主義

さて、以上までが、構造主義が廃れてしまったことの理由になるわけだが、では次の時代はいったいどんな「○○主義」が現れたのだろうか？　この次は、「ポスト構造主義」と呼ばれる哲学が現れ、それが主流となる時代がはじまる。

ちなみに、ここで「ポスト」という言葉が出てきたが、これは「次の」という意味である。したがって、「ポスト構造主義」とは「構造主義の次の哲学」という意味になる。

……あれ？　いやいや、ちょっと待ってほしい。それだと言葉として内容がないじゃないか。これではまるで、「構造主義の次は何ですか？」という質問に対して、「はい、構造主義の次です」という答えが返ってきたようなものである。結局、「構造主義の次（ポスト構造主義）」とはいったいどんな哲学のことなのだろうか。

だが、実のところ、この「ポスト構造主義」という「内容のない」呼び方はとても正しい。なぜなら、構造主義以降、人類はブームとなるような「これ！」といった哲学（主義）を生み出せなかったからだ。

もちろん、構造主義以降も哲学者はいた。星の数ほどいた。しかし、それぞれが、専門的で、狭い領域の、難解で雑多な論を唱えるばかりで、一大ブームを巻き起こし世界の方向性を決定づけるような大哲学は現れなかったのである。

そのため、「実存主義」や「構造主義」のような、方向性がはっきりとわかる呼び方はせず、「構造主義の次」という「曖昧な呼ばれ方」をされるようになったわけであるが、ちなみに、「現代（現在）」は、まさにこの「ポスト構造主義」の時代である。つまり、僕たちは、世界を席巻するような大哲学がない時代に生きているのである。

とはいえ、「ポスト構造主義（構造主義の次）」ではピンとこないので、無理やりにでも「〇〇主義」という言い方で表現してみよう。構造主義が終わった後の時代、すなわち、「現代」に生まれた様々な哲学たちをざっくり強引に一括りにすると、だいたい次のような主義になる。


「真理批判主義」

おっと、これはとても皮肉な主義だ。だって、そもそも哲学とは、物事（世界）から真理（本質、構造）を探し出す学問であるからだ。その真理の存在を批判するということは、今までの哲学の営みを完全否定するようなものである。

その意味では、「真理批判主義」はこう言い替えてもよいかもしれない。

「反哲学主義」

さぁ、なんだか変なことになってきた。今までさんざん哲学の歴史を追いかけて、やっと僕たちが生きる時代、「現代」にまでたどり着いたのに、その現代はなんと「哲学そのものを否定する時代」だったのだ。

そんな反哲学主義（ポスト構造主義）の時代において、もっとも代表的な哲学者がデリダである。

反哲学の出現

そもそも、なぜ反哲学（真理批判）なんてものが出てきたのか？　単純に言ってしまえば、真理を追い求めるのにみんながもう「うんざり」したからだ。

哲学史をひもとけばわかるように、人類は、古代の昔から真理というものをずっと追い求めてきた。真理とはすなわち、石とか山とか目に見えるモノ以上のもの……、たとえば、絶対的な正しさ、法則、構造、本質、意味、価値などといったもの……、いわゆる、目に見えない「何か」のことだ。人間は、そういった「目に見えない何か」を手に入れようと躍起になって生きてきたわけである。

実際、科学だってそうだ。目に見える現象を目に見えるままに捉えず、それ以上のもの（真理）を追い求めたからこそ、ここまで発展したと言える。

「リンゴが落ちたね」

「ミカンだとどう落ちるの？　落ちる速度はどうやって決まるの？　すべての落下に共通する普遍的な法則はあるの？」

「Aがある」⇩「Aだね」ではなく、「Aが起きることについて、何らかの普遍的な法則（本質）が隠されているんじゃないか？」と問いかける行為。世界に何らかの「未知の秘密」「普遍的な法則」があると信じ、それを探り出そうという営み。哲学、科学のみならず、すべての学問は、そうした行い――目に見える物事から目に見えない真理（本質、法則）を見いだすこと――によって成立しているのである。

しかし、残念なことに、その真理を追い求める営みは失敗に終わってしまった。前述のとおり、最新最強の哲学、構造主義が破綻してしまったからだ。

また、人類が文明を崩壊させるほどの凶悪な兵器を持ってしまったことも真理探究の終焉に深く関係しているだろう。いまや世界は真理（唯一正しいもの、真の宗教、理想の政治思想）を求めて争おうものなら、それだけで致命傷。凶悪な兵器による戦争で地球がメチャクチャになってしまう状況なのだ。

だから、昔と違って、ケンカしてでも意見をぶつけ合おうなんてスタイルはもはやナンセンス。そこで、次のようなヌルい考え方が世界（知識人たち）の主流となる。

「お互いの立場を尊重しましょう」

「多様性を大事にしましょう」

こうなるともうダメ。真理を求めること自体がはばかられるようになり、真理への情熱も薄れていく。でも、真理を求めて破滅するよりはどう考えてもマシだろう。現代にソクラテスは不要。各国の代表が集まる国際会議で突然立ち上がって、「真の神とは何か、みんなで話し合いましょう！」なんて言うやつは危険人物として排除されるべきなのだ。

さぁ、ここまで時代背景がそろったら、あとはもう、こんな極端で幼稚なことを言う人間が現れるのを待つだけである。

「だったらもう真理を求めるのなんかやめちまおうぜ（笑）」

ちょっと前の時代なら考えられないことを平気で言ってのける人間……、新時代の哲学者……。フランス領アルジェリアのデリダは、そうした時代背景の中で現れた、次なる最新最強の哲学者である。

デリダの難解さ

ちなみに、私（著者）は、デリダが苦手である。なぜなら、彼の本が死ぬほど読みにくいからだ。

ただし、誤解のないように言っておくと、これは著者個人の意見ではない。デリダと言えば難解、難解と言えばデリダと言うぐらい、デリダの文章は難解で有名である。通常、どの哲学者の著作も難解でハードルが高いわけだが、そんな本を読んでる人たちですら「デリダは難解だ」と言っているわけだから推して知るべしであろう。

もっとも、「デリダが難解」なのには、実はちゃんとした理由がある。そもそも、デリダがなぜ難解だと言われているかと言うと、それは、彼が、わざと意味が明らかにならないようにして文章を書いているからだ。つまり、普通は、読み手に意味が伝わるように努力して文章を書くところを、デリダはその逆で、読み手に意味が伝わらないように努力して文章を書いているということだ。いやいや、それじゃあ、難解で当然だろう。たとえば、デリダが書いた文章はこんな感じだ。

「『数たち』は幾度か、自らを迂回の運動と定義している。したがって、あなた方が『数たち』について語りえたあらゆる言説がそこには含まれている。そのような言説の過剰はあらかじめ決まっていて、予期されていた。それゆえ、『数たち』は自分自身によって自らを再標記している。10はXIを含んでいる。その未完成＝半過去はあなた方の前未来を超えている」（ジャック・デリダ『散種』藤本一勇・立花史・郷原佳以訳、法政大学出版局）

もういい加減にしてくれ、という文章だが、実際、デリダの本はどのページを開いても万事この調子である。もちろん、それでも頑張って解読してみようじゃないかと思う人もいるかもしれない。高い壁ほど乗り越えたときは気持ちいい。その理屈で言えば、デリダの本ほど挑戦しがいのあるものはないだろう。

だが、腹立たしいことに、デリダ自身が「この本は解読不能です」と本の中で言っていたりする。書いている本人が伝える気がないものを、労力をかけて読んだところで理解できるわけがない。デリダの本は、一定の哲学的価値がありながらも読む気をなくすこと、このうえないのである。

では、デリダは、なぜわざわざそんな文章を書くのだろうか？　それは、デリダが次のような哲学を主張していることに由来する。

「誰かの書いた言葉に『真理（唯一の解釈、一意に決定される意味）』があるというのは思い込みだ。どんな言葉も特定可能な意味を持たない」

どういうことだろう？　ある文章があったとして、それが何らかの文法上のミスをしていない限り、その文章が持つ意味はひとつしかないはずだ。たとえば、「そこにリンゴがある」という文章の意味は、「そこにリンゴがある」という意味に決まっているじゃないか。

だが、デリダは違うと言う。たとえば、次のような文章を見てほしい。

「ルールに縛られてはいけない」

この文章の意味（解釈）はなんだろうか？　そんなのはもちろん、「ルールに縛られてはいけない」というそのままの意味に決まっていると思うだろう。だが、実はこの文章は、こんなふうに意味を引き出すこともできる。

「『ルールに縛られてはいけない』という、この言葉に従ったら、これまたルールに縛られたことになるよね（笑）。だから、『ルールに縛られてはいけない』を実行することは原理的に不可能。この言葉は、それを暗に皮肉っているんだよ」

つまりこういうこと。

「ルールに縛られてはいけない」
⇩（意味1）ルールに縛られてはいけない。
⇩（意味2）「ルールに縛られてはいけない」という自己矛盾を主張する人はおバカさん。ルールに縛られない、なんてことはありえない。

さぁ、どうだろう。同じ文章なのに、まったく違った意味が読みとれてしまった。いくぶん無理やりな気もするが、話としてはわかるだろう。一見単純で自明な言葉でも、裏を読めば書いてあることと真逆の意味が見つかることがある。

「どう見ても○○です。本当にありがとうございました」

素直に読めば感謝の言葉でも、読みようによってはイヤミの言葉に聞こえるということはありうるのだ。

ゆえに、デリダは、こう宣言する。

「どのような文章でも、その文章の反対の意味を取り出すことが可能である」

このデリダの主張に従うなら、何かの文章を読んで「この文章の意味はこうだ！」と決めてかかる人は、「読む」ということについて根本的な勘違いをしていると言える。文章を読んで「その意味をひとつに決める」ことは、そもそもとして「できない」のである。

だとするなら、文章とは、どう読めばいいのか？

そんなの簡単。文の意味がひとつに決まらない（その文章の正しい読み方がない）のだったら、各自がそれぞれ好き勝手に意味（解釈）を与えて読めばよいのだ。

もっとも、そんなことを言うと、こう異論を唱える人もいるかもしれない。

「いやいや、文章って、何らかの意図を持って誰かが書いたものなんでしょ？　だったら、その意図に従って読むべきなんじゃないの？」

それは至極当然の意見だ。あなただって、何らかの文章を書いてそれが自分の意図と違った読まれ方をしたら心外だろう。

だが、その妥当な異論をデリダはあっさりと却下してしまう。その却下の理由を、ものすごく簡単に述べるとしたらこういう話になる。

「いやいや、書いた人の意図なんか、どうやったって知ることなんてできないじゃん（笑）」

たとえば、あなたが何らかの文章を書き、その文章があなたの意図とは違う読まれ方をしてしまったとしよう。当然あなたはこう言いたい。

「いやいや、そういう意図で書いたんじゃないよ！　この文章は、そんな意味じゃなくて、これこれこういう意味だよ！」

でも、そう釈明したとしても、その「そういう意味じゃない、こういう意味だよ」も、やっぱり文章にすぎないのだ。人間は他人に直接、意図や意味を伝えることはできないのだから、結局のところ、文章（その気になれば、どうとでも読めてしまう記号の羅列）を送りあうしかない。だから、「文章は書き手の意図に従って読むべきである！」という反論は、実際には、実現不可能な空論なのである。

さてさて、そんなわけで、まとめるとデリダの主張は以下のふたつになる。

（1）文章の真の意味は知りようがない。文章を読んで真の意味を得られる（意味がひとつに決定される）というのは思い込みである。

（2）だから、みんな好き勝手に「意味（解釈）」を与えて、自由に読めばいいんだよ。

一見すると、アウトローであんまりな主張のように思えるかもしれないが、前述の構造主義の破綻を思い出してもらえば、なぜこのようなことを主張する哲学者（デリダ）が現れたのか理解できるのではなかろうか。文章を「物事」、意味を「構造」と読み替えてみよう。すると、実はこれはそのまま構造主義の破綻に対するひとつの解答になっている。

「物事を並べたって、真の構造（本質）なんか知りようがない。だいたい、そういう構造（本質）が物事に隠されていて、それを取り出せるという考え自体が思い込みなんだよ。だからもう、個人個人が好き勝手に、構造でも、本質でも、何でも自由に取り出していけばいいんだよ。レッツ、イージーゴー。気楽にやろうぜ！」

つまり、かの有名なデリダといえども、突然現れた奇才天才なのではなく、前時代の哲学（常識）の破綻に合わせて、つまり時代の要請によって登場した哲学者（新しい価値を提示する者）なのである。

ちなみに、ついでに言うと、デリダの本が難解だという世間一般の評価は、実は間違っている。実際、デリダ自身も「私を難解だと非難する人たちは、きちんと私の本を読んでいないだけである」と再三言っているが、この言はまったくもって正しい。そもそも「本が難解である」とは、その本の文章があまりに複雑すぎて、「作者の意図した意味が読みとれない、もしくは読みとりにくい」ときに使われるべき言葉である。しかし、もともとデリダの本は、作者の意図を読みとらせるために書かれた本ではない。だから、デリダの本を「難解（意図が読みとれない）」として文句をつけるのは的外れ。デリダの本は、読み手側で好き勝手に意味を与えて読むべき本なのだ。したがって、デリダの本に対して「難解」という評価は、本来、成立しないのである。

脱構築とは何か

さて結局、デリダの主張（固定的な真理があるという思い込みを捨てなさい）は、現代の人々——「構造主義に失望した者たち」「真理をめぐる争いにウンザリした者たち」——の心をガッチリと捉え、時代を代表する哲学（反哲学の旗手）の地位にまでのし上がっていくわけであるが、その彼の哲学は、一般的には「脱構築《だつこうちく》」という用語として知られている。

脱構築。現代哲学と言えば脱構築というぐらい超有名な哲学用語であるが、そうは言っても「脱構築」という単語はあまり聞き慣れないと思うので、わかりやすくこう言い換えてみよう。

「学問界の偉そうな年寄り連中が、ビルみたいなカチコチの理論を構築したがるけど、そういうのってもうウンザリだよね！　そういう構築の風潮から脱出しよう！」

つまり、「脱構築」とは、「構築はもうウンザリ、さぁ脱出しちゃおうよ！」みたいなスローガン的な言葉だと思ってもらえば理解しやすいだろうか。

だから、たぶん、「脱構築」という訳語をつくった人は、本来、こうすべきだったかもしれない。

「脱☆構築！」

さてさて、どんなスローガンでもそうであるように、そのスローガン自体にはたいして意味はない。たとえば、「構築ハンターイ！」と叫ぶだけのスローガンにたいした意味はないように、「脱☆構築！（構築からダッシュツよー！）」という言葉にもそれほど深い意味はない。では、なぜ、「構築からダッシュツよー！」程度のこの言葉が世界中に広まり、多くの人々の支持を集めたのか？

それは簡単。この言葉（スローガン）が、従来の学問（権威）に真っ向からケンカをふっかける内容を含んでおり、それが小気味よかったからだ。

そもそも、いわゆる学問とは、職人（専門家）たちが「頑強な理論」の構築にしのぎを削ってきた活動のことであると言える。もちろん、吹けば飛ぶような理論を作ったってしょうがないのだから、頑強な理論、すなわち、

「どんな反論にもどんな懐疑にも耐えられる、非の打ちどころのない唯一普遍の理論」

の構築を職人たちが目指すのは至極当然のことであろう。

だが、デリダはそれに「構築ハンターイ！　脱☆構築！」と叫ぶ。だって、完璧に非の打ちどころのない理論、唯一普遍の理論なんて絶対に作りようがないからだ。

そもそも物事の理論（解釈）は、決して固定的なものにはならない。ちょっと視点をずらして「読む」だけで千差万別の様々な理論（解釈）を生み出すことができるし、それらの理論のうちどれが正しい理論（解釈）かを選ぶこともできないのだ。

もっとも、そうは言いつつも……、実際には、どんな学問界にも定説（確実に正しいとされる理論）というものが存在する。たとえば、「この古典的名著は、このように解釈される」とか「〇〇現象はこのような理論で説明される」といった感じのものだ。

なぜあるのか？　それは、デリダに言わせれば、単にその狭い界隈で、一番権威を持った偉いヤツが勝手に「これが一番正しい理論だ！　異論は許さん！」とパワーゲームを仕掛けてきて、たまたま勝ったからにすぎない。

もちろん、その偉いヤツの気持ちもわかる。だって、彼はペーペーの頃からその道何十

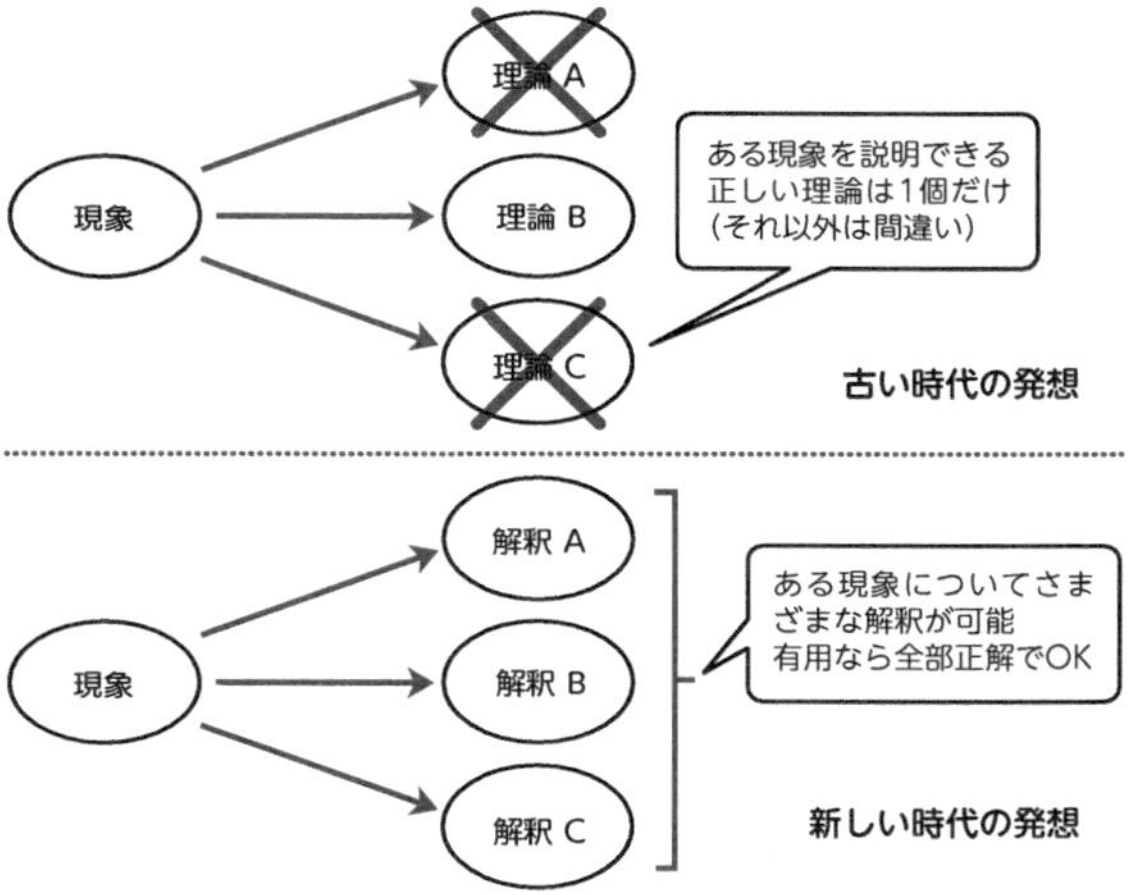

年で研究をしてきて、やっと「○○現象」を説明可能な「△△理論」の構築に成功したのだ。反例となる実験結果や観測データでも得られないかぎり、

「これこそが○○現象を正しく説明できる唯一の理論だ！」

と言いたくなる気持ちは人情として理解できるだろう。少なくとも、ぽっと出の若いやつに「○○現象は、僕が考えた『××理論』でも説明できますよー」なんて言われて、そう簡単に受け入れられるわけがない。そういう新理論の提案は、今現在、学会で正しいとして認められている「オレの△△理論（定説）」に不備や反証が見つかってから慎重に考えるべきなのだ。

しかし、デリダは、そういう発想が古いんだよと言う。つまり、「ある現象に対して、それを説明するための正しい理論が一個だけあって、一個しかない」というのはつまらない先入観にすぎず、後進の若者たちの柔軟な発想を奪う老害的な考え方だと、デリダは言うのである（前ページの図参照）。

ようするに、「頑強な理論」を構築し、その創設者として偉そうにしている学者先生の鼻をあかすようなことをデリダは言い放ったわけであるが、これはもちろん、第三者的には痛快。いいぞ、もっとやれやれと思うことだろう。

そして、まさに、デリダが掲げたこのスローガン――

「脱☆構築（唯一普遍の正しい理論や解釈なんてないんだから、どんどん視点をずらして新しい理論や解釈を積極的に生み出し続けて、理論や解釈がカチコチの構築物になっちゃうことから脱しよう！）」

に影響された若者たちによって、それまでカチコチに固まっていた学術の世界に一陣の風が巻き起こされることになる。

知のテロリスト

特にそれは文芸批評（文学研究）の世界で起こった。それまで文芸批評というものは、カチコチに固められた定説があり、他の解釈は決して許されるものではなかった。

たとえば、ここに「純愛の美しさをうたった超有名な歴史的名著」があったとしよう。はっきり言って、こういった大名著になると、それはもう小説というよりは研究対象。すなわち、それを書いた作家について、「生い立ち」「友人関係」「当時の社会状況」はては「プライベートな手紙の内容」にいたるまで、学者たちによって徹底的に調べ尽くされるのだ。そして、そうした研究成果に基づいて、その作家の文章が読まれるのである（たとえば、「このシーンのこのセリフは、著者の当時の状況と重ね合わせると、こう読み解くことができる」みたいな感じ）。

さてさて、そんなふうにして、とある名著について大研究（膨大な資料）が積み上げられてしまうと、若い人はそう簡単に、その本についての批評文（解釈）を書くわけにはいかなくなってしまう。だって、その研究成果と違うことを書いたら、偉い先生に不勉強だと怒られるからだ。

「いやいや、キミの読み方は浅くて、まったくなってないね。キミはもっと当時の社会や文化のことを勉強する必要があるよ。それを知っていれば、あのシーンでそんな読み方

（解釈）はできないはずだ。まずは、この本と……この本……、ついでに最新の研究成果が書かれているあの本も読みなさい」

そんな感じで、下手なことを書こうものなら、批評を書いた本よりも分厚い文献を何冊も渡されて再勉強を促されるわけである。

だが、デリダのスローガン「脱☆構築」に勇気づけられ、感化された若者たちは一味違う。そんな偉い先生のアドバイスを「解釈の押し付け」だとして拒否してしまうのだ。

「は？　別にいろいろな読み方があったっていいでしょ。だいたい、先生のその解釈だって、様々な解釈の中のひとつで、本当にあってるかどうかわかったものじゃないし（笑）。ていうか、先生もデリダを勉強したほうがいいんじゃないんですか？（笑）」

かくして、文芸批評の世界に革命が起こり、それまで綿密な研究によって読み方がカチコチに固まっていた「純愛の美しさをうたう歴史的名著」に新解釈がどんどん現れる。

「この本って、純愛の素晴らしさを強調するために、作中で何度も『不倫』を非難しているけど、そこまでしつこく非難するってことは、逆に不倫が魅力的だと言ってるわけだよね。だって、不倫がとるに足らない、つまらないものなら、わざわざ何度も非難しないでしょ？　というわけで、この本は、不倫の抗《あらが》いがたい魅力について語った本だったんだよ！」

「この本って、純愛を賛美して、不倫を非難してるけどさー。たまたま相手が記憶喪失で、実は結婚してたらどうするの？　不倫になるからやめちゃうの？　そんな外部要因で恋愛をやめちゃえるとしたら、それってぜんぜん純愛、真の愛じゃないよね。というわけで、この本は、ぜんぜん純愛について語っていない本だったんだよ！」

次から次へと現れる新解釈。ちなみに、脱構築に際して、デリダが推奨するオススメのやり方はこうだ。

（1）テキストの内部から批判せよ

ここでテキストとは単純に文章のことであるが、つまり、ある文章（テキスト）を批判するときに、まったく違った文章を持ってきて「外」から批判するのではなく、「なるほどね、あなたの文章は正しいよ、で、あなたの文章を素直に読むとこういうことになるよね」と「身内」のふりをしてまったく違った結論を導き出してやりましょうという話。

（2）テキストの前提となっている対立構図（二項対立）を見つけだし、解体せよ

どんな文章（主張）にも必ずなんらかの対立構図（二項対立）が隠されている。対立構

図とは、ようするに、善／悪、生／死のような相反する関係性のこと。たとえば、純愛を賛美する文章には、「純愛（善）／純愛以外の恋愛（悪）」といった対立構図が前提（思い込み）として隠されている。この前提を見つけだし、解体（逆の意味を読み取って元の主張を破壊）してやることで新しい読み方を作ってやりましょうという話（具体的な解体例としては、先に述べた「純愛の美しさをうたう歴史的名著は実は不倫の魅力を語っていたのだ」みたいな感じ）。

さて、脱構築の具体的なやり方は上記のとおりであるが、デリダ自身が脱構築について語った次の言葉を引用すると、よりはっきりとわかるだろう。

「かの哲学者の道を探査し、彼の駆け引きを理解し、彼の狡知と渡り合い、彼の手札を操作し、彼にその策略を展開させ、そして彼のテクストを我が物にしてしまうのである」（ジャック・デリダ『エクリチュールと差異』合田正人・谷口博史訳、法政大学出版局）

ちょっとずるいが、文章の読み方の曖昧さ（意味がひとつに限定できない）という欠点を逆に利用した賢いやり方だと言える。

ここでちょっと左の図Aを見てほしい。これはヘーゲルの弁証法であり、昔ながらの議論のやり方であるが、こんなふうに相手の文章（主張）の不備をつっついて、「お前は間違っている。本当に正しい文章（主張）はこれだ！」と相手を叩き潰しながら、より高みに上ろうとする議論では、最終的に大喧嘩や核戦争につながり人類が滅んでしまう。

一方、次ページの図Bは脱構築である。弁証法と違って対立するのではなく、味方のふりをしてどんどん違う意味を見つけだしてゆき、どんどん論を広げていこうというやり方であるが、真理をめぐって争うと全滅してしまう現代においては、もっとも適した新理論の構築方法であると言えよう。

ただし、残念ながら、この脱構築の理念（殺し合うことなく論を生み出し

〔図A　古い時代の議論（弁証法）〕

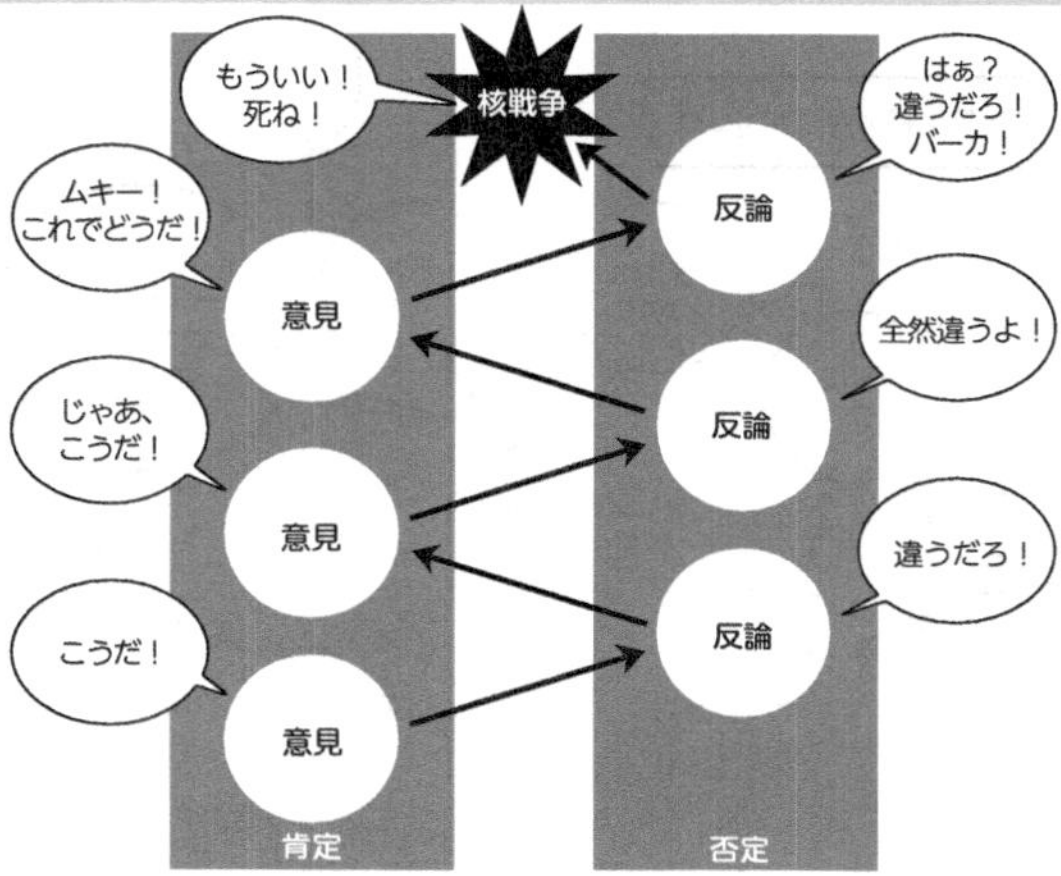

続けよう）は、デリダの想いに反して、まったくといっていいほど世間に伝わらなかった。世間の人々が脱構築という新概念に酔いしれ、脱構築しまくったのは、単純に気持ちよかったからだ。

「今まで偉そうにしてた定説と違うこと言うの気持ちええええ！」
「前提となる対立構図（二項対立）を暴き出して、論自体を台無しにするの気持ちえええええ！」

ちなみに言っておくと、この脱構築という考え方の元ネタは、ハイデガーという哲学者の「解体（destruction）」という用語にある。しかし、デリダは、その用語のままだと破壊的でネガティブな意味合いが強いので、わざわざ脱

〔図B　新しい時代の議論（脱構築）〕

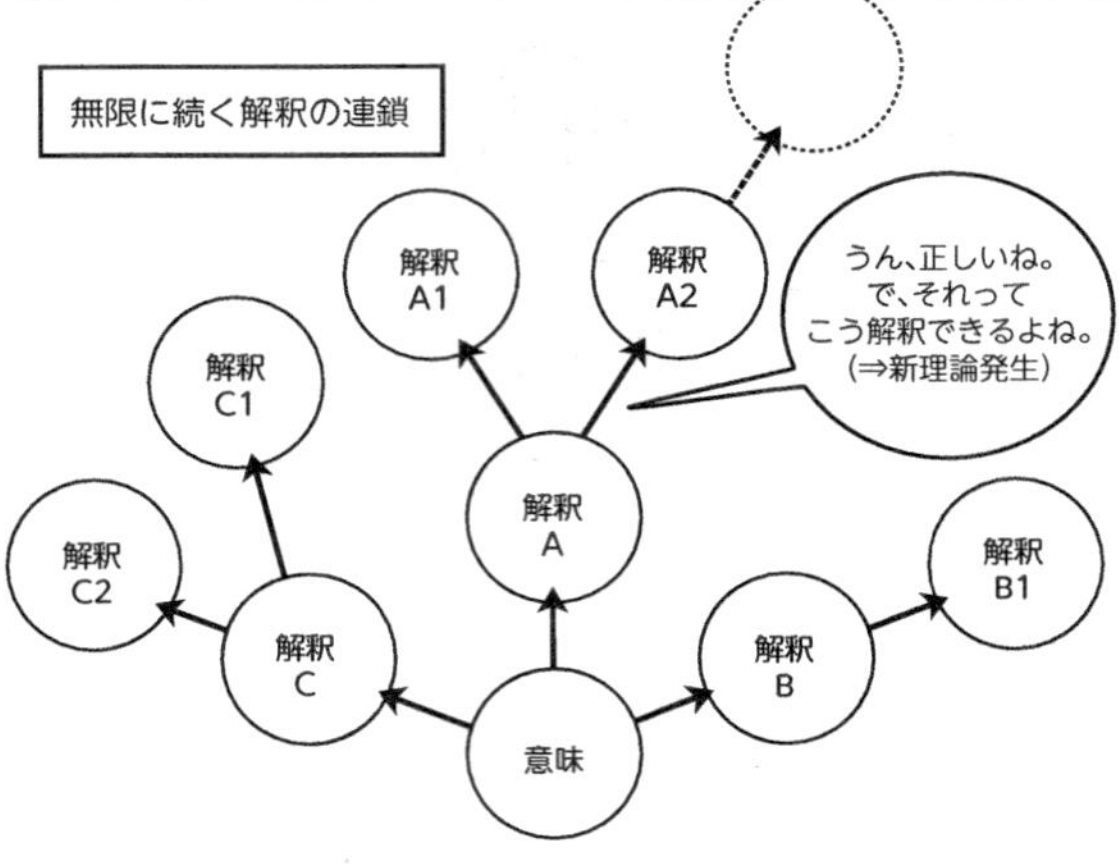

構築（構築を外す＝deconstruction）というちょっとでもポジティブに見える言い方に変えたわけである。だから、デリダ的には、「どうかみなさん、論を破壊するためだけに脱構築という手法を使わないでください」という想いを込めて、脱構築の概念を世に放ったわけなのだ。

が、皮肉なことに、脱構築自身が意味をずらされて世に広まってしまった。

結果、そびえ立つ頑強な高層マンションがあったら、そこに「構築ハンターイ！　脱☆構築！」の旗をもった連中がわらわら集まってきて、容赦なくがんがん破壊しまくるという異常事態が発生してしまう。彼らはなぜそんなことをするのか？　脱構築が素晴らしい概念だからか？　いやいや、単に気持ちいいから！

「デリダ先生の脱構築を免罪符に、人の論をこねくり回してぶち壊すのギモヂイイーーー！」

結局、デリダは、そうした破壊ブームの首謀者として知のテロリストという不本意な称号を引き受けることになり、ケンブリッジ大学の名誉博士号を授与する際には、著名な教授たちから反対の署名が大量に集まるといった騒動まで起こってしまう。

右記のような誤解もあり、デリダは不遇な人であったと言わざるをえないが、それでも、現代における新しいものの考え方を提示しようと最善を尽くした真の哲学者であったし、自らの哲学に殉じて誤解をとくためのわかりやすい本をいっさい書こうとしなかった彼の心意気は本当に立派であったと思う。

ボードリヤール

Jean Baudrillard

前述のとおり、デリダの哲学は、真理の破壊を推奨する主張であるかのように捉えられ、デリダの想いとはうらはらに、真理批判主義、反哲学主義の傾向が「現代」という時代を支配していくわけであるが、そういう真理（唯一普遍の正しいこと）を否定し、求めることを拒絶する時代は今後いったいどこへ向かっていくのだろうか？

今までの人類の歴史を振り返るなら、「○○主義」にそまった時代のあとは、その「○○（常識）」にウンザリした人たちによってそれを否定する「□□主義」が生み出され、その「□□主義」が主流となる新時代がはじまるというのが定番のパターンであった。だとするならば、現代（真理批判主義、反哲学主義）にウンザリした人々によって、次はまったく真逆の時代が作られそうなものである（たとえば、真理や哲学を賛美する時代とか……）。

しかし、

「そんなことは起こりません！　新しい主義を掲げる時代はもうやってきません！」
と、思いきりネガティブなこと、「哲学史の終焉」を宣言する者が現れる。フランスの哲学者ボードリヤールである。

破綻しない資本主義社会

「僕たちの時代（現代）は、もうこれ以上、新しい時代（別の主義が主流となる新しい社会）を作り出すことはできません！　実は、僕たちが今生きているこの社会こそが『最後の社会』であり、どんづまりなのです！」

といった感じの衝撃的な説。これをボードリヤールは唱えたわけであるが、いったいそれはどんな根拠からそう考えられるのだろうか。

まず、ボードリヤールは「資本主義社会（現代社会）は決して破綻しない自己完結したシステムである」と主張する。

ん？　どういうことだろう？　どうして資本主義社会は破綻しないのだろう？　そもそも、一昔前は「資本主義社会は、資本家と労働者の格差がどんどん広がっていって、必ず破綻する社会システムである」と言われていたではないか。そして、実際にその話を真に受けて、「じゃあ、資本主義社会にさっさと見切りをつけちゃおうぜ」と多くの人々が共産主義革命に身を投じていたではないか。なぜここにきて、突然、「資本主義社会は破綻しません！」などと言い出すのか。

ボードリヤールが主張する「資本主義社会が破綻しない理由」……。それは端的に言うと、こういうことになる。

「資本主義社会は、すでに『生産時代』を終えて『消費時代』に移っており、しかも記号を消費する時代になったから破綻しないのだ」

ふむふむ。まず、「生産時代を終えて、消費時代に移った」というところの理解については、それほど難しくないだろう。僕たちは、もはや生活必需品を必死に生産する時代に生きているのではなく、とにかく経済をぐるぐる回すためにどんどん新商品を作っては次々と消費していくという「消費時代（使い捨てを推奨する時代）」に生きている、という話は誰もが実感できることだと思う。だが、次の「記号を消費する」とはどういうことだろうか？

そもそも、記号とは、簡単に言うなら「相手に、何らかのイメージを喚起させるために作られた形（図形、マーク、サイン）」のことだと言える。だから、たとえば、「林檎」という文字の形（もしくは「リ・ン・ゴ」という音の波形、もしくはデフォルメされたリンゴのマーク）は、「相手にリンゴというイメージを喚起させることを目的として作られた記号」だと言うことができるわけである。

さて、それが記号の意味だとして、その記号を（経済的に）消費するとはいったいどういうことか。僕たちは、お金でモノを買って消費することはあっても、記号を買って消費した覚えはないように思える。

いやいや、それが実はあるのだ。僕たちは知ってか知らずか、実は、記号を買いまくっているのである。

といっても、いきなり「記号を買っている」と言われてもピンと来ないと思うので、もっとも身近な記号である「ブランド」を例にあげて説明してみよう。

消費される記号

たとえば、僕たちは、服やカバンを買うときの基準として、「ブランド」というものを気にしたりする。でも、この「ブランド」に、実のところ、何か実体があるわけではない。実際、仮に「X」という有名なブランドのカバンがあったとしても、別に他のカバンと違った機能があるわけではないだろう。

しかし、にもかかわらず、そういったブランドのカバンには、たいてい高い値段がつけられている。たとえば、他のカバンと比べて四〇倍以上の値段とか……。それはいったいなぜだろうか?

もちろん、ブランドのカバンが、他のカバンよりも「壊れにくい」「持ちやすい」などの優れた面を持っているのは確かだろう。でも、そんなものは、せいぜい二倍、三倍程度の話。少なくとも機能面(道具的価値)だけで言えば、四〇倍以上の値段がつくというのはどう考えても法外であろう(だって、四〇倍壊れにくいわけでも四〇倍持ちやすいわけでもないのだ)。ではなぜ、他とそれほど大差のないカバンなのに、ブランドのカバンは「通常の四〇倍以上」という値段設定が許されるのか?

それは、ブランドというものが「高級」「特別」「ウルトラレア」というイメージを所有者に与えてくれるからだと言える。だから、人々は、四〇倍以上ものお金を払い、ブランドのカバンを買うのである。が、それはもはや「カバンという道具(機能)にお金を払っている」と言うよりは、「高級、特別、ウルトラレアというイメージを与えてくれる記号(ブランドのマーク)にお金を払っている」と言った方が正しいだろう。

さぁ、このブランドの具体例で、なんとなくわかってきたのではないだろうか。つまり、ボードリヤールの言う「記号を消費する時代」とは、

「モノの道具的価値にお金を払うのではなく、ブランドなどに代表されるような、『高級感、特別感といった心地よいイメージを与えてくれるモノやサービス(記号)』にお金を

払って消費していく時代」

ということを意味しているわけである。

しかし、そうだとして、ではなぜその「記号（イメージを与えてくれるもの）を消費する社会」だと破綻しないのだろうか？

答えを先に言えば、

「消費される記号には実体がないため、無限に生産できるから」

になるのだが、ここは大事なポイントなので、きちんと順を追って説明していこう。

記号消費時代の到来

まず、前提として、社会を構成する僕たち人間を「欲望をもった生き物」であると定義する。欲望とは、単純に「お腹が空いたからご飯を食べたい」とか「寒いから服を着たい」といった感じのものだ。人間に限らず、あらゆる生物はこうした欲望を満たすために活動していると言える。

しかし、幸か不幸か、現代は技術力が向上しすぎて、いわゆる生物的な欲望がすべて満たせる時代になってしまった。ようするに、食べるものも、着るものも、簡単に手に入る社会ができあがってしまったというわけだ。

そうすると「欲望をもった生き物」としては、当然、次はこういう欲望が出てくる。

「より美味しいものを食べたい、より素敵な服を着たい」

つまり、すでに得ているモノに対して、「より」「さらに」という形で欲望するということだ。

しかし、残念ながらその欲望を満たすことはできない。なぜなら「より」「さらに」というのには限界（上限）があるからだ。

たとえば、冷蔵庫を考えてみてほしい。「いつでも冷たいものが飲みたい」「新鮮な食べ物が食べたい」という生物的欲望を満たしてくれる便利な道具であるわけだが、当然、冷蔵庫を持っていなければ「冷蔵庫ほしい！」と思うことだろう。しかし、今の時代はもう冷蔵庫を持っていて当たり前。「冷蔵庫ほしい！」という欲望はすでに満たされてしまっている。

そこで、「よりよい、さらなる冷蔵庫がほしい！」という形に欲望が変化せざるをえないわけだが、そう言われても困りもの。だって、さらなる冷蔵庫と言われても、そんなものを思い浮かべられないからだ。これ以上、よりよい冷蔵庫と言われても、そんなものは作りようがない。

さぁ、ここで登場するのが記号（イメージを与えてくれるもの）である。よりよい冷蔵庫は見たり触れたりできる実体があるが、記号にはそういった実体がない。実体がないものは、その気になればいくらでも作り出すことができる。

「二〇XX年最新モードの冷蔵庫！（ぶっちゃけ、いらないであろう）マイナスイオンで殺菌除菌などの最新機能が満載！」

「あの有名ブランドXがデザインした限定モデル！　今年は、シックな高級感あふれる黒で決まり！」

前に発売した冷蔵庫より、本質的な意味で進化した冷蔵庫を作り出すことは難しいが、ちょっとした付加機能をつけたり、モデルチェンジをしたりして、「前年よりよいものです、流行ってます、高級品です」的な記号をつけて新商品を作り出すことは可能であろう。

というより、冷蔵庫も洗濯機も車も服も、あらゆるモノがこれ以上、本質的な意味で進化することができなくなったので（改善しつくされたので）、もはや今の社会は、「買いたいと思わせる記号（実体のない印）」をつけた商品を次々と生産し、購買意欲を創出して経済活動を回していくしかないのである。

〔図式A　生産社会〕

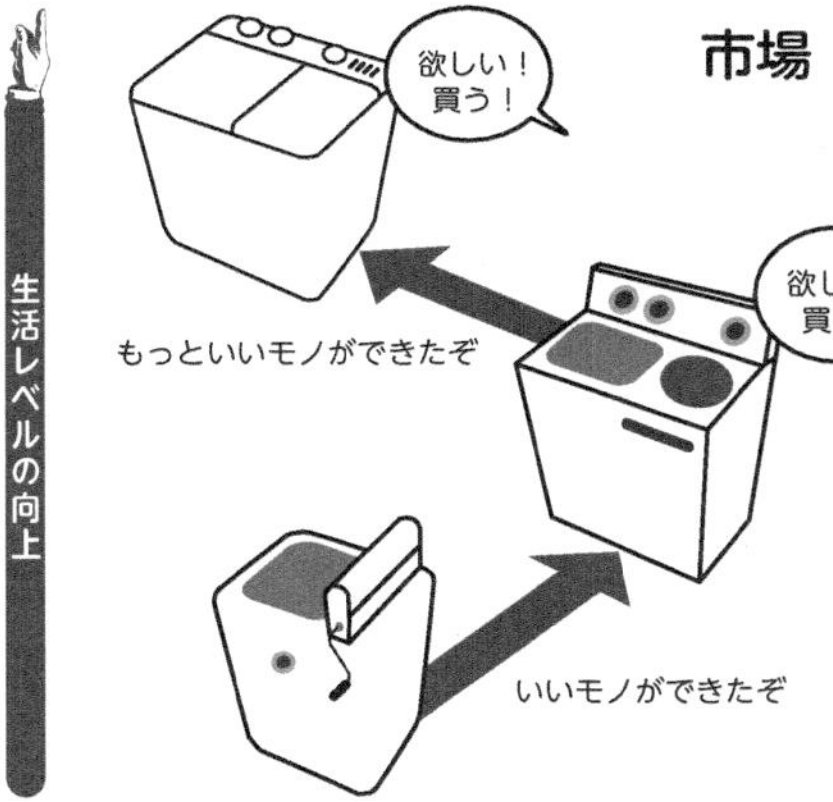
市場
欲しい！
買う！
欲しい！
買う！
もっといいモノができたぞ
いいモノができたぞ
生活レベルの向上

ここでちょっと上の図（図式A）を見てほしい。これはかつての古い時代の経済活動を図式化したものだ。

ようするに、

「いいモノができたぞ！　欲しい！　買う！」
「もっといいモノができたぞ！　欲しい！　買う！」
「もっともっといいモノができたぞ！　欲しい！　買う！」

という形で次々と商品が生産されるたびに、みんなが買っていくという図式である。

この経済活動の素晴らしいところは、単純に「経済が回る」だけではなく、「生産される商品の質がどんどん向上していく」ところにあるわけだが、この図式に従えば、人間は無限に豊かなライフスタイルを手に入れられそうなものである。

が、現実にはそうはならない。なぜなら、「よりよい商品」を生み出すことには限界があるからだ。

するとどうなるか？　もう、これ以上、よりよい商品（新しい商品）を作ることはできないのだから、普通に考えれば、前年と同じモノを生産し続ければよいということになるだろう。しかし、困ったことにそれでは経済は破綻してしまう……。

まず、同じ商品が生産されるのであれば、前に買った商品が壊れでもしないかぎり、新しい商品を買う理由はなくなる。だって、違いのない同じモノなのだから当然だ。結果、商品を買う人が少なくなり（消費が落ち込み）、商品を作る企業にお金が入ってこなくなってしまう。

すると当然、企業は雇う人を減らすわけだが、それはすなわち、一銭もお金が入ってこない無職（商品を買えない人）が増えることを意味する。

さぁ、こうなるともうダメ。負のスパイラルがはじまる。

「モノが売れないから、人を雇わない」⇩「人を雇わないから無職が増える」⇩「無職が増えるからモノが売れない」⇩「モノが売れないから……」

こうした連鎖によってどんどん無職が増えていき、ついには経済活動が成り立たなくなってしまうのである。

さて、今の話は、ようするに、「『よりよい商品をどんどん作ろう図式』では、いつか商品開発に煮詰まって経済が必ず破綻しちゃうよ」ということであったわけだが、しかし、現実には経済は破綻していない。よりよい商品を作ることに関して、僕たちの社会はすでに煮詰まっていそうなのにもかかわらず、少なくとも現時点においては、経済が破綻するほどの「負のスパイラル」は起きてはいないし、無職が延々と増え続けるという事態も起きてはいない。

なぜか？　その答えとして、ボードリヤールは新たな図式を提案する。次ページの図式を見てほしい。実は、僕たちが生きる経済社会（資本主義社会）は、かつては確かに図式A（生産社会）であり破綻の可能性があったが、いつの間にか、この図式B（記号消費社会）へと移行しており、それによって破綻を免《まぬか》れているのだと、ボードリヤールは言うのである。

その図式Bは、次のような経済システムだ。

まず、最初に「買いたい！」と思わせるような記号付きの商品（たとえば、ブランド、

〔図式B　記号消費社会〕

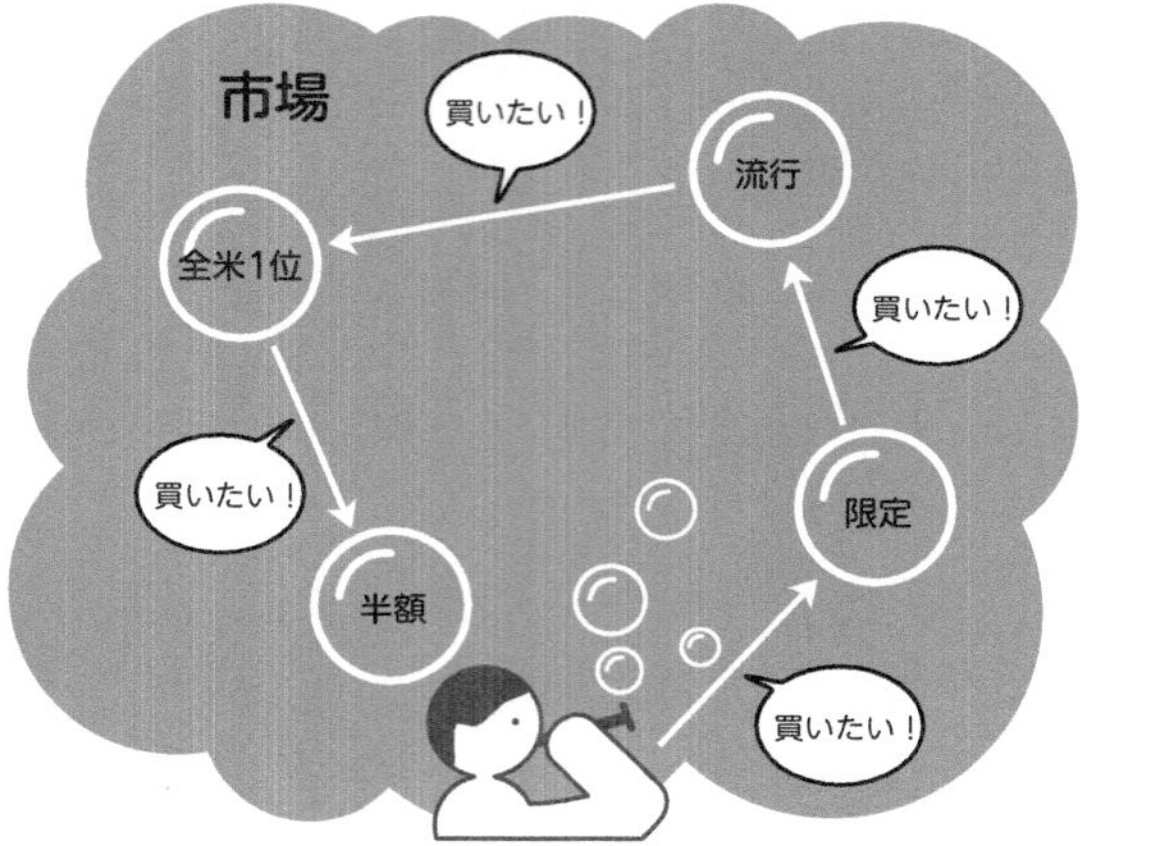

限定品、三〇％ＯＦＦ、全米が泣いた的な煽りのついた商品）が生産される。それは僕たちの欲望を刺激するので、「わあああ」とみんながそれを買いあさる。

そして、それがひととおり買われると、別の記号付きの商品が生産される。すると、また、それに向かって、みんなが「わあああ」と買いあさる。で、しばらくすると、また違う記号付きの商品が生産されて、またみんなが「わあああ」……といった感じの繰り返し。

つまり、次々と生み出される記号（流行、ブランド、欲望を刺激する何か）に向かって、みんなが買いあさっていくという経済システムであるわけだが、ここで一番重要なポイントは、「生み出される記号には実体がないから、その記号はいくらでも作り出せる」というところだ。

このことは、この経済システムが、破綻することなく（停止することなく）、無限に永遠に続けられることを意味する。

ちょっとたとえを変えてみよう。小学校の校庭があって、そこに暇をもて余してる小学生たちがいたとする。彼ら小学生は、落ち着きがなく「何かに夢中になって満足感を得たい」という欲望の塊であったので、先生は一計を案じ、彼らの暇つぶしのためにこんなことを言いはじめた。

「見ろ！　あそこに赤い旗がたっているぞ、あそこがゴールだ！　さぁ、一番は誰だ⁉」

その言葉に煽られた小学生たちはいっせいに「わあああ」とそこに向かって全力で走る。そして、「やった勝ったぞ」「うわーん、負け組だー」と、それぞれが喜んだり、悔しがったりして、時間を消費するわけだが、そうしてるうちにまた先生は、いつの間にか遠くに新しい旗を立てる。

「見ろ！　今度は、青いゴールができたぞ！　今までとは違うぞ、レアゴールだ！」

すると、またその煽りに小学生たちは興奮して、「わあああ」とゴールに向かって全力で走る。で、その間に、先生はまた別のところに新しい旗を……。

　こうして先生は見事、小学生たちの退屈を解消し、彼らが卒業するまでの間、楽しく夢中になれるゲームの提供に成功するのであった……。


　――とまぁ、そんな感じの「小学生たちの不毛なゴール遊び」。一見してわかるとおり、見せかけの旗を立てて、それに向かって走ってるだけなのだから、当然、この遊びは無限に続けることができる。

　もちろん、「無限にできる」は言いすぎだと思う人もいるかもしれない。こんなふうに同じことを繰り返していれば、さすがに小学生だって飽きてくるだろうし、この不毛なカラクリに気づく子だって出てくるんじゃないかと。

　心配ご無用。彼らが飽きたりカラクリに気づいたりする頃には、とっくに卒業して校庭（世界）からいなくなっているから大丈夫。そして、また別の新しい小学生が校庭にやってきて、同じように「わあああ」と走り回る遊びをはじめるのだ。

　つまり、結局、何年経とうが、何百年経とうが、校庭には同じ風景、同じゲームが永遠に繰り返され続けるのである。

　さてさて、この小学校の校庭のたとえ話……、もちろん、ボードリヤールの記号消費社会を模したものであるわけだが、結局のところ、僕たちが生きる現代社会とは、こういった感じの「不毛な遊び（どこにもたどり着かない、ただの暇つぶしのゲーム）」なのではないだろうか。ようするに、ボードリヤールが「記号消費」という言葉を使って言いたかったことは、つまりこういうことだ。

（1）実体のない、見せかけだけの記号（高級感、お得感など、欲望を刺激するイメージを生み出す何か）が付与された商品は、無限に生み出すことができる。

（2）でもしょせんは見せかけだけの商品なのだから、そんなものをいくら作ったところで（経済を回したところで）、社会は今のまんま、どんな未来にも到達しない。

（3）しかも、こうした経済活動の不毛さ、おかしさに気づく前に人間の寿命は尽きてしまう。だから、同じ経済活動が永遠に繰り返され、社会が変わることはありえない。

ちなみに、これらのことをもっと意地悪く言えばこうなるだろう。

「おまえらは、次々と生み出される有りもしない見せかけの記号（ゴール）に踊らされて、社会（校庭）という小さな枠の中を死ぬまで走り回ってるだけなんだよ！　そして、それが永遠に続き、おまえらは、もうそこから抜け出せないんだよ！」

記号消費社会の仕組み

でもだ、そんなに記号消費社会が不毛な繰り返しだと言うなら、その記号を生み出している誰かを排除するという案はどうだろうか。たとえば、「実体のない記号を提供している人（黒幕）」を抹殺すれば、この無限の営みは止まりそうな気がする。

いいや、それではダメ。なぜなら、その記号を生み出しているのは、実は、ほかでもない僕たち自身だからだ。

ちょっと想像してもらえばわかるだろう。僕たちは、なんらかの記号に興味を引かれ、それを手に入れるためにお金を手に入れようとするわけだが、それはようするに、あなた（もしくはあなたの親）が記号消費社会の中で働くということを意味する。

記号消費社会の中で働くということは、もちろん、記号を作り出すということ。

たとえば、あなたが、記号Aが欲しいのでどこかの会社で働いたとしよう。しかし、その会社で働くということは、結局のところ、「新たなる記号Bの生産に力を貸す」いうことにつながる。すると、今度はその記号Bに心を動かされた人がお金を得るために新たなる記号Cを作り出さなくてはならず……、さらにその記号Cに心を動かされた人が記号Dを作り出さなくてはならず……といった感じで記号生産の連鎖が発生する。きっと最終的には、巡り巡って、またあなたの番が回ってくるだろう。

もちろん、これは単純化した話で現実はもっと複雑だが、ともかく原理としては同じ話。

ようするに、「（自分の）欲望が（他者の）欲望を生み出す」ような形で、記号生産の輪廻は途切れることなく延々と無限に続くのである。

ちなみに、この話を例の「小学校の校庭」でたとえるなら、子供たち自身で見せかけの旗を作り出している状況に相当するだろう。つまり、「他の人の旗を得るには、自分で魅力的な旗を立てて人をたくさん集めなくてならない」という縛りルールを追加してゲームをやっているような感じだ。

「逆立ちしたキリンの旗を作ったよー、新しいよー」
「わあああ、ほしいー！」
「メタリックなパンダの旗を作ったよー、メタリックシリーズ最新作だよー」
「わあああ、ほしいー！」

他人の作った魅力的な旗を得るためには、自分でも必死に旗を作ってお友だちを呼び込まなくてはならないという自己完結した完璧な仕組み。ひとたびこうなってしまうと、もう特定の誰かが旗を作ってるわけではないから、このゲームを止めることはできない。どうしても止めたければ校庭にいる小学生全員をまるごと爆破するしかないだろう。

さて、今まで述べたことはようするに、

「記号を追いかける過程の中に、別の新しい記号を生み出す過程（労働）が含まれてしまっているため、記号が無限に生産され、記号消費社会は終わることなく続いていくよ」

ということであるが、では、こういう反論はどうだろう？

「いやいや、人間はそんなにバカじゃないよ。いつか、そういう経済活動（記号生産）に嫌気がさした人たちが現れて、この社会のあり方を変えようとするんじゃないかな。実際、今までの歴史だってそうやって進展してきたじゃないか」

なるほど、希望のあるポジティブな反論だ。つまり、

「でも、そのうち革命とか起きるんじゃね？」

という意見であるわけだが、確かに今までの歴史はそうやって進展してきたと言える。たとえば、「王様による専制政治」から「市民による民主政治」へ。これだって、「王様万歳」が常識の社会の中で、それに逆らう人々が現れて反社会的活動（革命）を行ったからこそ生み出された社会であるわけだ。

そして、今現在。僕たちの社会にも、反社会的な活動をしている人たちはたくさんいる。

だったら、彼らがいつか革命を起こして、今の記号消費社会を破壊し、新しい社会を生み出してくれるのではないだろうか？

ボードリヤールはそういった反社会的活動を行う人々についても言及しているが、残念ながら、そうした人々の活動が社会を変える可能性はまったくないと断言する。

「『反社会的活動』も、いまや記号消費社会システムにおいて消費される記号のひとつになってしまった。つまり、それらの活動は、システムを存続させるための部品にすぎず、もはやシステムを変える力を持たないのである」

どういうことか？

ここでちょっと、記号消費社会がどういうものだったか思い出してほしい。記号消費社会とは、ようするに、「欲望を刺激するような心地よいイメージ（記号）」を生産して本来そこに存在しなかったはずの「価値」を創出し、みんなを夢中にさせて死ぬまで忙しく経済活動に従事させるシステムのことを言う。「寿命が尽きるまで、イメージ（記号）に夢中にさせてしまう」という点においては、記号とは一種の麻薬であり、記号消費社会は麻薬中毒患者を生み出すシステムのことだと言ってもよいだろう。

さて、ボードリヤールは、反社会的活動がその記号消費社会の一部であり、記号のひとつだと言っている。つまり、反社会的活動も、「人々を夢中にさせて、忙しく経済活動に従事させるための記号（心地よい麻薬的イメージ）」のひとつにすぎないのだと言っているわけだ。では、それは具体的にはどのような記号（イメージ）だと言うのか。歯に衣を着せず、ミモフタモナク言うなら、こんな記号（イメージ）だ。

「政府とか、権力に逆らうオレかっこいい！　他のやつらと違って特別だ！　良識があって、かつ、行動力のあるすごい人間なんだ！　いやっほおおお！」

もちろん、そんな程度の低い人ばかりではなく、真に社会を憂いて活動している人もいるだろう。でも、大半はこんな程度。いわゆる普通の社会的活動で、満足（記号、心地よいイメージ）を得られない者たちが、代替として反社会的活動でそれを得ようとしているだけのことではないだろうか。

「反体制者」
「政府の悪を見抜いている凡人とは違う賢い自分」
「権力に屈せず真実を叫ぶ勇敢な自分」

そういう心地よいイメージは、通常社会にあぶれた者たちでも得ることのできる安価な記号だ。

真っ白なYシャツに、ピシッとした高級スーツ。本当は、そういうものを求めてもよかった。だが、何らかの理由で、それらが得られない人たちは、代わりに、真っ黒なシャツや、だらしないダボダボの服を求める。さらには、それを着て「○○反対！」「□□は責任を取って辞任しろ！」などのプラカードを作って街を練り歩いたりする。なぜか？　もちろん、それらの服装や行動が「現体制に立ち向かうレジスタンス」という記号（心地よいイメージ）を彼らに与えてくれるからだ。

当然、そうした彼らの活動で、現体制の破壊なんかできるわけがない。なぜなら、彼らが何をしようが、結局は、現体制の枠組みの中での活動であることに変わりはないからだ。だって、そうだろう。実際の話、真っ黒いシャツも、ダボダボの服も、プラカードも、すべて市場で売っているもの、社会が提供している商品（欲望を刺激して無理やり買わせている消費物）ではないか！

「セレブなあなたにピッタリの高級ブランド品はこちらになりまーす！」

そういうのはファッションだ。流行だ。そのモノの価値が本当は一〇だとしても、それを一〇〇だと言って煽りまくり、その煽りに刺激された人が夢中になって「わあああ」と買いあさっていく。

それと同様。

「社会に不満を持っていて、偉そうな政治家をバカにして楽しみたいあなた。こんな服をきて、こんな場所に集まって、『○○反対』『□□総理はファシストだ！』とか言っときましょう。はい、オススメのデモグッズとデモスポットはこちらになりまーす！」

彼らは、もしかしたら、自分できちんと考えて反社会的活動をやっていると思っているかもしれない。社会の不正を正すために頑張っていると主張するかもしれない。だが、それは違う。すべては、記号消費社会（資本主義社会）の手の内。お馬鹿な消費者がチラシに煽られて不要なモノ（記号付き商品）を買っているのといっしょ。「パンダの旗」を求めて必死に走り回っている小学生といっしょなのである。

確かに反社会的活動によって、社会がよくなることはあるだろう。だから、反社会的活動（現体制の批判、デモ）そのものを無駄なことだと否定することはよくない。しかし、それでも、その活動の正体が、

「人々の興味を引いて時間とお金を消費させるために仕組まれた記号（商品）」のひとつであるとしたら……、

「心地よいイメージを求めて、『わあああ』と社会の中を走り回らせるだけの娯楽（うさばらし）」のひとつであるとしたら……、

「総理を批判して次々交代させては溜飲《りゅういん》を下げる『だけ』の、とっても楽しい、社会が提供する参加型アトラクション」のひとつであるとしたら……。

記号消費社会という仕組み（記号を追いかけさせて時間とお金を消費させているうちに人生を終わらせてしまう自己完結システム＝資本主義社会の根幹部分）を破壊、もしくは変化させることはまったくもって不可能だと言えるだろう。

哲学は死んだ!?

ところで、極端な人の話ばかりを例に出したので、自分には関係ないと思った人もいるかもしれない。「自分はブランド品なんて買わないし、反社会的活動にも参加していない。だから、記号を求めて走り回っていないし、記号消費社会に踊らされてなんかいないよ」と。

いやいや、そうではない。ボードリヤールの哲学に従うなら、そういう人は社会に存在しない。社会の内部で生きている以上、いわゆる普通の人々でも実は手の内。記号消費社会に踊らされているのだ。きっと、そういう人にはこんなチラシが配られていることだろう。

「ブランド品に興味のないバランス感覚のある賢いあなた。あなたには見る目があります。そんなあなた向けのリーズナブルな商品はこちらになりまーす！」

「普通の生活で満足だというマトモなあなた。明日をも知れぬ人生を送るなんて恐ろしいですよね。そんなあなたには、『正社員』というお得な商品をオススメしまーす。やりたくもない、ロボットでもできるような仕事を、人生の八割ぐらい費やして延々とやりましょう。スケジュールに追われて、おそらく使わないであろう新機能満載の商品を頑張って作りましょう。まずは、その第一歩として、目指せ『大卒』！　大学に入るための参考書、塾はこちらになりまーす！」

配られているチラシの種類は違えど、結局、何かの記号（求めるべきイメージ、価値）を鼻先にぶら下げられて、それを求めるために「時間とお金」、すなわち「人生」を消費させられている点で言えば、ブランド収集家や反社会的活動家といっしょ。社会システムの内側に捕らわれていることについて変わりはないのである。

だが、そんなふうに言われても、納得できない人もいるかもしれない。「それはちょっと都合がよすぎだろう」と。「ボードリヤールの説を正しいものにするために、すべてを記号消費社会の活動に無理やり還元しているだけじゃないか」と。

そのとおり！　こんなものは無理やり還元しているだけのことにすぎない！

「モノを買います！」

「はい、そのモノは一種の記号です！　あなたは記号消費社会に捕らわれています！」

「じゃあ、そんな社会を変えます！」

「はい、それも記号です！　あなたは記号消費社会に捕らわれています！」

「じゃあ、普通に生きます！」

「はい、それも記号です！　あなたは記号消費社会に捕らわれています！」


何を言おうと、何をしようと、全部ダメ。こんなふうに「はい、それも記号です（あなたは、記号に捕らわれています）」の一言で、すべてを記号消費社会の活動に還元できてしまうのだから、どうあがいたって「記号消費社会の手の内」になる。

その意味で、ボードリヤールの「だから、人間は記号消費社会から逃れられない、その外側には出れないのです」という哲学は、「どんな反論も受け付けない」という点において、とてもずるい説だと言える。

だが、実のところ、ずるいのはボードリヤールだけではない。どちらかというと、このずるさは、現代哲学者全員に共通したやり口だと言えよう。

たとえば、ウィトゲンシュタイン。

「はーい、あなたのその言葉は、その言葉を生み出している社会の慣習的な価値観（ルール）にすでに毒されていまーす。あなたが言葉を使って思考する以上、どんなに思考を重ねても、その言葉を生み出した社会の価値観（ルール）に沿ったことしか思い浮かべられませーん。そして、そうした仕組み（言語ゲーム）の外側には絶対でられないのでーす」

たとえば、デリダ。

「はーい、ずらせまーす。はーい、その言葉もずらせまーす。言葉というものは、唯一の意味を持ちませーん。いくらでも再解釈できまーす。え？　私の脱構築が間違っている？　はーい、その言葉もずらせまーす！」

すべてを自説の中で説明可能としつつ、反論すらも自説の仕組みで説明してしまう自己完結的なずるい論法……。ようするに、彼ら（現代哲学者たち）が言っていることの核心は、こういうことだ。

（1）人間は好む好まないにかかわらず、なんらかのシステム（社会、価値観や分別の体系）の中に捕らわれている。人間は、そのシステムが提供する範囲の中でしか「思考」も「行動」も「欲望」もできない！

（2）したがって、人間がシステムを超えることはできず、システムの外側に出ることもできない。人間は、システムの枠を超えた「普遍的な真理」を得ることはできず、システムが提供する枠組みの中でグルグル回り続けるしかないのである！

決して反論を許さない洗練された最強の哲学……。おまえらは誰一人、社会というシステムから、そして、オレの考えた哲学から逃れる術《すべ》はないのだという絶望的な哲学……。

これこそが、現代最新の哲学（ポスト構造主義）の正体なのである（ちなみに、他にもドゥルーズ、ガタリといったポスト構造主義を代表する哲学者たちが、同じような論法で哲学を語っている。というか、ドゥルーズとガタリなんかは、ボードリヤールとまったく同じ、「人間は資本主義の仕組みから抜け出せない」という説を唱えている）。

さて、結局、つまるところ、人類は、「真理」や「構造」を見つけ出すことについて完全に失敗に終わってしまったと言える。

人類は、「内部からは決して把握不可能な構造（言語や価値を生み出している枠組み＝社会）」の中に捕らわれており、その構造の範囲の中でしかものを考えることができず、そこから抜け出すこともできない。できることは、構造（システム）を維持するために、ただグルグル回り続けるだけ。

というわけで、デカルトの時代から長々と説明してきた哲学史であるが、ここに終了が宣言される。現在に追いついたから哲学史の説明を終了するのではない。まさにこの現代において哲学二五〇〇年の歴史が終了したから、ここで説明を終了するのだ。すなわち、

「哲学は死んだ」

のである。

もはや、画期的な「〇〇主義」は現れないだろう。もはや、資本主義に終止符をうつような新しい「〇〇社会」は現れないだろう。もはや、デカルトやキルケゴールやレヴィ＝ストロースのような知的英雄は現れないだろう。

僕たちは、よくわからない、自分たちでもコントロールできない枠組み（システム）の中で、せいぜい健康に気を遣いながらシステムの歯車として淡々と日常を生きていくしかないのである。

タカシ　「結局、何やったって同じことの繰り返しじゃないか！　面接して落ちて、また面接して落ちて！　仮に受かったって、やりたくもないことを延々とやらされるだけだろ！　そして、それをジジイになって身体が動かなくなるまで続けるだけなんだろ！　そんな先の見えた人生、生きる価値がどこにあるっ

ていうんだよ！」

カーチャン「タカシ……」

タカシ「親父は、いろんな責任を背負わされてさんざん働かされたあげく、身体を壊して死んだ。だから、アイツみたいな人生は絶対に歩まない、そう思ってきたんだ。でも、実際、大人になったらアイツと同じ……。働け、遅れるな、ノルマを果たせ、笑顔で接しろ、そうやって周囲から追い立てられる毎日。もうウンザリなんだよ……。こんな無意味な世界……同じことの繰り返しでどこにも行き着かない人生……全部なくなってしまえばいいんだ！」

第六章

これからの哲学

さて、前章までで、デカルトから現代までの哲学史を一通り眺めてきた。ここでもう一度簡単におさらいをしてみよう。

哲学史とは、すなわち、「○○主義から××主義への移り変わり」であると言えるわけだが、それぞれの主義を擬人化して対話させてみると、ひとつの傾向がはっきりと見えてくる。それは、どの主義も、前時代の主義を「はぁ?」とミモフタモナク否定していることだ。

合理主義「はぁ? 宗教家(神さま主義)の連中なにやってんの? ぜんぜん信用できねーじゃん。もうこれからは、ちゃんと理性の力を使って合理的に物事を考えていこうぜ! そのためには、まずは、理性(認識)の機能や限界について、しっかりと考えていくべきだ!」

実存主義「はぁ? 理性の機能や限界なんか調べたって、人間についてわかるわけねーだろ。人間は機械じゃねーんだよ。そうやって人間を一般化して考えるから駄目なんだ。もっと人間が、『自由で主体的な意志を持った現実の存在(実存)』だという前提で考えるべきだ!」

構造主義「はぁ? 人間が自由で主体的な意志を持ってるだって? 人間の考えや行動な

んて、目に見えない構造に支配されてるだけだろ。だいたい、そういうこと言うやつに限って、同じような服を着て、同じようなこと言ってんじゃん（笑）。人間の意志を賛美する前に、人間がどんな構造に支配されているかをまずは調べるべきだろ！」

ポスト構造主義「はぁ？　見えない構造って何だよ？　じゃあ、それをさっさと見せてみろよ、ほらほら（笑）。そんなものはわかりっこないに決まってるじゃん。だいたい、そうやって、目に見えない真理やら構造やらを『あるぞー、オレが見つけたぞー、一番正しいぞー！』とか言う連中がいるから悲惨な戦争が起きるんだよ。もうやめようぜ、そんなの。人間は確かに構造に支配されて生きているが、その構造を完璧に把握することもできなければ、抜け出すこともできない。だから、構造（真理）を知ろうとする人間の営み（哲学）は、いっさいが無駄なんだよ。はい、解散解散！」

という感じ。このように哲学史とは、前時代の主義を蹴り飛ばすことで進展してきたと言える。

さぁ、次は僕たちの番だ。僕たちは、どうやって前時代の哲学（現在の常識）を蹴り飛ばせばよいのか？

単純に言えば、前時代の哲学（ポスト構造主義）が、真理や哲学を否定する内容であったから、その真逆。真理や哲学を肯定する新時代が来そうなものであるが、前章で述べたように、それはどうも簡単なことではないらしい。なぜなら、今僕たちが生きている社会システムは、次の社会システムを作り出すことですら「娯楽（記号）」として消費してしまうような「完全無欠の自己完結システム」であるからだ。だから、今の社会が延々と続くだけで、僕たちはもう新しい時代を目の当たりにすることはできない、そう言うのである。

だが、それを真に受ける必要はないだろう。それこそ、「はぁ？　うるせーよ、バーカ」である。だいたい、昔の偉い識者たちは、こぞって「資本主義はすぐに破綻する」と言っていたが、まったく当たらなかったじゃないか。だったら、「資本主義社会は終わらない」という予言だって当たるとは限らない。そんなものを真に受ける必要なんかないのだ。

では、次はどんな哲学が主流になるのだろう。いや、もっと積極的な表現を使えば、「今、この本を読んでいるあなた」はこれからどんなことを考えて、どんな時代を作っていけばよいのだろうか？

著者の私見を述べさせてもらえば、次の時代の哲学として考えるべきテーマは三つある。ただし、その真に驚くべき三つのテーマを全部書くのには、この本の余白は狭すぎるので、ここではそのうちのひとつにしぼって、さわりだけを紹介してみよう。参考になれば幸いである。

新しい時代の新しい哲学……。僕たちが考えるべきテーマとは、ズバリ、「働かない社会を作るにはどうすればよいか」である。

ようするに、「ダルいし面倒くさいから、もう働くの（社会に貢献するの）やめちゃわね？」って話である。

消費される人生

そもそも今の僕たちの社会の常識（雰囲気）について考えてみよう。僕たちは、だいたい、こんな常識（雰囲気）に包まれているのではないだろうか。

「真理を目指すとか、社会を革命するとか、今どきそういうこと言ってるヤツって危ないよね。唯一普遍の固定された『真理』なんかどこにもないし、『正しさ』なんて人それぞれ。立場によって変わるものでしょ。だから、『宗教』や『政治思想』や『哲学』なんかにのめり込んで特定の何かに偏るのはやめてさ、今の社会で、普通に働いて、普通に生きて、楽しく暮らしていければいいいんじゃないの？」

まぁ、妥当な常識だ。真理とか、理想の社会とか、画期的な政治思想とかはもう必要ない。そんなものは見つかるはずもないし、少なくとも、今の資本主義社会で（多少の問題はあろうとも）みんなが現に生活できているわけなのだから、無理に変える必要もないだろう。

それに今は娯楽もいっぱいある。ネットで、文章でも動画でも見たい放題。ゲームですら無料だ。そんなものを端からやっていくだけで、人生はあっという間に楽しくすぎ去ってゆくだろう。だから、今はもう社会革命なんてくだらない。仮にやるとしても、誰も見てないネットの隅っこで政治家の悪口でもつぶやいて悦に入るか、毒にも薬にもならない反体制の馴れ合いサークルに参加してみんなでお散歩（デモ行進）するぐらいのものであろう。

でも、一方で、その常識（社会システム）を維持するために、僕たちはかなりの代償を支払わされている。その代償とは「人生（時間とエネルギー）」。僕たちは、社会を維持するための労働として、有限で貴重な「人生」を大量に消費させられているのだ。

たとえば、僕たちは労働のために、片道一時間の通勤でも毎朝通わなくてはならないし、何があろうとだいたい一日八時間前後は働かなくてはならない。機嫌が悪くても笑顔で接客しなくてはならないし、無理なスケジュールや予算であっても、それなりの形を作ってなんとか納めなくてはならない。また、そもそも就職するためには、足を棒にして何社も歩き回り、面接で（たいして入りたくもないのに）志望動機を一生懸命アピールしなくてはならない。

労働とは、そんなふうに面倒くさくてストレスフルなことの塊であり、通勤時間も含めたら一日の拘束時間はかなりのものになるわけだが、そこから食事や睡眠など、生存に必要な時間を差し引いたら、「暇」と呼べる時間はほんのわずかなものとなるだろう（もっとも、その暇な時間ですら、ストレスを癒すための買い物や、どうでもいい他人とのどうでもいい噂話……、ポチポチ押すだけでレアアイテムがゲットできるゲームなどに費やして、文字どおり「つぶす」わけであるが）。

それでも、まぁ、それもそんなに悪くない。

多少の窮屈さはあるけど、昔の「戦争やっていた時代」や「食べ物がなくて貧乏だった時代」に比べたら、どう考えたってマシなのだ。

実際、大多数の人に最低限の衣食住を提供できる社会システムができ上がってしまった以上、僕たちはもう、今のこの社会を変える本気の動機なんてものは持ちようがない。しかも、その社会は、僕たちの興味を引くものを次々と提供してくれて、死ぬまでの時間を退屈させることなくいい感じに消費させてくれるのだ。だったら「多少の不自由（労働のストレスや拘束時間）には目をつぶっても、営々と今の生活を続けていければ御の字」なのではないだろうか。

結局、そういった感じの考え方、生き方が、僕たちの世界の「普通」であり「常識」になっているわけだが……、しかし「常識」だからこそ、あえて、そこをこんなふうに蹴り飛ばしてしまうのはどうだろう。

「えー、もうそんなストレスとか拘束時間とかうんざりだよー。いっそ、もう働くのやめて社会成立させるのやめちゃおうよ（笑）」

さぁ、これはあんまりな主張だ。あまりにも幼稚で極端で無責任な物言いに思える。だって、社会を成立させるのをやめちゃったら、僕たちはどうやって生きていけばよいのか？　餓死者がでたらどうするのか？　外資が入ってきて、僕たちの国が経済的に征服されてしまったらどうするのか？

それに多少つらくたって、生きていくために働くのは当たり前。みんなが頑張って働いているからこそ、僕たちの衣食住の提供が保証されているんじゃないか。

――いやいや、本当にそうだろうか？

確かに、昔はそうだったかもしれない。全員が一生懸命働かないと、全員の衣食住が提供できない時代があったかもしれない。しかし、今はどうだろう？　大半の人たちは、「生きるために必要な商品（生活必需品）以外のモノやサービス」を作り出す労働に従事しているのではないだろうか。

たとえば、よくある仕事の事例として、あなたが手のひらサイズの通信機器を作る仕事をしていたとしよう。それは確かにあれば便利だが、でも、本当にそれは生きるために絶対必要なものなのだろうか？　他社と競争して身体を壊してまでもスケジュールを守って作り上げる必要のあるものなのだろうか？

仮にそれが世界から消えたとしよう。それで何か困ったことが起きるだろうか？　実際、それがなかった時代でも、みんな普通に楽しく暮らせていた。きっと、ないならないで、人々はジョギングをしたり、他の娯楽を見つけたりして、何事もなかったかのように時間をすごすだろう。

ケインズ経済学の真理

ちょっと三三二〜三三三ページの図を見てほしい。これは、世界で最も有名な経済学者、ケインズの分析に基づいた簡易的な経済モデルの図である。

話を簡単にするために、社会には人間が三人しか住んでおらず、企業は一社だけ、またお金は三〇〇万円しか流通していなかったと仮定してみよう。

まず、初期状態（図1）として「企業が三〇〇万円を持っており、人間は全員無一文。そして市場に商品はゼロだった」と考えてみてほしい。

この場合、三人の人間たちはお金を持っていないので企業に雇ってもらい、そこで生活必需品を生産するなどの仕事をしてお給料をもらうわけだが、すると社会は、図2の状態になる。企業が〇円、人間がそれぞれ一〇〇万円ずつ持っていて、市場に商品があふれている状態だ。

〔図1　初期状態〕

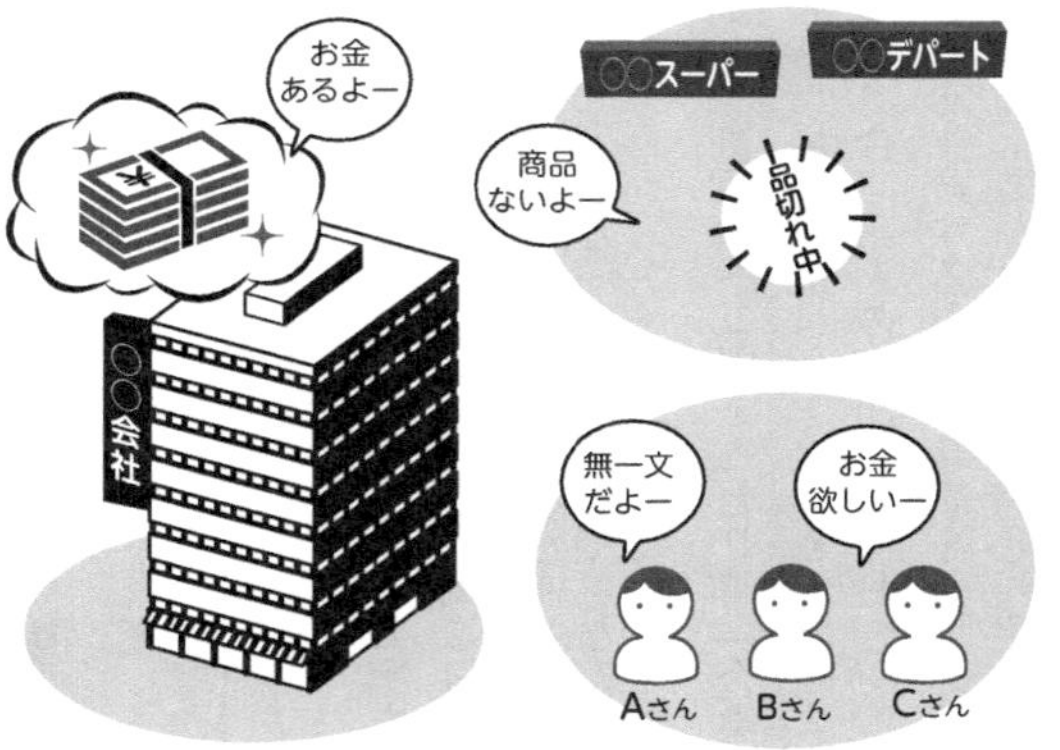

〔図2　労働後の状態〕

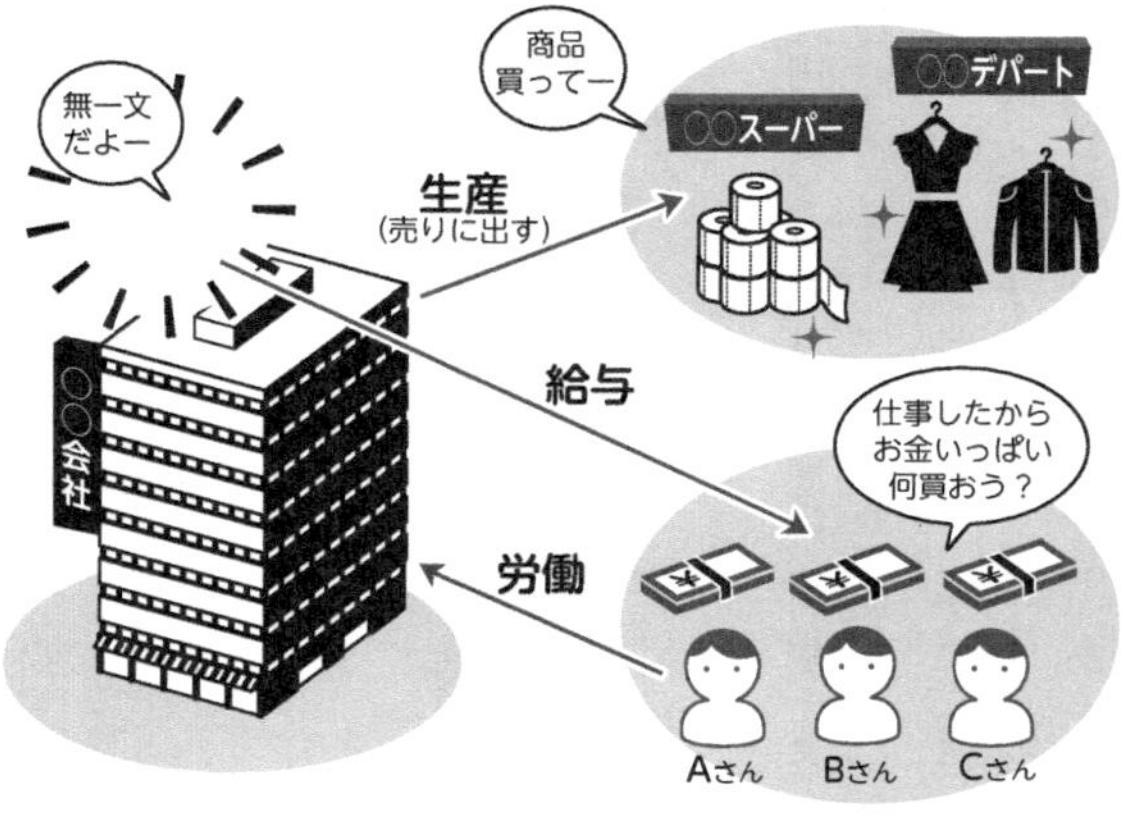

〔図3　購入後の状態〕

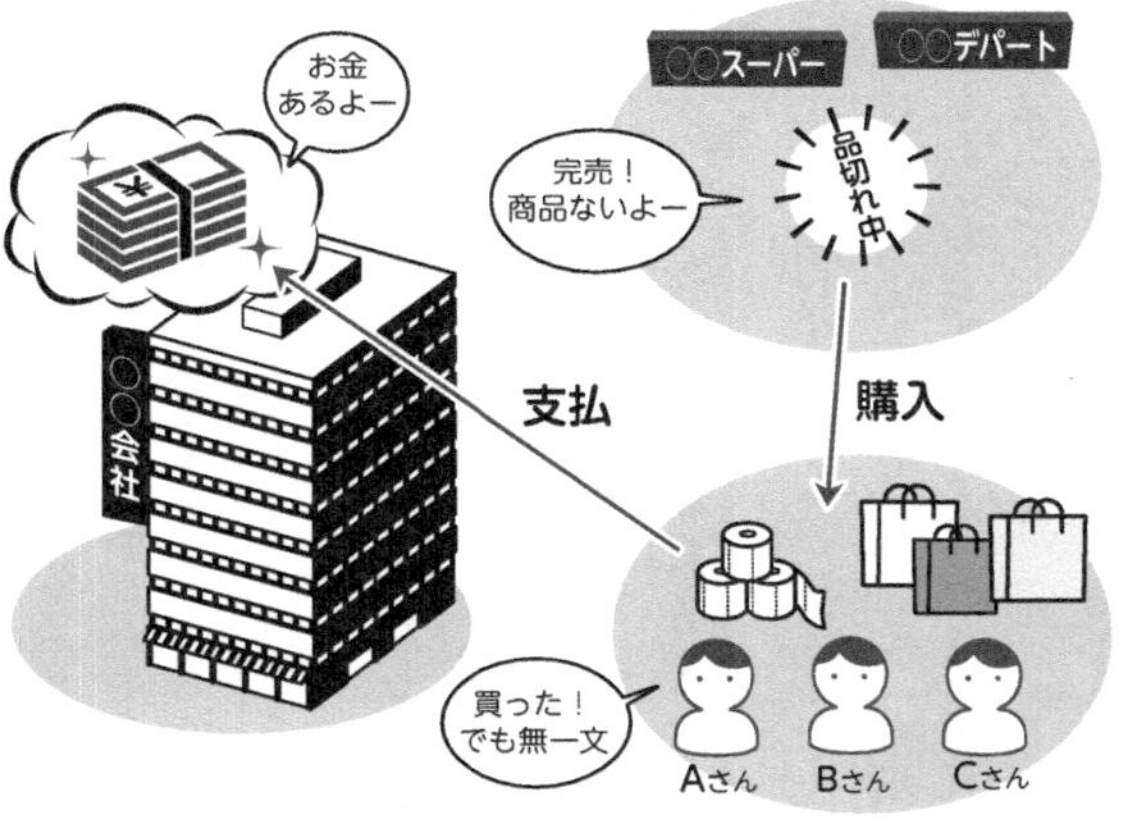

その後、三人は持っているお金の一〇〇万円で、市場から生活必需品を買って消費。すると全員が無一文になってしまうが、かわりに使ったお金はすべて、企業の手元に戻ることになる（図3の状態）。

さぁ、そうすると、これは結局、最初の図1（初期状態）に戻っているわけだ。したがって、また同じことがはじまり、「商品を作って消費すること」と「お金が人間と企業の間をいったりきたりすること」が永遠に繰り返されることになる。

これがすなわち「経済が回っている」という状態なのであるが、もちろん、この話はものすごく簡略化している。実際には、企業はたくさんあるし、人間もいっぱいいる。全員が商品を買ってお金を使い果たすこともないし、企業にお金が全部戻ることもないだろう。

しかし、それはあくまでも誤差の範囲内。ケインズによれば、「経済が回る」という現象の本質は、原理的には今説明したモデルのとおりなのである。

さて、ここでひとつ問題を放り込んでみよう。それは、

「企業の生産能力があまりに高くなりすぎて、Aさんがひとり働くだけで、今までどおりの生活必需品を生産できるようになってしまった」


という新しい条件の追加だ。

一見すると、素晴らしいポジティブな条件のように思えるが、こうなると企業はAさんだけを雇って、彼にだけお給料を払うことになる。当然、BさんとCさんは失業。無一文のままだ。

さぁ、とても不可思議なことが起きてしまった。「今まで三人で作ってたものを一人で作れるほど技術力が向上した」し、「市場には今までどおりの生活必需品があふれている」にもかかわらず、BさんとCさんが貧乏になって飢え死にしてしまうという不条理な状態が発生してしまったのだ。

では、この状態を改善するにはどうすればよいのか？　ケインズは、こう提案する。

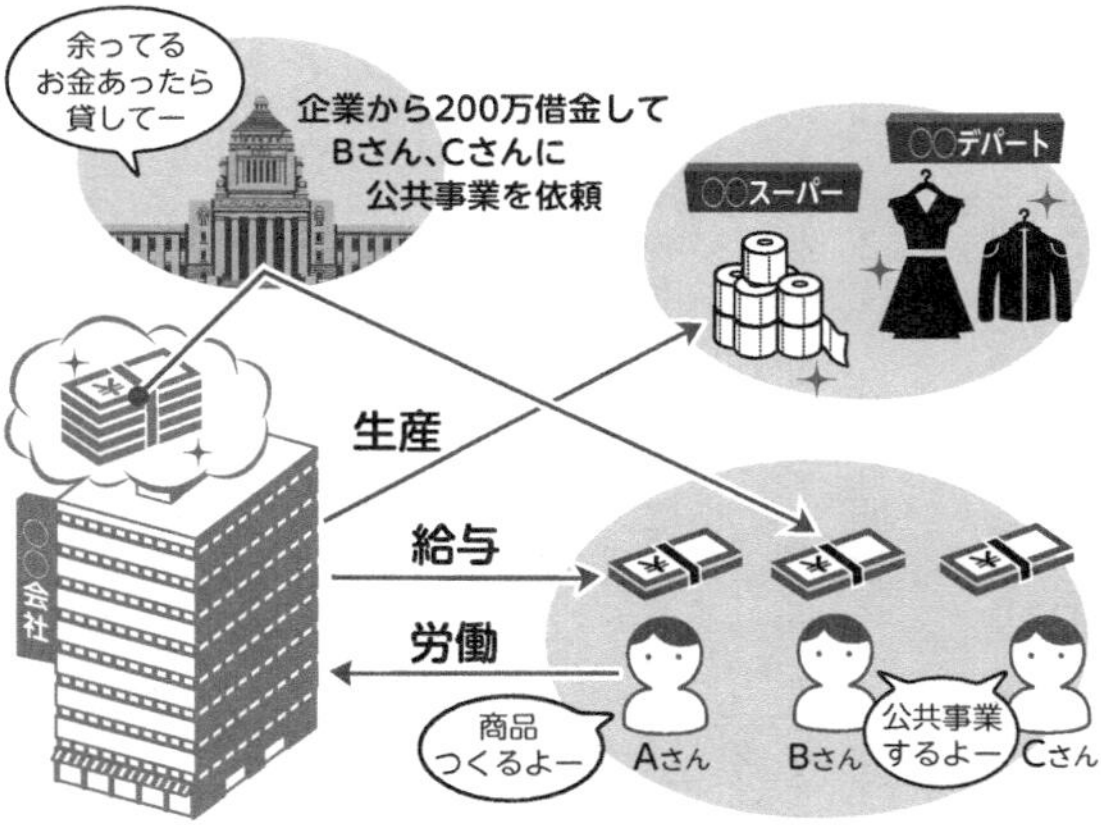

「無理やりにでも雇用を作り出せばいい。政府が公共事業を投入すればよいのだ」

ようは、「Bさん、Cさんの仕事がないんだったら、作ればいいじゃなーい」という話。たとえば、政府が公共事業として、橋でも、公共施設でも、ピラミッドでも何でもいいから作らせて、とにかく社会に仕事を投入する。そうすれば、雇用が発生し、BさんもCさんも職を得て、お金を得ることができるという寸法だ（上の図参照）。

ちなみに、このとき公共事業を出す側である政府は、Bさん、Cさんのお給料二〇〇万円を用意する必要があるが、もし税金でそれがまかなえなければ、どこかから借金をしなくてはならない。たいていの場合、それは動かずに止まっているお金を持っているところから借りることになる（この図の場合、使い道がないまま二〇〇万円を持っている企業、もしくは、その二〇〇万円をあずかっている銀行から政府は借金する）。普通に考えれば借金は避けるべきことであるが、それでもこれが特効薬となって経済が回る状態（好景気）に戻るのだから、政府は積極的に借金をしなくてはならないというのが、ケインズの経済理論（止まっているお金を見つけたら借金してでも無理やり吸い上げて社会に流し込んでやれ理論）である。

ついでに言っておくと、このケインズの経済理論は間違いなく有効で、実際、多くの国家がケインズの理論を実践して、何度も不況を切り抜けることに成功している。しかし、ケインズはこうも言っている。「政府がした借金は、好景気になったときに増税などをして、きちんと返済しなくてはならない」。いやいや無理無理。選挙で政権が決まる民主主義国家で増税なんか簡単にできるわけがない。結局、みんなのご機嫌をとりたい政府は、チビチビとしか増税をせず、しかも好景気でもどんどん公共事業を投入してしまったため、いつのまにか信じられないほどの借金を抱え込むことになってしまった。

では、ここでひとつ疑問を提示しよう。

「『経済を回すために公共事業を投入せよ』と言っても、作るべき橋や高速道路も作りまくって、他にやるべきことがなくなっちゃったらどうすればよいの？」

この問いについて、ケインズはこんな過激なことを言っている。

「あらかじめ土の中にお金でも隠しておいて、そこを掘って埋めるような仕事をさせればよい。それでも景気対策には有効だ」

穴を掘って埋めて、穴を掘って埋めて……。そんな意味のない仕事でも大丈夫。生きるための生活必需品はすでに市場に並んでいるのだから、あとは、全員に満遍なくお金がいきわたるようにすればよいだけのこと。とにかく、お金がグルグル回りさえすればいいのだから、最悪、生活必需品以外を作る人たちの仕事は、どうでもいい、くだらない仕事でも十分なのである。

この過激な発言は、今でも反ケインズ派から批判されるケインズの名言のひとつであるわけだが、こんなふうに「極端」でありながらも批判を恐れず本質をズバリとついたことを言いきってしまうあたり、さすが歴史に名を残す経済学者ケインズといったところであろうか。

さて、話を戻そう。僕たちがやっている仕事のすべてに高い価値があるわけではない。それは今述べたケインズの経済学からも明らかだ。

確かに昔は、こうだった。

（昔）生活に必要なものを作りたい⇩仕事をする

しかし、今はこうである。

（今）とにかくお金をグルグル回したい⇩仕事をする

これが今の仕事の位置づけである以上、究極的には仕事は「穴掘り」でもよいということになる。

では、翻《ひるがえ》って言おう。僕たちは、今、記号消費社会に生きているが、僕たちがやっている仕事、もしくはこれから就職してやろうとしている仕事は、実は、この「穴掘り」なのではないだろうか？

もちろん、記号消費社会の仕事は、基本的には「みんなの欲望を刺激する記号（イメージ）」、すなわち、「みんなの興味を引く娯楽的なモノ、サービス」を作ることであるわけだから、無益な「穴掘り」とは違うだろう。

でも、それでも……、前章で述べたとおり、記号消費社会の仕事が「経済を回すために新しい記号を（実質的には無意味でもとにかく）生み出し続けなくてはならない」という宿命を背負っているのだとしたら、原理的に言えば、ケインズの公共事業と同じ……、限りなく「穴掘り」に近いと言えるのではないだろうか。

実際、あなたがその仕事を「やりたい」と思っていればよい。だとしたらそれは幸運だ。どんどん仕事をすればいい。だが、そうではなく、その仕事をすることにいっさいの喜びもなく、まさに『仕事だから』その仕事をやっているのであれば、どう自分をごまかそうと、それはあなたにとって「穴掘り（社会を維持するために強制的にやらされている『公共』の事業）」である。

もしも、心当たりがある人がいたら、私はこう問いかけたい。

「あなたは、本当にそれをするために生まれてきたのですか？　たった一度しかない貴重な人生、その大半をそれに費やしてしまって本当に満足ですか？」

記号消費社会の希望の光

でも、だからと言って、どうすればよいのか？

そんな疑問を持ったところでしょうがない。ボードリヤールなどの現代哲学者たちが言うように、この完璧な自己完結システム（資本主義社会）からは抜け出すことは不可能なのだ。たとえば、ボードリヤールは著作の中でこう言っている。

「労働とは、何よりもまず生きることにしか値しないと判定されたみじめさの徴《しるし》なのである。資本は労働者を死ぬほどに搾取するだって？　とんでもない。逆説的なことだが、資本が労働者に加える最悪のことは、労働者を死ねないようにすることだ。労働者の死を延期することで、資本は労働者を奴隷にし、労働のなかでの生の際限のないみじめさに労働者をしばりつけるのである」（ジャン・ボードリヤール『象徴交換と死』今村仁司・塚原史訳、ちくま文芸文庫）

ここでボードリヤールが言っている「労働者の死を延期すること」とはようするに、社会が提供してくれる衣食住だったり、医療だったり、治安だったりのことだ。それらはすべて、僕たちの「延命」に貢献しているわけだから、ある意味、社会は、僕たちに「死の延期」をプレゼントしてくれていると言える。しかし、一方でそのプレゼントがあまりに魅力的すぎるため、僕たちは社会に逆らえなくなってしまった。つまり、「死の延期（衣食住、医療、治安）」というプレゼント欲しさに、誰もが社会の奴隷となり、社会の継続に人生を費やすこと（労働のみじめさを甘受すること、やりたくもないことに貴重な時間を消費すること）を当たり前（常識）と思うようになってしまったのだとボードリヤールは指摘するのである。

それゆえに、「従」である僕たちは、「主」である社会を決して変えることはできない……、そうボードリヤールは結論づけたわけであるが、実は、ひとつだけ、この社会システムを超えられる可能性があると彼は述べている。引き続き、『象徴交換と死』から引用しよう。

「生命を守りながら権力を廃棄するなどは、できない相談だ。（中略）この生命を引き渡すこと、直接的な死によって延期された死に逆ねじをくらわすことだけが、根源的な返答であり、それこそが権力を廃棄する唯一の可能性である。（中略）死の回避や延期は、主人が権力を安泰にするために利用されてしまうのだ。殺されないで、権力の与える死の猶予のなかで生きつづけ、お情けの生命を負ってこの生命を免れることがまったくできない状態、そして事実上長期信用債権を少しずつ清算していく義務を負って、労働という緩慢なる死のなかにとらえられている状態、しかもこの緩慢なる死がみじめな状態や権力の運命に何らの変化ももたらさないといった状態、これらすべてを拒否しなくてはならない」

さぁ、これはとても過激で「極端」な主張だ。ようするに、ボードリヤールは、「社会の言いなりになって労働して生きながらえるぐらいなら、死んだほうがマシ。そんなふうに、死を選ぶ人間、助かろうとしない人間だけが、社会を変えられる可能性を持っているよ」と言っているわけである。

もっとも理屈で考えれば、これはまさしくそのとおりであろう。たとえば、「殺さなければ殺される、ゆえにみんなが殺し合っているという完璧なシステム」があり、誰もがそのシステムの奴隷になっているという状況があったとする。その状況において、そのシステムを超えられる可能性があるとしたら、それはたったひとつ……、「殺されてもオレは銃を撃たないよ」という人間、すなわち、「死の延期」というプレゼントを受け取らない人間……、そういう人間が一定数以上増えることだろう。原理的に言えば、確かにそんな人間だけが、自己完結的なシステムを超えられる可能性を持っていると言えそうである。

でも、そんな人間いるわけないよ……。そう思うかもしれない。

いやいや、現代の若者たちもそう捨てたものではない。現代において、このボードリヤールの言に、ピタリと当てはまる若者たちがいる。

それは……、ニートだ。

働かず、社会に貢献もせず、何もしないニート。彼らは、記号消費社会の歯車の一部となり労働させられることを負け（敗北）と断じ、社会システムに組み込まれることをいっさい拒否する現代のサムライである。

「働きたくないでござる！　絶対に働きたくないでござる！」

彼らは、とにかく働きたくない。それによって将来がどうなるかわからないが、とにかく、嫌なものは嫌だ（知らない人にニコニコ顔で接客するなんて非人間的なこと絶対無理）と言って社会に参加することを頑《かたく》なに拒み続ける。

しかし、そんな彼らだからこそ、延命したいという欲望を逆手にとって、僕たちを言いなりにしている社会システムを変える可能性を秘めているのではないだろうか。

すなわち、ニートこそが、記号消費社会における唯一の希望の光であり、かつ、現在に存在する唯一の哲学者なのである（現代哲学の系譜を受け継ぐ、今の自称哲学者たちは、しょせん言語ゲームの中で相変わらずの言葉をグルグル回しているだけなのだから決して哲学者ではない。言語ゲーム、脱構築、記号消費社会……。前時代の偉大な哲学者が生み出した自己完結システム……。それらを乗り越えようとする気概と意志を持たぬ者は、誰一人として新時代の哲学者とは呼べないのだ）。だから、我々は、ニートとなった人間から考え方を学ばなくてはならないし、ニートとなった人間は、新しい歴史と文化を作る荷を背負っているという自覚と誇りを持つべきなのである。

次の新しい社会

だが、そんなふうにニートを賛美するようなことを言うと、こう批判をされるかもしれない。

「働かざるもの、食うべからずだろ。仕事もせずに生きようなんておこがましいよ」

「ほー、それでニートが増えて、経済が破綻して社会が崩壊しても、ちゃんと責任とってくれるんだろうな。だいたい、ニートがそんなに偉いって言うんだったら、お前が、全財産寄付して養えばいいじゃん（笑）」

「ニートだって、電気や水道とか公共サービスを受けてるだろうが。働かないって言うなら、山奥にでもいってひとりで暮らしてろよ（笑）」

こうした批判は、まったくの正論である。そんなふうに責められたら、たぶん誰も反論できないだろう。

だが、反論できないのは、その批判が「普遍的に正しいから」ではなく「今の社会の言葉」を使って返答しようとするからだ。

「経済」「社会」「仕事」……。

そもそも、こういう用語（言葉）を使っている時点で、ある一定の価値観の中に取り込まれてしまっている。たとえば、「社会人として……」という言葉を使った時点で、もうすでにその「社会人」という言葉の中に「私情を抑えて社会に貢献できる人」という意味と、それをよしとする価値観が含まれてしまっている。

したがって、これらの価値観から成り立つ言葉を使って、どんな反論をしようと、その言葉を生み出している価値観の外側に出ることはできない。

なぜなら、価値観の外側に出ようとする反論の言葉も、その価値観の中でしか成立しない言葉でできているからだ。それは、たとえるなら、「ホームラン」「ヒット」という野球用語を使いながら、野球という概念の外側に出ようとすることに似ている。そんなことは不可能。それらの野球用語を使った時点で、「野球の考え方が基盤になっている」ということからは逃れられないのだ。

ゆえに普通の反論では、基盤となるシステム（社会、言語ゲーム）の枠の中をグルグル回っているだけになってしまう。だから、真の反論とは、こういう感じのものでなくてはならない。


「えー、働かないと経済がまわらない？　意味わかんなーい。うふふ☆おっけー」


まるで、宇宙人かのような反論。一度も社会で苦労したことのない人のような反論。まったく反論になってない反論。しかし、それこそが唯一の正しい反論だ。言語ゲームを乗り越えて言葉という価値観（分別）を乗り越えるためには、これくらいのノリで、いま一度、極端に稚拙に世界を眺める人が必要なのである。

そして、同じことはかつて起こったはずである。

たとえば、今の新しい価値観を持って、古い時代の人と議論すれば、きっとこんな感じになるだろう。

古「王様のために命をかけて戦う！　それが立派な人間だ！　騎士だ！　忠臣だ！」
今「えー、王様のために命かけるの？　なんで？　意味わかんない。じゃあ、王様が人を殺せって言ったら殺すんだ、頭おかしいんじゃないの（笑）」
古「違う！　みんなが王様に忠誠を尽くさなければ、王国が倒れてしまう。そうなれば、他国から攻められて……」
今「じゃあ、王様なんか本当はどうでもいいってことよね。仕方なくやっているわけね」
古「違う！　王とは、神聖な——」
今「あー、もういい。話にならないわ。うふふ☆おっけー」

極端で稚拙な返答。でも、価値観（常識）が違うというのはこういうことだ。まさに言葉のとおり、「話にならない」。でも、それで大正解である。無理に古い価値観（王様は神聖な存在だ）に合わせれば、「話にはなる」が、それではラチがあかないだろう。
もしかしたら、「いやいや、王様も普通の人間だよ、神聖な存在じゃないよということを論理的に説明してやれば相手も納得するでしょ」と思った人もいるかもしれない。が、そんなのは無理。だって、どうやって「王様が神聖じゃないこと」を証明しようと言うのか。幽霊を信じている人に、「幽霊がいないこと」をどう論理的に説明しても絶対に聞き入れてくれないのと同じ。幽霊という相手の言葉に乗っかって、有無や是非を議論しても、話にはなるが決して先には進めないのである。

だから、結局、どこかで誰かが、古い時代の価値観（労働は尊い）を「お話にならない」としてポーンと捨て去ってしまわなくてはならない（言葉を重ねて論理的に否定するのではなく）。そして、誰かが、今の常識では極端で稚拙に思えるかもしれない、新しい考え方、新しい価値観を提示しなくてはならないのだ。

ましてや、僕たちが対峙しなくてはならない前時代の哲学は、どんな反論でも吸収してしまう完全無欠の自己完結システム。通常の真っ当なやり方では決して打ち倒せないだろう。

だから、もう逆にこんな程度でよいのだ。

「じゃあさ、グーチョキパーを延々と出し続けるとお金がもらえるとしたら、人生の八〇%、ずっとグーチョキパーを出し続けるんだ。えー、そういうのが『仕事する』ってことなんだ？　わー、意味わかんなーい。頭おかしいんじゃないの（笑）」

でも、こんな程度であればこそ、世界をガラリと変えて見ることができる。かつては常識的で正論だった批判も、きっとそのときにはこう聞こえていることだろう。

「グーチョキパーを延々と出し続けないもの、食うべからずだろ！」
「グーチョキパーを延々と出し続けないんだったら、山奥にでも行って暮らしてろ！」
「みんながみんな、面倒くさいって言ってグーチョキパーを出すのやめちゃったら、オレたちの社会が成り立たないだろ！」

そしたらもう反論なんか不要だ。どう見ても「お話にならない」ことを言っているのだから、相手にするだけ時間の無駄。価値観の違う人を説得しよう、論破しようなんて考えず、「労働は尊い」「働いて当たり前」という今の常識をポーンと捨て去って「次の新しい社会（働かない社会）」のことを、多少の突っ込みどころがあってもいいから思いきってドーンと考えてしまえばいいのだ。

「暇」の哲学

ところで、こんな心配をする人もいるかもしれない。

「働かない社会……。働かずに生きていける豊かな社会……。確かに、そんな社会になったら素晴らしいと思うよ。実際、オレだって、『宝くじ当たったらいいなあ、そしたら今の仕事やめて、もっと違う人生を歩めるのになあ』とか思うことあるし。でもさ……、人間ってそういう仕事とか、社会とか、競争とか、そういう面倒事や人間関係、追い立てられるプレッシャーから解放されちゃったら、やることがなくなって心がおかしくなっちゃうんじゃないかな。だとしたら、働かない社会って本当に『幸せな社会』なのかな？　本当に、次に目指すべき社会なのかな？」

その心配は正しい。おそらく、多くの人々――働くのが当たり前だと思っている人々――にとって、「明日からもう一生仕事しなくていいよ」（もしくは「もう学校行かなくていいよ」）と言われることは、必ずしも幸福なことではないだろう。むしろそうなってしまったら、夜型の生活になったり、家から出なくなったり、オンラインゲームに溺れたり、罪悪感に苛《さいな》まれて気持ちが荒んだりと、そんなふうに身を持ち崩してしまう人が大半なのではないだろうか。

そうであればこそ、毎朝ちゃんと定刻に起きて、通勤または通学しなくてはならないという強制的な束縛は、僕たちの充実した生活や健康にむしろ役立っているとさえ言える。だから、「働かない＝楽だ、幸福だ」という単純な図式は成り立たないだろう。

また、そもそもとして「働かずに生きていける豊かな社会」なんて本当に存在しえるのだろうか？

まずそこから疑わしいという話もあるが、ケインズはこう言っている。

「私の結論は次のようなものである。すなわち、重大な戦争と顕著な人口の増加がないものと仮定すれば、経済問題は、一〇〇年以内に解決されるか、あるいは少なくとも解決のめどがつくであろうということである。これは、経済問題が――将来を見通すかぎり――人類の恒久的な問題ではないことを意味する」（「わが孫たちの経済的可能性」（一九三〇年）『ケインズ全集第9巻』宮崎義一訳、東洋経済新報社）

とりあえず、「そういう社会は必ずくるよー」というのがケインズの結論だ。経済学者なのに、「近い将来、人類は豊かになって経済の問題は解決されるから、経済学なんて人類の恒久的問題じゃありませんよー」と断言してしまうところがクールで痺れるところであるが、確かに、一〇〇年という単位で考えれば十分にありうることだろう（もちろん、ここ十数年では難しいのは間違いない。日本はともかく世界レベルで言うなら、人口は顕著に増加しまくっているし、重大な戦争も起きそうだ）。

だが、仮に一〇〇年後、二〇〇年後にそういう社会が訪れるのが確実だとしても、ケインズはその社会の到来を楽天的にはとらえていない。

「しかし、人生が耐えられるのは、歌うことができる人たちにとってだけであろう――そして、われわれのうちで歌うことができる者は何と少ないことだろう！　かくて人間の創造以来はじめて、人間は真に恒久的な問題――経済上の切迫した心配からの解放をいかに利用するのか、科学と指数的成長によって獲得される余暇を賢明で快適で裕福な生活のためにどのように使えばよいのか、という問題に直面するであろう」(「わが孫たちの経済的可能性」(一九三〇年)『ケインズ全集第9巻』宮崎義一訳、東洋経済新報社)

働くことから解放される時代はいつかくるが、働くことから解放された人生に耐えられる人は少ない、そうケインズは言う。それは本当にそのとおりだと思う。

実際、僕たちは、「暇」という状態に耐えることができない。僕たちは、常に何かを思考(志向)し、何かを追い求めようとしてしまう。何の目的もプレッシャーもない人生は、最初は気楽でよいかもしれないが、すぐに味気ない不安なものに変わってしまうのだ。

でも、それはなぜなのか？　その理由は、僕たちが「暇」についてきちんと哲学をしてこなかったからだ。もっと言えば、目的のない人生を「よし！」と強く肯定できる価値観を僕たちが生み出してこなかったからだ。

そもそも、「暇」という言葉が悪い。「暇人」「暇な人生」……、どうしても「暇」という言葉にはネガティブなイメージがつきまとってしまう。だから、「暇」を「暇」という言葉でとらえているかぎり、僕たちは「暇な人生(何もすることがない人生)」を肯定することはできないだろう。

では、とりあえず、それを「大いなる暇」とでも呼ぼうか。

もちろん、呼び方を変えたぐらいでは何も変わらない。「大いなる暇」は、相変わらず僕たちにとって毒であろう。でも、「大いなる暇」がいつか必ずくるものであるならば、呼び方を含めて、なるべくポジティブに受け取れる価値観を考えておくのは、むしろ今を生きる僕たちの責務ではないだろうか。

そして、実際にその責務を負ってくれている人たちがいる。それがニート……、今の時代の価値観では「負け組」と呼ばれている社会的敗北者たちだ。彼らは、誰よりも早く、「仕事の価値」が暴落しつつあることを敏感に感じ取り、時代に先駆けて自ら「大いなる暇」の中に身をおいてくれた、時代の先行者である。

しかし、おそらく彼らの大半は病むだろう。「大いなる暇」という「(現代の価値観では)毒」の中で生きているからだ。身体が病み、心が病み、世間からは後ろ指をさされ……、もしかしたら誰一人として生き残れる者はいないかもしれない……。

でも、ひとり……、たったひとりでもいい。ニートであることを楽しみ、「賢明で快適で裕福な生活」を達成できるものがいたとしたら……、そう、彼こそは、ニートの中のニート、キングオブニート。我々は彼に、人類の「恒久的問題」をどのように解いたのかを教わりにいかなくてはならない！　僕たちは、彼から、その哲学——するべきことや目的もなく、また社会からの強制がなくても、身を持ち崩さず幸せに生きていける、現在の常識を超えた新しい価値観——を学ぶべきなのだ！（かつてインドに現れた初代キングオブニート、マスターアジア、釈迦にみなが教えを請うたように）

今から僕たちを含めておそらく一〇〇年間……。

無意味な仕事に苦しめられながらも、それに疑問を呈《てい》することなく思考を停止し、淡々と作業をして生きるだけの人間たち（末人）が現れるだろう。

そして、それからさらに一〇〇年間……。

労働から解放されたはよいが、今度は「暇（何もすることのない人生）」に苦しめられ、不安なまま薄ぼんやりとした日常を生きる人間たち（暇人）が現れるだろう。

その二〇〇年先の人々を救うため、僕たちは「今」考えなくてはならない。

「労働には価値があり、人間は働いて当たり前」という常識が崩壊したとき、僕たちはその崩壊をどう乗り越えるべきなのか……。最大限の暇（大いなる暇）が得られたとして、僕たちはその暇をどう活用してどのように幸福に生きていけばよいのか……。

それらは、ケインズの言うとおり、まさに「人類の恒久的問題」。

二〇〇年先の未来は、今を生きる僕たち（哲学者）の手腕にかかっており、この恒久的問題を考えることこそがポスト構造主義の次……、新時代の僕たちの哲学なのではないだろうか。

カーチャン「タカシ……。あくせく働くカーチャンのこと、タカシは馬鹿にするかもしれないけど……。昔から、働くっていうのは、『はたを楽させる』と言ってね、誰かの役に立てる本当に誇らしいことだったんだ。だからカーチャンもトーチャンも、身を粉にして働いてきたことを後悔なんてしていないし、働ける社会に生まれてきたことを幸せだったと思っている。パートに出たり……、タカシのためにご飯を作ったり……、毎日忙しいけど……、明るく楽しく暮らせてるのはそう思って生きてるからなんだよ。でもね、その生き方をタカシに押しつけようとは思わない。だって、これは資本主義社会、高度経済成長期の時代に生まれた、カーチャンの戦いだからさ」

タカシ「……」

カーチャン「確かに今、タカシはつらい状況にいる。十四歳のあの日……、学校に行かなくなったあの日から、ずっと怠惰で無生産な人生を送ってる。働くことが常識であるこの社会の価値観で言えば、働かないで生きている今のタカシの人生には何の価値もないよね……。でもね……、だからこそ、タカシは自分で自分の人生の価値を見つけなくてはいけないんだ。そして、きっとそれは自分のためだけじゃない。おそらく、これから二〇〇年先……、タカシと同じような子供たちがどんどん増えていく。そんな同時代の子供たちのためにも、お前は彼らの光となるような新しい価値観を見つけなくてはいけないんだ。

だから、いいかいタカシ……。

『カーチャンはカーチャンの戦いをする！

タカシはタカシの戦いをしなさい！』

タカシが今の境遇であることには、きっと何か大事な意味がある。あんたは何も間違っていない。間違っていないんだ。カーチャンはずっと信じているよ」

あとがき

ある日、ネットで動画サイトを見ていたら、「歌ってみた」というタグがつけられた動画がたくさん出てきた。

「こ、これは、ケインズが言っていた『歌うことができる人たち』⁉　ついにきたか（ガタ）」

興奮して椅子から立ち上がった私は、自分も動画サイトに登録。大好きなパズルゲームの「ゲーム実況動画」を制作して、動画界で名をあげようと試みたのだが、「ボソボソしゃべりながらパズルされてもつまらない」とメチャクチャ不評。友人たちからもボロクソに言われ、アクセス数も伸びず、枕を涙で濡らす日々が続いたわけであるが（わざわざ開発元のＨＡＬ研究所に連絡して許可まで取って作ったのに……）、それはそれとして、本書『14歳からの哲学入門』のタイトルは、尊敬する哲学者、池田晶子先生の『14歳からの哲学』を元にしている。

池田晶子先生と言えば、かつて私は彼女のインタビュー記事に感銘をうけたことがある。その記事には、このようなことが書かれていた。

「私は女である。というときの、『私』とは何であるのか？　何を『私』と言うべきなのか？　『私』の用法を確定することなしに、『私は女である』とは直結できません」

池田晶子先生は、女性である。歴史に名を残している哲学者はほとんどが男性であるからその意味では珍しいと言える。当然、インタビュアーとしては、売れっ子の女流哲学者から女性ならではの意見、たとえば女性論とか、ジェンダー論とか、そういう話題について聞き出したかっただろう。

しかし、池田晶子先生は期待にこたえない。

「私が女である、というときの『私が○○である』とはそもそもどういうことか？」

ブラボーだ。いっさい空気を読まずに、より本質的な問いに目を向ける。なるほど哲学者とはかくあるべきなのだと思わされた記事であった。

もちろん、こんなのは正直、大人の回答ではない。十四歳的な斜め上の回答だ。そこは空気を読んで、女性の社会的立場や地位について持論を展開し、インタビュアーが喜びそうなことを語ってあげるのが大人ってもんだろう。

だが、それがいい。それでこそ哲学者だ。僕たちは、彼女を見習って、もっと根本的なところから考えるべきである。相手の都合なんて気にしないで、「いや、そんなことより、そもそも」と、ふだん見すごされてる疑問を自由に投げかけるべきである。

そして、そういうことを一番できるのが十四歳という年代……。

「なぜ人を殺してはいけないの？」

「なぜ自分がされて嫌なことを他人にしてはいけないの？　他人がどうなろうと自分がよければいいんじゃないの？　て言うか、そもそも自分と他人って何が違うの？」

こんなことを真剣に問いかけられるのは十四歳ぐらいのものである。公共の一般社会で、こんなことは聞けないし、聞いたらつまはじきだ。こんなふうに突拍子もない反社会的なことを問うても許されるのは十四歳だけの特権だと言える。だから、十四歳の方々は、この特権をきちんと有効活用し、常識を疑う問いを臆面もなくどんどん世界に出していくべきである。

そして、一方、十四歳ではない方々……。あなたたちも大丈夫。というのは、今や、ネットでは誰もが身分を隠して言いたいことが言える時代になっているからだ。つまり、誰もが言いっぱなしで（良くも悪くも）無責任なことが言える時代、十四歳のあの頃に戻って自由に常識を疑う発言ができる時代なのだ。

ネットの世界では誰もが十四歳になれる。公的な場では決して言えないことでも自由に議論ができてしまう。僕たちは、もっとこの時代特有の環境を利用し、自由に議論してもよいのではないだろうか？　歴史に名を残した哲学者たちのように、もっと「稚拙で極端なこと」を積極的に言い放ってもよいのではないだろうか？

本書で紹介した偉大な哲学者たち。彼らは決して理解不可能なことを言っているのではなく、意外に子供じみた発想から論を展開させており、結局、普通の人との違いは、「その子供じみたことをどれだけ真剣に主張したか」の熱量の差だけなのである。そのことを感じ取っていただけたら幸いである。

本書の執筆にあたり、様々な哲学者の本を参考にしました。彼らが人生をかけて残してくれた数々の偉大な著作に感謝の意を申し上げます。また、本書の執筆に多大なインスピレーションとハートを与えてくれた池田晶子先生の哲学と生き様に深く敬愛の念を捧げます。

本書は二〇一五年八月、二見書房より刊行された『14歳からの哲学入門』を
加筆・修正のうえ文庫化したものです。

14歳《さい》からの哲学入門《てつがくにゅうもん》

「今《いま》」を生《い》きるためのテキスト

二〇一九年　三 月二〇日　初版発行
二〇二五年　八 月三〇日　6刷発行

著　者　飲茶《やむちゃ》

発行者　小野寺優
発行所　株式会社河出書房新社
〒一六二－八五四四
東京都新宿区東五軒町二－一三
電話〇三－三四〇四－八六一一（編集）
〇三－三四〇四－一二〇一（営業）
https://www.kawade.co.jp/

ロゴ・表紙デザイン　粟津潔
本文フォーマット　佐々木暁
印刷・製本　大日本印刷株式会社

Printed in Japan　ISBN978-4-309-41673-1

史上最強の哲学入門

飲茶 41413-3

最高の真理を求めた男たちの熱き闘い！　ソクラテス・デカルト・ニーチェ・サルトル…さらなる高みを目指し、知を闘わせてきた32人の哲学者たちの論が激突。まさに「史上最強」の哲学入門書！

史上最強の哲学入門　東洋の哲人たち

飲茶 41481-2

最高の真理を求める男たちの闘い第２ラウンド！　古代インド哲学から釈迦、孔子、孟子、老子、荘子、そして日本の禅まで東洋の“知”がここに集結。真理（結論）は体験によってのみ得られる！

自分はバカかもしれないと思ったときに読む本

竹内薫 41371-6

バカがいるのではない、バカはつくられるのだ！　人気サイエンス作家が、バカをこじらせないための秘訣を伝授。学生にも社会人にも効果テキメン！　カタいアタマをときほぐす、やわらか思考問題付き。

大丈夫！　キミならできる！

松岡修造 41461-4

「ポジティブ勘違い、バンザイ！」「『ビリ』はトップだ！」「カメ、ナイストライ！」勝負を挑むときや何かに躓いたとき…人生の岐路に立たされたときに勇気が湧いてくる、松岡修造の熱い応援メッセージ！

本を読むということ

永江朗 41421-8

探さなくていい、バラバラにしていい、忘れていい、歯磨きしながら読んでもいい……本読みのプロが、本とうまく付き合い、手なずけるコツを大公開。すべての本好きとその予備軍に送る「本・入門」。

世界一やさしい精神科の本

斎藤環／山登敬之 41287-0

ひきこもり、発達障害、トラウマ、拒食症、うつ……心のケアの第一歩に、悩み相談の手引きに、そしてなにより、自分自身を知るために――。一家に一冊、はじめての「使える精神医学」。

池上彰の　あした選挙へ行くまえに

池上彰　41459-1

いよいよ18歳選挙。あなたの１票で世の中は変わる！　選挙の仕組みから、衆議院と参議院、マニフェスト、一票の格差まで――おなじみの池上解説で、選挙と政治がゼロからわかる。

学校では教えてくれないお金の話

金子哲雄　41247-4

独特のマネー理論とユニークなキャラクターで愛された流通ジャーナリスト・金子哲雄氏による「お金」に関する一冊。夢を叶えるためにも必要なお金の知識を、身近な例を取り上げながら分かりやすく説明。

学歴入門

橘木俊詔　41589-5

学歴はそれでも必要なのか？　学歴の成り立ちから現在の大学事情、男女別学と共学の差、世界の学歴事情まで、データを用いて幅広く論じる。複雑な現代を「学歴」に振り回されずに生きるための必読書。

女子の国はいつも内戦

辛酸なめ子　41289-4

女子の世界は、今も昔も格差社会です……。幼稚園で早くも女同士の人間関係の大変さに気付き、その後女子校で多感な時期を過ごした著者が、この戦場で生き残るための処世術を大公開！

神さまってなに？

森達也　41509-3

宗教とは火のようなもの。時に人を温めるが、時に焼き殺すこともある――現代社会で私たちは宗教とどのように対峙できるのか？　宗教の誕生した瞬間から現代のかたちを通じて、その可能性を探る。

おとなの小論文教室。

山田ズーニー　40946-7

「おとなの小論文教室。」は、自分の頭で考え、自分の想いを、自分の言葉で表現したいという人に、「考える」機会と勇気、小さな技術を提出する、全く新しい読み物。「ほぼ日」連載時から話題のコラム集。

おとなの進路教室。

山田ズーニー　41143-9

特効薬ではありません。でも、自分の考えを引き出すのによく効きます！　自分らしい進路を切り拓くにはどうしたらいいか？　「ほぼ日」人気コラム「おとなの小論文教室。」から生まれたリアルなコラム集。

オックスフォード&ケンブリッジ大学　世界一「考えさせられる」入試問題

ジョン・ファーンドン　小田島恒志／小田島則子〔訳〕　46455-8

世界トップ10に入る両校の入試問題はなぜ特別なのか。さあ、あなたならどう答える？　どうしたら合格できる？　難問奇問を選りすぐり、ユーモアあふれる解答例をつけたユニークな一冊！

犬の愛に嘘はない　犬たちの豊かな感情世界

ジェフリー・M・マッソン　古草秀子〔訳〕　46319-3

犬は人間の想像以上に高度な感情——喜びや悲しみ、思いやりなどを持っている。それまでの常識を覆し、多くの実話や文献をもとに、犬にも感情があることを解明し、その心の謎に迫った全米大ベストセラー。

退屈論

小谷野敦　40871-2

ひとは何が楽しくて生きているのだろう？　セックスや子育ても、じつは退屈しのぎにすぎないのではないか。ほんとうに恐ろしい退屈は、大人になってから訪れる。人生の意味を見失いかけたら読むべき名著。

道徳は復讐である　ニーチェのルサンチマンの哲学

永井均　40992-4

ニーチェが「道徳上の奴隷一揆」と呼んだルサンチマンとは何か？　それは道徳的に「復讐」を行う装置である。人気哲学者が、通俗的ニーチェ解釈を覆し、その真の価値を明らかにする！

なぜ人を殺してはいけないのか?

永井均／小泉義之　40998-6

十四歳の中学生に「なぜ人を殺してはいけないの」と聞かれたら、何と答えますか？　日本を代表する二人の哲学者がこの難問に挑んで徹底討議。対話と論考で火花を散らす。文庫版のための書き下ろし原稿収録。

集中講義 これが哲学！ いまを生き抜く思考のレッスン

西研 41048-7

「どう生きたらよいのか」——先の見えない時代、いまこそ哲学にできることがある！ 単に知識を得るだけでなく、一人ひとりが哲学するやり方とセンスを磨ける、日常を生き抜くための哲学入門講義。

後悔と自責の哲学

中島義道 40959-7

「あの時、なぜこうしなかったのだろう」「なぜ私ではなく、あの人が？」誰もが日々かみしめる苦い感情から、運命、偶然などの切実な主題、そして世界と人間のありかたを考えて、哲学の初心にせまる名著。

思想をつむぐ人たち 鶴見俊輔コレクション1

鶴見俊輔 黒川創〔編〕 41174-3

みずみずしい文章でつづられてきた数々の伝記作品から、鶴見の哲学の系譜を軸に選びあげたコレクション。オーウェルから花田清輝、ミヤコ蝶々、そしてホワイトヘッドまで。解題＝黒川創、解説＝坪内祐三

身ぶりとしての抵抗 鶴見俊輔コレクション2

鶴見俊輔 黒川創〔編〕 41180-4

戦争、ハンセン病の人びととの交流、ベ平連、朝鮮人・韓国人との共生……。鶴見の社会行動・市民運動への参加を貫く思想を読み解くエッセイをまとめた初めての文庫オリジナルコレクション。

旅と移動 鶴見俊輔コレクション3

鶴見俊輔 黒川創〔編〕 41245-0

歴史と国家のすきまから、世界を見つめた思想家の軌跡。旅の方法、消えゆく歴史をたどる航跡、名もなき人びとの肖像、そして、自分史の中に浮かぶ旅の記憶……鶴見俊輔の新しい魅力を伝える思考の結晶。

ことばと創造 鶴見俊輔コレクション4

鶴見俊輔 黒川創〔編〕 41253-5

漫画、映画、漫才、落語……あらゆるジャンルをわけへだてなく見つめつづけてきた思想家・鶴見は日本における文化批評の先駆にして源泉だった。その藝術と思想をめぐる重要な文章をよりすぐった最終巻。

ヘタな人生論より徒然草

荻野文子　40821-7

世間の様相や日々の暮らし、人間関係などを“融通無碍な身の軽さ”をもって痛快に描写する『徒然草』。その魅力をあますことなく解説して、複雑な社会を心おだやかに自分らしく生きるヒントにする人生論。

ヘタな人生論より良寛の生きかた

松本市壽　40903-0

幕末の時代を、ホームレスにも似たボランティア僧として生きた良寛。人をうらむな、うらやむな。追い求めるな、こだわるな……。師の遺した詩歌や手紙を現代文で紹介し、心穏やかに生きるヒントを授ける。

ヘタな人生論より葉隠

本田有明　40939-9

武士道といふは死ぬ事と見付けたり——この精神が平和な江戸中期には危険思想とみなされた『葉隠』。だがそれは同書の一断面にすぎない。そこには人生や仕事など様々な局面で道しるべとなる教えがあった！

ヘタな人生論より藤沢周平

野火迅　41107-1

時代を描き、人間の本質にせまる藤沢小説。家族のあり方や運命の考え方、男女関係、信条の貫き方……誰もが避けて通れない問題を、どう描いているか。“人生の重大な秘密”を解読する！

ヘタな人生論より一休のことば

松本市壽　41121-7

生きにくい現代をどのように生きるのか。「とんちの一休さん」でおなじみ、一休禅師の生き方や考え方から、そのヒントが見えてくる！　確かな勇気と知恵、力強い励ましがもらえる本。

ヘタな人生論よりイソップ物語

植西聰　40873-6

世界中で親しまれている『イソップ物語』は大人にとっても、じつに深い教訓が隠されている。七十一の物語から、仕事や家族、人間関係など「どうすれば幸せになれるか」という人生の難題の答えが浮かび上がる。